Cómo transformar tu vida

Para los principiantes se sugiere el siguiente orden en la lectura o estudio de los libros del venerable Gueshe Kelsang Gyatso Rimpoché

Cómo transformar tu vida
Cómo comprender la mente
El camino gozoso de buena fortuna
El espejo del Dharma
Nuevo corazón de la sabiduría
Budismo moderno
Caminos y planos tántricos
Nueva guía del Paraíso de las Dakinis
Esencia del vajrayana
Las instrucciones orales del Mahamudra
Gran tesoro de méritos
Nuevo ocho pasos hacia la felicidad
Introducción al budismo
Cómo solucionar nuestros problemas humanos
Tesoro de contemplación
El voto del Bodhisatva
Compasión universal
Nuevo manual de meditación
Una vida con significado, una muerte gozosa
Océano de néctar
Gema del corazón
La luz clara del gozo
Mahamudra del tantra

Este libro se ha publicado bajo los auspicios del **Proyecto Internacional de Templos de la NKT–IKBU** y los beneficios de su venta se destinan a dicho proyecto. La NKT–IKBU es una organización budista sin ánimo de lucro dedicada a fomentar la paz en el mundo, registrada en Inglaterra con el número 1015054. Para más información: www.tharpa.com/es/vision-paz-mundo

Venerable Gueshe Kelsang
Gyatso Rimpoché

Cómo transformar tu vida

UN VIAJE GOZOSO

Editorial Tharpa
ESPAÑA • MÉXICO • ARGENTINA
REINO UNIDO • EE. UU. • CANADÁ
AUSTRALASIA • ASIA

Editado por primera vez en inglés en el año 2001 como *Transform Your Life*.
Reimpreso en los años 2002, 2004, 2006, 2009 y 2010.
Segunda edición en 2014 y reimpreso en 2016.
Tercera edición renovada y publicada como *How to Transform Your Life*, 2017.

Versión española publicada en el año 2002 como *Transforma tu vida*.
Reimpreso en los años 2004, 2006, 2009, 2010, 2011, 2013 y 2016.

Edición renovada y publicada con el título
Cómo transformar tu vida, en el 2017.

Título original: *How to Transform Your Life*

Tharpa tiene oficinas en varios países del mundo.
Los libros de Tharpa se publican en numerosas lenguas.
Para más detalles véase la página 338.

Editorial Tharpa
C/ Fábrica, 8. 28221 Majadahonda, Madrid, España
info.es@tharpa.com · www.tharpa.com/es
Tel.: (+34) 91 1124914

Traducción: Departamento de traducción de Editorial Tharpa España

ISBN: 978-84-16472-49-9 – Rústica
ISBN: 978-84-16472-50-5 – ePub
ISBN: 978-84-16472-51-2 – Mobi (Kindle)
Depósito legal: M-7930-2017
Impreso en España/Printed in Spain. Imprenta Solprint, Málaga

Índice general

SOBRE LAS ILUSTRACIONES

Las ilustraciones que se incluyen en el libro representan: los ocho símbolos auspiciosos, un pavo real, el espejo del *Dharma*, el sol brillando entre las nubes y manos en postura de oración.

Los ocho símbolos auspiciosos simbolizan cómo emprender, recorrer y completar el camino budista hacia la iluminación. Así como los pavos reales pueden medrar entre plantas que son venenosas para otras aves, el practicante sincero de Dharma puede aprovechar bien cualquier circunstancia que le surja en la vida diaria. Gracias al espejo de las enseñanzas de Buda –el Dharma–, podemos ver nuestras propias faltas y tenemos la oportunidad de superarlas. Del mismo modo que el sol disipa las nubes, podemos cultivar la sabiduría que elimina todos los engaños de nuestra mente. Las manos en postura de oración que sostienen una joya que colma todos los deseos simbolizan que si seguimos el camino espiritual, llegaremos a experimentar la mente completamente pura de la iluminación.

PRIMERA PARTE:

Fundamentos

Refúgiate bajo la gran sombrilla del budismo

Introducción

Si practicamos las instrucciones que se presentan en este libro, podemos transformar nuestra vida, de un estado de sufrimiento a uno de felicidad pura e imperecedera. Estas instrucciones son métodos científicos para mejorar nuestra naturaleza humana. Todos necesitamos ser buenas personas y tener un buen corazón, porque de este modo podremos solucionar nuestros propios problemas, así como los de los demás, y disfrutar de una vida llena de sentido. Todo ser sintiente tiene el mismo deseo básico –ser feliz y evitar el sufrimiento–. Lo tienen incluso los recién nacidos, los animales y también los insectos. Este ha sido nuestro deseo principal desde tiempo sin principio y lo sigue siendo en todo momento, incluso cuando dormimos. Dedicamos toda nuestra vida a trabajar duramente para satisfacerlo.

Desde los orígenes de este mundo, los seres humanos han dedicado la mayor parte de su tiempo y energía a mejorar las condiciones externas, buscando felicidad y soluciones para sus problemas. ¿Cuál ha sido el resultado? En lugar de ver cumplidos sus deseos, el sufrimiento y los problemas de los seres humanos han ido en aumento, mientras que sus experiencias de paz y felicidad han disminuido. Esto muestra con claridad que hasta ahora no hemos encontrado un método correcto para reducir los problemas y ser más felices. El método verdadero y correcto para hacerlo es cambiar nuestra actitud de negativa a positiva. Lo debemos comprender a través de nuestra propia experiencia. Si analizamos con detenimiento por qué tenemos problemas y somos infelices, comprenderemos que esta situación la ha creado nuestro propio deseo incontrolado de querer ser feliz en todo momento. Si refrenamos este deseo y, en cambio, deseamos que los demás sean felices en todo momento, no tendremos ningún problema ni seremos infelices. Si cada día realizamos con sinceridad la práctica de refrenar el deseo de ser feliz en todo momento y, en cambio, deseamos que los demás lo sean, comprenderemos por propia experiencia que con este adiestramiento, que evita que surja el apego a que se cumplan nuestros deseos, no tendremos ninguna experiencia de problemas ni de infelicidad. Así pues, si realmente deseamos felicidad pura y duradera y liberarnos del sufrimiento, debemos aprender a controlar nuestra mente, en particular el deseo.

Con sabiduría podemos comprender que nuestra vida humana es muy valiosa, difícil de encontrar y entraña un gran sentido. Debido a las limitaciones de su cuerpo y mente, aquellos que han renacido, por ejemplo, como un animal, no tienen la oportunidad de comprender o practicar las enseñanzas espirituales que son los métodos para controlar los engaños, como el deseo incontrolado, el odio y la ignorancia. Solo los seres humanos están libres de estos obstáculos y disponen de las condiciones necesarias para recorrer los caminos espirituales, que son los únicos que conducen a la felicidad pura e imperecedera. Esta libertad y poseer las condiciones necesarias son las características especiales que hacen que nuestra vida humana sea tan preciosa.

Aunque hay muchos seres humanos en este mundo, cada uno de nosotros dispone solo de una vida. Una persona puede tener varios coches y casas, pero ni siquiera la más rica tiene más de una vida, y cuando esta llega a su fin, no puede comprar otra, tomarla prestada ni fabricarla. Cuando perdamos esta vida humana, nos resultará muy difícil encontrar otra tan cualificada en el futuro. Por lo tanto, la vida humana es muy rara y difícil de encontrar.

Si utilizamos esta vida humana para alcanzar realizaciones espirituales, adquirirá un gran significado. Al utilizarla de este modo desarrollaremos por completo nuestro potencial y progresaremos del estado de una persona ignorante y ordinaria al de un ser totalmente iluminado, el más elevado de todos los seres; cuando lo hayamos logrado, podremos beneficiar a todos los seres sintientes sin excepción. Por lo tanto, si utilizamos nuestra vida humana para alcanzar realizaciones espirituales, podremos solucionar todos nuestros problemas y colmar nuestros deseos y los de los demás. ¿Hay acaso algo más significativo que esto?

Permanece alegre y en armonía en todo momento

Paz interior

La paz interior o paz mental es la fuente de toda nuestra felicidad. Aunque todos los seres tienen el mismo deseo primordial de ser felices en todo momento, muy pocos comprenden las verdaderas causas de la felicidad. Por lo general, pensamos que los objetos externos, como la comida, los amigos, los coches y el dinero son las verdaderas causas de la felicidad y, en consecuencia, dedicamos la mayor parte de nuestro tiempo y energía a intentar obtenerlos. Aunque a simple vista parece que estas condiciones nos hacen felices, si lo analizamos con detenimiento, nos daremos cuenta de que también nos causan numerosos problemas y sufrimiento.

La felicidad y el sufrimiento son opuestos. Por lo tanto, si algo es una causa verdadera de felicidad, no puede producir sufrimiento. Si la comida, el dinero, etcétera, fueran verdaderas causas de felicidad, nunca producirían sufrimiento, pero sabemos por propia experiencia que a menudo nos lo causan. Por ejemplo, la comida es uno de nuestros placeres favoritos, pero también es la causa principal de la mayoría de nuestras enfermedades y mala salud. En el proceso de fabricación de los objetos que creemos que nos hacen felices, contaminamos el medio ambiente hasta el punto de convertir el aire que respiramos y el agua que bebemos en una amenaza para la salud y el bienestar. Nos encanta tener la libertad e independencia que nos proporciona el poder utilizar un coche, pero el coste en accidentes de tráfico y la destrucción del medio ambiente es muy elevado. Pensamos que el dinero es imprescindible para disfrutar de la vida, pero conseguirlo también nos ocasiona grandes problemas y mucha ansiedad. Incluso nuestros familiares y amigos, de cuya compañía disfrutamos, pueden ocasionarnos numerosas preocupaciones y sufrimiento.

En los últimos años, nuestro conocimiento en tecnologías modernas ha aumentado de manera considerable y, como resultado, hemos presenciado un notable progreso material. Sin embargo, la felicidad del ser humano no se ha incrementado del mismo modo. Hoy día no hay menos sufrimientos ni menos infortunios en el mundo, incluso se podría decir que ahora tenemos más problemas y hay más peligros que nunca. Esto indica que la causa de la felicidad y la solución a nuestros problemas no se encuentran en el conocimiento de los objetos materiales. La felicidad y el sufrimiento son estados mentales y, por lo tanto, sus causas principales no se pueden encontrar fuera de la mente. Si queremos ser realmente felices y liberarnos del sufrimiento, debemos aprender a controlar nuestra mente.

La verdadera causa de la felicidad es la paz interior. Si tenemos una mente apacible, seremos felices en todo momento, sin depender de las condiciones externas, pero si está alterada o afligida por cualquier motivo, nunca nos sentiremos felices por muy favorables que sean. Las condiciones externas solo nos hacen felices si tenemos una mente apacible. Lo podemos entender por propia experiencia. Por ejemplo, aunque vivamos en un lugar de lo más hermoso y dispongamos de todo lo necesario, en cuanto nos enfadamos, dejamos de ser felices. Esto se debe a que el odio ha destruido nuestra paz interior.

De lo dicho se deduce que si deseamos disfrutar de felicidad verdadera y duradera, hemos de cultivar y mantener una experiencia especial de paz interior. La única manera de conseguirlo es adiestrar la mente con la práctica espiritual –reducir de manera gradual los estados mentales perturbadores y sustituirlos por estados apacibles y positivos–. Si seguimos desarrollando nuestra paz interior, finalmente experimentaremos la paz mental suprema y permanente o nirvana. Una vez que hayamos alcanzado el nirvana, seremos felices tanto en esta vida como en las futuras, habremos solucionado todos los problemas y realizado el verdadero sentido de nuestra vida humana.

Puesto que todos tenemos en nuestro interior una fuente inagotable de paz y felicidad, es posible que nos preguntemos por qué nos resulta tan difícil mantener un estado mental apacible y gozoso de manera continua. Se debe a los engaños que con tanta frecuencia desbordan nuestra mente. Los engaños o perturbaciones mentales son percepciones distorsionadas de nosotros mismos, de los demás y del mundo que nos rodea y, al igual que un espejo deforme, reflejan un mundo distorsionado. La perturbación mental del odio, por ejemplo, considera que algunas personas son intrínsecamente malas, pero no hay nadie que sea así. Por otro lado, el deseo incontrolado, que se conoce como *apego*, considera que el objeto deseado es intrínsecamente bueno y una fuente verdadera de felicidad. Si tenemos mucha ansiedad por comer chocolate, nos parecerá que por sí mismo es deseable. Sin embargo, si comemos más de la cuenta y empezamos a sentirnos mal, ya no nos resultará apetecible e incluso puede parecernos hasta repulsivo. Esto indica que el chocolate no es ni deseable ni repugnante en sí mismo. Es la mente engañosa del apego la que atribuye toda clase de cualidades agradables a sus objetos de deseo y luego se relaciona con ellos como si realmente las poseyeran.

Todos los engaños funcionan del mismo modo, proyectando sobre el mundo una versión distorsionada de la realidad para luego relacionarse con dicha proyección como si fuera cierta. Cuando nuestra mente está bajo la influencia de los engaños, no estamos en contacto con la realidad y no percibimos las cosas como realmente son. Puesto que en todo momento nuestra mente está bajo el control, al menos, de perturbaciones mentales sutiles, no es de extrañar que nos sintamos frustrados tan a menudo. Es como si persiguiéramos constantemente espejismos que siempre nos decepcionan al no proporcionarnos la satisfacción que esperábamos.

Cuando las cosas no marchan bien en nuestra vida y nos encontramos en dificultades, solemos pensar que el problema es la situación en sí misma, pero en realidad todos los problemas que experimentamos provienen de la mente. Si respondiésemos ante las dificultades con una mente apacible y constructiva, no nos causarían sufrimiento e incluso llegaríamos a considerarlas como oportunidades o retos para progresar en nuestro desarrollo personal. Los problemas solo aparecen cuando reaccionamos con una actitud negativa ante las dificultades. Por lo tanto, si deseamos ser felices en todo momento y liberarnos de los problemas, debemos cultivar y mantener una mente apacible. Los sufrimientos, los problemas, las preocupaciones, la infelicidad y el dolor solo existen en la mente, son sensaciones desagradables que forman parte de ella. Si controlamos y purificamos nuestra mente, podremos eliminarlas de una vez y para siempre.

Para comprenderlo plenamente, hemos de conocer la relación entre la mente y los objetos externos. Todos los objetos, ya sean agradables, desagradables o neutros, son meras apariencias de la mente, como las cosas que experimentamos en sueños. Al principio, nos resultará difícil comprenderlo, pero la siguiente contemplación nos servirá para adquirir un cierto entendimiento. Cuando estamos despiertos, existen muchos fenómenos diferentes, pero cuando nos dormimos, dejan de existir. Esto es así porque la mente que los percibe cesa. Del mismo modo, cuando soñamos, lo único que percibimos son objetos oníricos, pero al despertarnos, desaparecen. Esto es así porque la mente del sueño que los percibe cesa. Si reflexionamos sobre ello en profundidad, comprenderemos que podemos hacer desaparecer todo lo que nos desagrada con solo abandonar los estados mentales impuros y engañosos, y hacer que surja todo lo agradable que deseamos, con solo generar una mente pura. Purificar la mente de los engaños por medio de la práctica espiritual es la manera de colmar nuestro deseo más profundo de disfrutar de paz verdadera y duradera. Debemos memorizar y contemplar el significado de estas palabras:

> Las cosas que normalmente veo en sueños no existen.
> Esto demuestra que las cosas que normalmente veo
> cuando estoy despierto tampoco existen,
> puesto que ambas son apariencias equívocas por igual.
> Nunca voy a aferrarme a las cosas que normalmente veo,
> sino que me contentaré con su mero nombre.
> Al hacerlo, me liberaré de manera permanente
> de los sufrimientos de esta vida y de las incontables
> vidas futuras.
> De este modo, seré capaz de beneficiar
> a todos y cada uno de los seres sintientes cada día.

Hemos de comprender que aunque las perturbaciones mentales están muy arraigadas en nuestra mente, no forman parte intrínseca de ella, por lo que, con toda seguridad, se pueden eliminar. Los engaños no son más que malos hábitos y, como todo hábito, es posible abandonarlos. De momento, nuestra mente es como agua embarrada, turbia y contaminada por las perturbaciones mentales. No obstante, al igual que es posible separar el agua del barro, también podemos purificar la mente de todos los engaños. Con la mente libre de engaños, no habrá nada que pueda alterar nuestra dicha y paz interior.

Desde tiempo sin principio hemos estado dominados por nuestra mente como una marioneta que pende de cordeles. Somos como un sirviente que trabaja para ella y cuando quiere que hagamos algo, no nos queda más remedio que hacerlo. En ocasiones, nuestra mente es como un elefante enloquecido que nos crea numerosos problemas y nos pone en peligro tanto a nosotros mismos como a los demás. Si nos adiestramos con sinceridad en la práctica espiritual, podremos invertir la situación y lograr el control de nuestra mente. Al transformarla de este modo, finalmente disfrutaremos de verdadera libertad.

Para tener éxito en la práctica espiritual, es imprescindible recibir bendiciones e inspiración de aquellos que ya han alcanzado profundas realizaciones internas, pero también es necesario que nos animemos constantemente a nosotros mismos. Si no nos animamos a nosotros mismos, ¿cómo podemos esperar que alguien lo haga? Cuando comprendamos con claridad que la paz interior es la verdadera fuente de felicidad y que por medio de la práctica espiritual podemos alcanzar una paz cada vez más profunda, generaremos un gran entusiasmo por la práctica. Esto es muy importante porque para alcanzar la paz interior permanente y suprema del nirvana, tenemos que adiestrarnos en la práctica espiritual con sinceridad y perseverancia.

Esto no significa que debamos descuidar las condiciones externas. Aunque es importante tener paz interior, también lo es tener buena salud, y para ello necesitamos ciertas condiciones, como alimentos y un entorno agradable en el que vivir. Muchas personas solo se esfuerzan por mejorar el aspecto material de su vida y descuidan por completo su práctica espiritual. Este es un extremo. Sin embargo, otras se concentran exclusivamente en la práctica espiritual y descuidan las condiciones materiales que son necesarias para tener una vida humana saludable. Este es otro extremo. Debemos mantenernos en el camino medio que evita ambos extremos, el del materialismo y el de la espiritualidad.

Hay quienes piensan que aquellos que se esfuerzan por alcanzar el nirvana son egoístas porque parece que solo les interesa su paz interior, pero esta creencia es incorrecta. El verdadero propósito de alcanzar la paz interior permanente y suprema del nirvana es ayudar a los demás a que también la consigan. Al igual que la única manera de solucionar nuestros problemas es encontrar paz interior, la única manera de ayudar a los demás a resolver los suyos es animarlos a que sigan un camino espiritual y descubran su propia paz interior. Esta manera de beneficiar a los demás es sin lugar a dudas la mejor. Si, por ejemplo, gracias al adiestramiento de la mente logramos pacificar o incluso eliminar por completo nuestro odio, podremos ayudar a los demás a que controlen el suyo. Entonces, nuestros consejos no serán meras palabras vacías, sino que estarán respaldados por nuestra experiencia personal.

En ocasiones, podemos ayudar a los demás ofreciéndoles dinero o mejores condiciones materiales, pero debemos recordar que la mejor manera de beneficiarlos es ayudarles a eliminar sus engaños y a encontrar paz verdadera y duradera en su interior. Es cierto que por medio de los avances tecnológicos y creando una sociedad más justa y humanitaria se pueden mejorar algunos aspectos de la vida de las personas, pero cualquier cosa que hagamos también producirá algunos efectos no deseados. Lo máximo que podemos hacer es proporcionarles condiciones que les permitan aliviar en cierta medida sus problemas y dificultades de manera temporal, pero no podremos ofrecerles la felicidad verdadera y permanente. Esto se debe a que la causa real de la felicidad es la paz interior, la cual solo se puede encontrar en la mente y no en las condiciones externas.

Sin paz interior, la paz externa es imposible. Todos deseamos que haya paz en el mundo, pero esto no ocurrirá a menos que antes establezcamos paz en nuestras mentes. Aunque se envíen las llamadas *fuerzas de paz* a las zonas de conflictos bélicos, es imposible imponer la paz desde el exterior con las armas. Solo cultivando la paz en nuestra propia mente y ayudando a los demás a hacer lo mismo, podremos conseguir que haya paz en el mundo.

En el presente libro se exponen muchos métodos profundos para el adiestramiento espiritual, y todos son formas prácticas para purificar y controlar nuestra mente. Si los aplicamos, lograremos sin lugar a dudas una experiencia especial de paz mental. Si seguimos mejorando esta experiencia, reduciremos los estados mentales perturbadores y nuestra paz interior crecerá. Finalmente, al liberarnos por completo de los engaños, alcanzaremos la paz permanente y suprema del nirvana. Una vez que hayamos eliminado nuestras perturbaciones mentales, como el odio, el apego y la ignorancia, y alcancemos profundas realizaciones espirituales de amor universal, compasión, concentración y sabiduría, nuestra habilidad para ayudar a los demás será mucho mayor. De este modo, podremos ayudarlos a solucionar sus problemas no solo de manera temporal, durante algunos días o años, sino para siempre. Podremos ayudarlos a descubrir una dicha y paz interior que nadie ni nada, ni siquiera la muerte, les podrá arrebatar. ¡Qué maravilla!

Cómo generar y mantener una mente apacible

Si transformamos nuestros estados mentales negativos en positivos mediante el adiestramiento en las prácticas espirituales puras que se exponen en el presente libro, podremos generar y mantener una mente apacible. De este modo podemos transformar nuestra vida y pasar de un estado desdichado a uno de felicidad pura e imperecedera.

La felicidad y el sufrimiento son partes de la mente; la primera es una sensación de dicha, y el segundo, una desagradable. Puesto que son partes de la mente, si queremos evitar el sufrimiento y encontrar verdadera felicidad, debemos comprender la naturaleza y las funciones de la mente. A simple vista puede parecernos fácil, porque todos tenemos mente y podemos reconocer nuestros estados mentales –sabemos si nos sentimos felices o desdichados, si tenemos las ideas claras o estamos confundidos, etcétera–. No obstante, si alguien nos preguntara cómo funciona la mente y cuál es su naturaleza, lo más probable es que no supiéramos dar una respuesta precisa, lo que indica que, en realidad, no sabemos con claridad lo que es.

Hay quienes piensan que la mente es el cerebro o alguna otra parte o función del cuerpo, pero esto es incorrecto. El cerebro es un objeto físico que se puede ver con los ojos, fotografiar y someter a una operación quirúrgica. En cambio, la mente no es un objeto material y no se puede ver con los ojos, fotografiar ni operar. Por lo tanto, el cerebro no es la mente, sino una parte más del cuerpo.

No hay nada en nuestro cuerpo que pueda identificarse con nuestra mente porque son entidades diferentes. Por ejemplo, aunque nuestro cuerpo esté quieto y tranquilo, nuestra mente puede estar muy ocupada con diversos pensamientos, lo que indica que nuestro cuerpo y nuestra mente no son una misma entidad. En las escrituras budistas se compara al cuerpo con un hotel, y a la mente, con un huésped que se aloja en él. En el momento de la muerte, la mente abandona el cuerpo y viaja a la vida siguiente, al igual que el huésped deja el hotel y se traslada a otro lugar.

Si la mente no es el cerebro ni ninguna otra parte del cuerpo, entonces ¿qué es? Es un continuo inmaterial cuya función es percibir y comprender objetos. Debido a que la mente es por naturaleza inmaterial –no es un fenómeno físico–, los objetos materiales no pueden obstruirla. Así pues, para que nuestro cuerpo se desplazara a la luna tendría que viajar en una nave espacial, mientras que la mente puede llegar a ese lugar en un instante con solo pensar en ella. Conocer y percibir objetos es función exclusiva de la mente. Aunque decimos: «Yo sé esto o aquello», en realidad es nuestra mente la que lo sabe. Solo podemos conocer los fenómenos con la mente.

Es importante que aprendamos a distinguir los estados mentales que son apacibles de los que no lo son. Como ya se ha mencionado en el capítulo anterior, los que perturban nuestra paz interior, como el odio, los celos y el apego, se denominan *perturbaciones mentales* o *engaños* y son la causa principal de todo nuestro sufrimiento. Quizá pensemos que los culpables de nuestros problemas son los demás, la falta de recursos materiales o la sociedad en que vivimos, pero, en realidad, son nuestros propios estados alterados de la mente. La esencia de la práctica espiritual consiste en reducir y finalmente erradicar por completo todos nuestros engaños, y sustituirlos por la paz interior permanente. Este es el verdadero sentido de nuestra existencia humana.

Por lo general, buscamos la felicidad en el mundo exterior. Intentamos mejorar nuestras condiciones materiales y posición social, encontrar un trabajo mejor, etcétera, pero aunque lo logremos, seguimos teniendo numerosos problemas y no nos sentimos satisfechos. Nunca disfrutamos de una felicidad auténtica y duradera. Esto nos muestra que no debemos buscar la felicidad fuera de nosotros, sino establecerla en nuestro interior mediante la purificación y el control de nuestra mente por medio de una práctica espiritual sincera. Si nos adiestramos de este modo, nos aseguraremos de que nuestra mente permanezca tranquila y feliz todo el tiempo. Entonces, por muy adversas que sean las circunstancias en que nos encontremos, siempre estaremos felices y tranquilos.

En la vida cotidiana, aunque nos esforzamos mucho por encontrar la felicidad, nunca lo conseguimos, mientras que los sufrimientos y los problemas surgen de manera natural, sin que los busquemos. ¿Por qué nos ocurre esto? Porque la causa de la felicidad, que se halla en nuestra mente, la paz interior, es muy débil y para que dé sus frutos hemos de poner mucho esfuerzo; sin embargo, las causas internas de nuestros problemas y sufrimientos, los engaños, son muy poderosas y producen sus efectos sin necesidad de esforzarnos. Esta es la verdadera razón de que los problemas surjan de manera natural mientras que la felicidad sea tan difícil de encontrar.

De lo dicho se deduce que las causas principales tanto de la felicidad como del sufrimiento se hallan en nuestra mente y no en el mundo exterior. Si podemos mantener una mente serena y apacible durante todo el día, nunca tendremos ningún problema ni aflicciones mentales. Por ejemplo, si nuestra mente está tranquila todo el tiempo, aunque nos insulten, critiquen o culpen de manera injusta, perdamos el trabajo o nos abandonen los amigos, no nos sentiremos infelices. Por muy difíciles que sean las condiciones externas, si mantenemos una mente serena y apacible, no serán un problema para nosotros. Por lo tanto, para liberarnos de los problemas solo hay que hacer una cosa, aprender a mantener un estado mental apacible siguiendo un camino espiritual.

Lo más importante que aprendemos con la comprensión de la mente es que la liberación del sufrimiento no se encuentra fuera de ella. La liberación permanente solo puede encontrarse mediante la purificación de la mente. Por lo tanto, si deseamos liberarnos de los problemas y alcanzar paz y felicidad duraderas, hemos de mejorar nuestro conocimiento y comprensión del modo en que se desarrolla la mente.

Hay tres clases de mentes: burda, sutil y muy sutil. Cuando dormimos, tenemos la mente onírica con la que percibimos los diversos objetos de los sueños. Esta percepción es una mente sutil porque es difícil de reconocer. Durante el sueño profundo solo tenemos una percepción mental, que percibe únicamente la vacuidad. Esta percepción se denomina *luz clara del sueño*, y es una mente muy sutil porque resulta muy difícil de reconocer.

Cuando estamos despiertos, tenemos la percepción del estado de vigilia con la que percibimos los diferentes objetos que aparecen en dicho estado. Esta percepción es una mente burda porque no es difícil de reconocer. Cuando nos dormimos, nuestra mente burda o percepción del estado de vigilia se disuelve en nuestra mente sutil del sueño. Al mismo tiempo, todas nuestras percepciones del mundo del estado de vigilia dejan de existir; y cuando experimentamos el sueño profundo, nuestra mente sutil del sueño se disuelve en nuestra mente muy sutil del sueño, la luz clara del sueño. Cuando sucede esto, es como si estuviéramos muertos. Después, puesto que mantenemos una conexión kármica con esta vida, de la luz clara del sueño surge de nuevo nuestra mente burda o percepción del estado de vigilia, y volvemos a percibir diversos objetos del estado de vigilia.

Cuando morimos, ocurre un proceso similar al del dormir. La diferencia es que al morir, nuestras mentes burdas y sutiles se disuelven en nuestra mente muy sutil de la muerte, conocida como la *luz clara de la muerte*. Luego, debido a que nuestra conexión kármica con esta vida cesa, nuestra mente muy sutil deja el cuerpo, viaja a la próxima vida y entra en un nuevo cuerpo, y entonces percibimos los diversos objetos de nuestra próxima vida. Todo será completamente nuevo.

Los seres sintientes tienen innumerables pensamientos o mentes y todos ellos pueden incluirse en dos categorías: mentes primarias y factores mentales. Para una exposición más detallada de este tema véase el libro *Cómo comprender la mente*.

Si comprendemos con claridad la naturaleza de nuestra mente, nos daremos cuenta con toda seguridad de que su continuo no cesa cuando morimos y no dudaremos de la existencia de las vidas futuras. Al comprender que nos esperan vidas futuras, de manera natural nos preocuparemos por nuestro bienestar y felicidad en ellas, y utilizaremos esta vida para hacer los preparativos necesarios. De este modo, evitaremos desperdiciar nuestra preciosa existencia humana preocupándonos con los asuntos que solo afectan a esta vida. Por lo tanto, es imprescindible adquirir una comprensión correcta de la mente.

Recibe las preciosas joyas de la sabiduría y la compasión de la vasija del Dharma kadam

Renacimiento

Hemos de saber que dormir es como morir; soñar, como el estado intermedio entre la muerte y el renacimiento, y despertar, como renacer. El ciclo de los tres revela la existencia del renacimiento futuro, con lo cual podemos comprender la existencia de nuestras incontables vidas futuras.

Numerosas personas piensan que cuando el cuerpo se descompone al morir, el continuo de la mente cesa y deja de existir, al igual que una vela se apaga cuando se consume la cera. Hay incluso algunas personas que piensan en suicidarse con la esperanza de que así se acaben sus problemas y sufrimientos. No obstante, estas ideas son completamente erróneas. Como ya se ha mencionado, nuestro cuerpo y nuestra mente son entidades distintas y, por lo tanto, aunque el cuerpo se desintegre después de la muerte, el continuo mental permanece intacto. La mente no cesa, sino que simplemente se separa del cuerpo y viaja a la próxima vida. Por lo tanto, en el caso de los seres ordinarios, en lugar de liberarnos de nuestras penas, la muerte solo nos trae nuevos sufrimientos. Debido a que no comprenden esto, muchas personas se suicidan y destruyen así su preciosa vida humana.

Existe una práctica especial llamada *transferencia de consciencia* a otro cuerpo, que fue muy popular en el pasado. Hay numerosos ejemplos de practicantes que podían transferir su consciencia de un cuerpo a otro. Si el cuerpo y la mente fueran una misma entidad, ¿cómo les hubiera sido posible a estos practicantes transferir así su consciencia? Incluso hoy día no es extraño que la mente se separe del cuerpo de manera temporal antes de la muerte. Por ejemplo, muchas personas que no son practicantes espirituales han tenido lo que se llaman *experiencias extracorpóreas*.

También podemos comprender la existencia de vidas pasadas y futuras analizando el proceso de dormir, soñar y despertar, por su semejanza al de la muerte, el estado intermedio y el renacimiento. Cuando nos dormimos, nuestros aires internos burdos se reúnen y disuelven en nuestro interior y la mente se vuelve cada vez más sutil, hasta que se transforma en la mente muy sutil de la luz clara del dormir. Cuando se manifiesta la mente muy sutil, experimentamos el sueño profundo y, externamente, parece como si estuviéramos muertos. Cuando cesa, la mente se vuelve cada vez más burda y pasamos por los diferentes niveles del estado del sueño. Finalmente, recuperamos la memoria y el control mental, y nos despertamos. Entonces, nuestro mundo onírico desaparece y percibimos de nuevo el mundo del estado de vigilia.

Cuando nos morimos, ocurre un proceso muy similar. Al morir, los aires internos se disuelven en nuestro interior y la mente se vuelve cada vez más sutil, hasta que se manifiesta la mente muy sutil de la luz clara de la muerte. La experiencia de la luz clara de la muerte es muy parecida a la del sueño profundo. Cuando la luz clara de la muerte cesa, experimentamos las etapas del estado intermedio, que es como un estado onírico que ocurre entre la muerte y el renacimiento. Pasados unos días o unas semanas, el estado intermedio cesa y, entonces, renacemos. Al igual que al despertar de un sueño, el mundo onírico desaparece y percibimos el mundo del estado de vigilia, cuando renacemos, las apariencias del estado intermedio cesan y percibimos el mundo de nuestra nueva vida.

La única diferencia significativa entre el proceso de dormir, soñar y despertar, y el de la muerte, el estado intermedio y el renacimiento, es que cuando la luz clara del sueño cesa, la conexión entre la mente y el cuerpo se mantiene intacta, mientras que cuando la luz clara de la muerte cesa, esta conexión se rompe. Si lo contemplamos, podremos comprender con claridad la existencia de vidas pasadas y futuras.

Por lo general, pensamos que los objetos que aparecen en los sueños no son reales, mientras que los que percibimos cuando estamos despiertos sí lo son; pero, en realidad, todo lo que percibimos es como un sueño en el sentido de que no es más que una mera apariencia en la mente. Para aquellos que saben interpretarlos de manera correcta, los sueños pueden ser muy reveladores. Si, por ejemplo, soñamos que visitamos un país en el que nunca hemos estado, este sueño puede indicar una de estas cuatro cosas: que estuvimos en ese lugar en alguna vida pasada, que lo visitaremos más adelante en esta vida o en una futura, o que tiene algún significado personal para nosotros, por ejemplo, haber recibido recientemente una carta procedente de allí o haber visto un programa de televisión sobre él. De igual modo, si soñamos que volamos, puede significar que en alguna vida pasada fuimos un ser que podía volar, como un pájaro o un meditador con poderes sobrenaturales, o tal vez sea una predicción de que lo seremos en el futuro. Soñar que volamos también puede tener un significado menos directo y simbolizar una mejoría en nuestra salud física o mental.

Con la ayuda de mis sueños pude descubrir dónde había renacido mi madre. Justo antes de morir, mi madre se quedó dormida unos minutos y, al despertar, le dijo a mi hermana, que en aquellos momentos la atendía, que había soñado conmigo y que en el sueño yo le ofrecía un pañuelo blanco tradicional. Para mí, este sueño predecía que yo podría ayudar a mi madre en su siguiente vida. Por ello, después de su muerte, recé todos los días para que renaciera en Inglaterra, donde yo vivía, y poder así tener la oportunidad de volverme a encontrar con ella y reconocer su reencarnación. Cada día rogué con devoción para recibir señales claras de dónde había renacido.

Poco después tuve tres sueños que eran muy significativos. En el primero, soñé que encontraba a mi madre en un lugar que parecía ser Inglaterra. Le pregunté cómo había viajado desde la India hasta allí y me contestó que no venía de la India, sino de Suiza. En el segundo sueño, soñé que veía a mi madre hablando con un grupo de personas, me acerqué a ella y, aunque le hablé en tibetano, no me entendió. En vida, mi madre solo hablaba el tibetano, pero en el sueño hablaba inglés perfectamente. Le pregunté por qué había olvidado el tibetano, pero no me respondió. Luego, en ese mismo sueño, soñé con una pareja de occidentales que me estaban ayudando con diversos proyectos y actividades espirituales en Gran Bretaña.

Los dos sueños parecían dar pistas sobre el lugar donde había renacido mi madre. Dos días después del segundo sueño, el marido de la pareja con la que había soñado vino a verme y me anunció que su mujer estaba embarazada. En ese momento, recordé el sueño y pensé que su bebé podría ser la reencarnación de mi madre. El hecho de que en el sueño mi madre hubiese olvidado el tibetano y hablase solo en inglés sugería que iba a renacer en un país en el que se hablaba este idioma, y la presencia de esta pareja en el sueño podía indicar que ellos iban a ser sus padres. Entonces, decidí hacer una adivinación tradicional con oraciones rituales, y el resultado reveló que este bebé era la reencarnación de mi madre. Me sentí muy feliz, pero decidí mantenerlo en secreto.

Una noche volví a soñar con mi madre repetidas veces. A la mañana siguiente pensé con detenimiento sobre el tema y llegué a una conclusión: «Si el bebé ha nacido esa noche, no hay duda de que se trata de la reencarnación de mi madre, pero en caso contrario seguiré investigando». Después, llamé por teléfono al marido, que me dio la buena noticia de que la noche anterior su mujer había dado a luz a una niña. La noticia me llenó de alegría e hice una ceremonia especial de ofrendas.

Unos días después, el padre me telefoneó y me dijo que cuando el bebé lloraba, si le recitaba el *mantra* de Buda Avalokiteshvara, OM MANI PEME HUM, dejaba de hacerlo y lo escuchaba con atención. Me preguntó por qué lo hacía y le contesté que era debido a las impresiones de su vida anterior. Yo sabía que mi madre había recitado este mantra con mucha fe durante toda su vida.

La niña recibió el nombre de Amaravajra. Más tarde, cuando Kuten Lama, el hermano de mi madre, vino a Inglaterra se quedó asombrado de lo cariñosa que era con él y dijo tener la impresión de que lo reconocía. Yo también tuve la misma sensación. Aunque solo veía a la niña muy de vez en cuando, siempre se alegraba mucho de verme.

Un día, cuando Amaravajra empezaba a hablar, al ver un perro dijo señalándolo con el dedo: «*Kyi, kyi*». A partir de entonces, cada vez que veía un perro solía llamarlo así. Su padre me preguntó por su significado y le contesté que en el dialecto del oeste del Tíbet, donde vivía mi madre, *kyi* significa 'perro'. Además de esta, también pronunció de manera espontánea otras palabras en tibetano.

Más tarde supe, a través de mi cuñado, que después de la muerte de mi madre, un astrólogo tibetano predijo que nacería como una mujer en un país de lengua diferente a la tibetana. Este suceso que acabo de relatar forma parte de mi propia experiencia, pero si lo investigamos, podemos encontrar otros casos auténticos de personas que han reconocido la reencarnación de su marido o de su mujer, de sus maestros, padres, amigos y otros seres.

En el oeste del Tíbet, cerca del primer monasterio en el que estudié, vivía un hombre que tenía fama de tener muy mal carácter. Este hombre había reunido muchas monedas de plata, que escondía en una tetera, y ni siquiera su mujer sabía que las tenía. Más tarde, en su lecho de muerte, debido a su apego a las monedas, estaba obsesionado con la idea de que alguien las robara e intentó avisar a su mujer, pero estaba tan débil que solo podía pronunciar la palabra *tib*, que significa 'tetera' en tibetano. Su mujer pensó que quería una taza de té, pero cuando se la ofreció, no la quiso. Poco después falleció.

Al cabo de un tiempo, la mujer encontró la tetera. Sorprendida de lo mucho que pesaba, abrió la tapa y vio que estaba llena de monedas, entre las cuales había una pequeña culebra. Atemorizada, pidió ayuda a sus familiares para sacarla de la tetera; sin embargo, por mucho que lo intentaron, no pudieron separar a la culebra de las monedas. Estaban asombrados y desconcertados y se preguntaban de dónde provenía la culebra.

Entonces, la mujer recordó las últimas palabras de su marido y comprendió que cuando se estaba muriendo, intentó hablarle de las monedas. Sin embargo, ¿por qué la serpiente se resistía a separarse de ellas? ¿Por qué estaba tan apegada a las monedas? Para averiguarlo, decidió visitar a un yogui clarividente que vivía en los alrededores, y este le dijo que la culebra era la reencarnación de su marido. Como resultado de las malas acciones que había cometido impulsado por el odio, había renacido como una serpiente, y debido al apego que tenía a las monedas en el momento de morir, se había introducido en la tetera para estar cerca de ellas. Con lágrimas en los ojos, la mujer le suplicó: «Por favor, dime cómo puedo ayudar a mi esposo». El clarividente le sugirió que ofreciese las monedas a la comunidad de la Sangha ordenada de la localidad y les pidiese que rezaran para que su marido se liberase de su renacimiento animal.

Si contemplamos estos relatos con una actitud receptiva y reflexionamos sobre la naturaleza de la mente y la analogía del proceso de dormir, soñar y despertar, lograremos un profundo entendimiento de la existencia de vidas futuras. Este conocimiento es muy valioso y nos ayudará a lograr una gran sabiduría. Comprenderemos que la felicidad de nuestras vidas futuras es más importante que la de nuestra vida actual, por la sencilla razón de que la duración de innumerables vidas futuras es mayor que la de esta breve vida humana. Esto nos animará a crear las causas para disfrutar de felicidad en nuestras incontables vidas futuras o a aplicarnos con esfuerzo para alcanzar la liberación permanente del sufrimiento eliminando nuestras perturbaciones mentales.

Disfruta de la pureza de tu mente y tus acciones

La muerte

Nadie quiere sufrir. Día y noche, incluso en sueños, intentamos evitar de manera instintiva hasta la más mínima molestia. Esto indica que, aunque no nos demos cuenta, en lo más profundo de nuestro ser lo que realmente buscamos es la liberación permanente del sufrimiento.

En ciertas ocasiones no experimentamos ningún sufrimiento físico ni mental, pero estos momentos no son duraderos. Al poco tiempo nuestro cuerpo vuelve a estar incómodo o cae enfermo y nuestra mente se ve alterada por las preocupaciones y la infelicidad. Por muchos problemas que logremos solucionar, tarde o temprano aparecerán otros. Esto muestra que aunque deseamos alcanzar la liberación permanente del sufrimiento, aún no lo hemos conseguido. Mientras tengamos perturbaciones mentales, no estaremos completamente libres del sufrimiento. Quizás disfrutemos de algunos momentos de alivio, pero poco después los problemas volverán. El único modo de acabar para siempre con el sufrimiento es seguir el camino espiritual. Puesto que en lo más profundo del corazón todos deseamos alcanzar la liberación total del sufrimiento, en realidad todos deberíamos seguir el camino espiritual.

Sin embargo, debido a que nuestro deseo de disfrutar de los placeres mundanos es tan intenso, tenemos muy poco o ningún interés en la práctica espiritual. Desde el punto de vista espiritual, esta falta de interés es una clase de pereza que se denomina *pereza del apego*. Mientras tengamos esta clase de pereza, la puerta de la liberación permanecerá cerrada para nosotros y, por lo tanto, seguiremos padeciendo desgracias en esta vida y experimentando sufrimientos sin cesar vida tras vida. La manera de eliminar esta pereza es meditar en la muerte.

Debemos reflexionar sobre nuestra muerte y meditar en ella con perseverancia hasta que alcancemos una profunda realización. Aunque todos sabemos a nivel intelectual que tarde o temprano nos vamos a morir, no somos realmente conscientes de ello. Puesto que no asimilamos de corazón el entendimiento intelectual que tenemos de la muerte, cada día pensamos lo mismo: «Hoy no me voy a morir, hoy no me voy a morir». Incluso el mismo día en que nos muramos, estaremos planeando lo que vamos a hacer al día siguiente o al cabo de una semana. La mente que piensa cada día: «Hoy no me voy a morir» es engañosa, nos conduce por el camino incorrecto y es la causa de que nuestra vida carezca de sentido. En cambio, si meditamos en la muerte, sustituiremos de manera gradual el pensamiento engañoso: «Hoy no me voy a morir» por la convicción fidedigna: «Es posible que me muera hoy». La mente que piensa cada día de manera espontánea: «Es posible que me muera hoy» es la realización de la muerte. Esta es la realización que elimina de manera directa la pereza del apego y nos abre la puerta del camino espiritual.

Quizás muramos hoy o quizás no, por lo general, no lo sabemos. Sin embargo, si cada día pensamos: «Hoy no me voy a morir», este pensamiento nos engañará porque procede de la ignorancia, mientras que pensar: «Es posible que me muera hoy» no lo hará porque proviene de la sabiduría. Esta convicción beneficiosa evita que surja la pereza del apego y nos anima a preparar ahora el bienestar de las innumerables vidas futuras o a esforzarnos para entrar en el camino que nos conduce a la liberación. De este modo llenaremos nuestra vida de significado.

Para meditar en la muerte, debemos contemplar que nuestra muerte es inevitable y que el momento de su llegada es incierto. Luego, hemos de comprender que tanto en el momento de la muerte como después de ella, solo la práctica espiritual puede ayudarnos.

LA MUERTE ES INEVITABLE

La muerte es inevitable y no hay nada que pueda impedirla. Contemplamos:

> *Sin importar dónde haya nacido, ya sea en un estado de existencia afortunado o desafortunado, sin lugar a dudas me voy a morir. Tanto si renazco en el estado más feliz de los renacimientos superiores o en el más profundo de los infiernos, estaré siempre sometido a la muerte. Por muy lejos que viaje, ya sea a los confines del espacio o al centro de la tierra, nunca encontraré un lugar donde pueda esconderme de la muerte.*

> *Ninguna de las personas que vivieron en el siglo I sigue viva en la actualidad, y lo mismo podemos decir de las del siglo II, etcétera. Lo único que ha quedado de ellas son sus nombres. Las que vivieron hace doscientos años han fallecido y las que viven ahora habrán muerto dentro de doscientos años.*

Después de contemplar estos razonamientos, deberíamos preguntarnos: «¿Cómo es posible que yo sea la única persona que vaya a sobrevivir a la muerte?».

Cuando se nos termine el karma de experimentar esta vida, nadie ni nada podrá impedir que muramos. Cuando llega el momento de la muerte, no hay escapatoria. Si fuera posible evitar la muerte por medio de poderes sobrenaturales y clarividencias, aquellos que poseyeran dichas facultades extraordinarias serían inmortales, pero incluso ellos mueren. Los monarcas más poderosos de la historia sucumbieron desvalidos ante el poder de la muerte, y el león, el rey de los animales, que puede matar a un elefante, cae abatido de inmediato al encontrarse con el Señor de la Muerte. Ni siquiera los multimillonarios pueden evitar la muerte. No pueden distraerla con sobornos ni comprar tiempo diciendo: «Si pospones la hora de mi muerte, te daré más riquezas de las que puedas imaginar».

La muerte es inexorable y no hace concesiones. Es como el derrumbe de una inmensa montaña por los cuatro costados, cuya devastación es imposible de detener. Lo mismo ocurre con el envejecimiento y las enfermedades. La vejez avanza a escondidas consumiendo nuestra juventud, vitalidad y belleza. Aunque apenas nos damos cuenta de este proceso, ya está en marcha y no es posible revertirlo. Las enfermedades destruyen el bienestar, el poder y la fuerza de nuestro cuerpo. Aunque los médicos nos ayuden a recuperarnos de una enfermedad, pronto aparecerá otra y, finalmente, no nos podremos curar y moriremos. Es imposible escapar de las enfermedades o de la muerte echando a correr, y tampoco podemos aplacarlas con riquezas ni hacerlas desaparecer con poderes sobrenaturales. Todos los seres que habitan en este mundo están sometidos de manera ineludible a la vejez, las enfermedades y la muerte.

La duración de nuestra vida no se puede incrementar y de hecho se va acortando continuamente. Desde el mismo instante en que somos concebidos nos dirigimos de manera inexorable hacia la muerte, como un caballo de carreras que galopa en dirección a la meta. El caballo, al menos, puede reducir su velocidad de vez en cuando, pero en nuestra carrera hacia la muerte nunca nos detenemos, ni siquiera por un solo segundo. Nuestra vida se va acortando tanto cuando estamos despiertos como cuando dormimos. En cualquier viaje debemos detener nuestro vehículo de vez en cuando, pero el tiempo que nos queda de vida nunca deja de disminuir. En el momento siguiente de nacer ya se ha extinguido parte de nuestra vida. Vivimos en los mismos brazos de la muerte. Después de haber nacido no podemos detenernos ni un solo instante y nos vamos acercando al Señor de la Muerte como un corredor en su carrera. Creemos que pertenecemos al mundo de los vivos, pero nuestra vida es la propia autovía que conduce a la muerte.

Si nuestro médico nos diera la noticia de que tenemos una enfermedad incurable y que solo nos queda una semana de vida, aunque un amigo nos hiciera un magnífico regalo, como un diamante, un coche nuevo o unas espléndidas vacaciones, no nos sentiríamos muy entusiasmados. Pero, en realidad, esta es la situación en que nos encontramos ahora, puesto que todos padecemos de la enfermedad de la mortalidad. ¡Qué absurdo es interesarnos tanto por los placeres transitorios de esta vida tan corta!

Si nos resulta difícil meditar en la muerte, podemos escuchar el tictac de un reloj y pensar que cada tic marca el fin de un momento de nuestra vida y nos acercamos más a la muerte. Podemos imaginar que el Señor de la Muerte vive a una cierta distancia de nosotros y que el tictac del reloj es el resonar de nuestros pasos al acercarnos momento a momento a la muerte. Esto nos ayudará a comprender que viajamos hacia la muerte sin un momento de descanso.

Este mundo es impermanente como las nubes de otoño, y nuestro nacimiento y muerte son como la entrada y salida de los actores en un escenario. Los actores cambian de papel y de vestuario muy a menudo, y aparecen en escena una y otra vez bajo diferentes aspectos. Del mismo modo, los seres sintientes adquieren distintas formas y aparecen en nuevos mundos. En unas ocasiones son seres humanos o animales, y en otras caen a los infiernos. Debemos comprender que la vida de un ser sintiente es fugaz como el destello de un relámpago y se desvanece con rapidez como el agua que cae desde lo alto de una montaña.

La muerte nos va a llegar aunque no hayamos encontrado tiempo para dedicar a la práctica espiritual. A pesar de que la vida es corta, no sería tan grave si al menos dispusiéramos de mucho tiempo para el adiestramiento espiritual, pero casi siempre estamos ocupados en dormir, trabajar, comer, ir de compras, conversar, etcétera, y nos queda muy poco tiempo para la práctica espiritual pura. El tiempo pasa rápidamente mientras nos dedicamos a lograr otros objetivos hasta que, de repente, nos sobreviene la muerte.

Solemos pensar que tenemos mucho tiempo para la práctica espiritual, pero si examinamos de cerca nuestro modo de vida, nos daremos cuenta de que los días van transcurriendo y aún no nos hemos puesto a practicar en serio. Si no encontramos tiempo para adiestrarnos con pureza en la práctica espiritual, cuando nos llegue la hora de la muerte, miraremos atrás y descubriremos que hemos desperdiciado la vida. En cambio, si meditamos en la muerte, generaremos un deseo tan sincero de practicar con pureza que de forma natural comenzaremos a cambiar nuestra rutina diaria, de manera que incluya al menos un poco de tiempo para la práctica. Finalmente, dispondremos de más tiempo para el adiestramiento espiritual que para otras actividades.

Si meditamos en la muerte una y otra vez, es posible que tengamos miedo, pero esto no es suficiente. Después de haber generado el miedo de morir sin estar preparados, hemos de buscar algo que nos ofrezca verdadera protección. Los caminos de las vidas futuras son muy largos y desconocidos. Iremos viajando de vida en vida sin saber dónde vamos a renacer, si recorreremos los caminos que conducen a estados de existencia desdichados o a reinos más afortunados. Sin libertad ni elección, iremos hacia donde nos lleve nuestro karma. Por lo tanto, tenemos que encontrar algo que nos muestre un camino seguro hacia las vidas futuras, que nos guíe por los senderos correctos y nos aleje de los erróneos. Las posesiones y los disfrutes de esta vida no pueden protegernos. Puesto que solo las enseñanzas espirituales nos muestran el camino correcto que podrá ayudarnos y protegernos en el futuro, debemos esforzarnos con el cuerpo, la palabra y la mente por poner en práctica las enseñanzas espirituales, como las que se exponen en el presente libro. El yogui Milarepa dijo:

> «Los infortunios de las vidas futuras son más numerosos que los de esta vida. ¿Has preparado algo que te vaya a ayudar? Si todavía no lo has hecho, hazlo ahora. La única protección contra estos infortunios es la práctica de las sagradas enseñanzas espirituales».

Si analizamos nuestra vida, nos daremos cuenta de que hemos pasado muchos años sin interesarnos por la práctica espiritual, y que ahora, incluso si tenemos el deseo de practicar, por pereza, no lo hacemos de una forma pura. El gran erudito Gungtang dijo:

«Durante veinte años no quise practicar las enseñanzas espirituales. Los veinte años siguientes pensaba que podría hacerlo más adelante. Pasé otros veinte enfrascado en otras actividades y arrepintiéndome de no haber emprendido la práctica espiritual. Esta es la historia de mi vacía vida humana».

Esta podría ser también la historia de nuestra vida, pero si meditamos en la muerte, evitaremos desperdiciar nuestra preciosa vida humana y nos esforzaremos en llenarla de significado.

Si reflexionamos de este modo, pensaremos de corazón: «Sin lugar a dudas me voy a morir». Al comprender que en el momento de la muerte solo nuestra práctica espiritual nos servirá de verdadera ayuda, tomamos la firme resolución: «Debo poner en práctica las enseñanzas espirituales, el Dharma». Cuando este pensamiento surja con intensidad y claridad en nuestra mente, lo mantenemos de manera convergente sin distracciones para familiarizarnos cada vez más con él hasta no olvidarlo nunca.

EL MOMENTO DE NUESTRA MUERTE ES INCIERTO

A menudo nos engañamos a nosotros mismos pensando: «Soy joven, así que no me voy a morir pronto», pero podemos comprobar lo equivocados que estamos con solo observar cuántos jóvenes mueren antes que sus padres. En ocasiones, pensamos: «Tengo buena salud, de momento no me voy a morir», pero a menudo vemos que personas con buena salud que cuidan enfermos mueren antes que ellos. Aquellos que van a visitar a un amigo al hospital pueden morir antes que él en un accidente de tráfico, ya que la muerte no se limita a ancianos y enfermos. La persona que está viva y tiene buena salud por la mañana puede morir por la tarde, y la que se encuentra bien al irse a dormir, puede morir antes de despertar. Algunos mueren mientras comen, otros en medio de una conversación. Otras personas mueren nada más nacer.

La muerte no siempre avisa. Este enemigo puede aparecer en cualquier momento y a menudo ataca con rapidez cuando menos lo esperamos. Puede visitarnos mientras conducimos de camino a una fiesta, al encender la televisión o mientras pensamos: «Hoy no me voy a morir» y hacemos planes para las vacaciones de verano o la jubilación. El Señor de la Muerte puede caer sobre nosotros al igual que las nubes negras cubren de pronto el cielo. En ocasiones, cuando entramos en casa el cielo está limpio y azul, pero al volver a salir, está totalmente nublado. De igual modo, la muerte puede arrojar su sombra sobre nosotros en un instante.

Existen muchas más causas de muerte que de supervivencia. Aunque la muerte es inevitable y la duración de nuestra vida es incierta, no sería tan grave si al menos las condiciones que nos llevan a la muerte fueran pocas; pero hay incontables condiciones, tanto externas como internas, que pueden causarnos la muerte. El medio ambiente es la causa de numerosas muertes por inanición, inundaciones, incendios, terremotos, contaminación, etcétera. Del mismo modo, los cuatro elementos internos del cuerpo, tierra, agua, fuego y aire, provocan la muerte cuando se desequilibran y uno de ellos crece en exceso. Se dice que los elementos internos, cuando están equilibrados, son como cuatro serpientes de la misma especie e igual fortaleza que viven juntas en armonía; pero cuando se desequilibran, es como si una ellas se volviera más poderosa y devorara a las otras, hasta que finalmente ella misma muere de inanición.

Además de estas causas inanimadas que pueden provocar la muerte, hay seres, como ladrones, soldados enemigos o animales salvajes, que también pueden quitarnos la vida. Incluso objetos que no consideramos peligrosos, sino necesarios para protegernos y sobrevivir, como nuestra casa, el coche o nuestro mejor amigo, pueden causarnos la muerte. Algunas personas mueren aplastadas al derrumbarse su casa o al caer por las escaleras y muchas otras pierden a diario la vida en sus coches. Algunos mueren durante las vacaciones, y otros, a causa de sus propias aficiones y juegos, como los jinetes que sufren una caída mortal. Los mismos alimentos que tomamos para nutrir nuestro cuerpo y mantenernos con vida pueden causarnos la muerte. Incluso los amigos o nuestro amante pueden quitarnos la vida de manera accidental o intencionada. En la prensa leemos noticias de parejas que se quitan la vida el uno al otro o de padres que matan a sus propios hijos. Si lo analizamos con detenimiento, nos daremos cuenta de que es imposible encontrar ni un solo objeto de disfrute mundano que no tenga el potencial de provocar la muerte y que solo sea causa de supervivencia. El gran erudito Nagaryhuna dijo:

> «Nuestra vida se mantiene entre miles de condiciones que la amenazan de muerte. Nuestra fuerza vital es como la llama de una vela expuesta al viento, que se apaga con facilidad porque el viento de la muerte sopla en todas las direcciones».

Cada persona ha creado el karma de que su vida dure un determinado período de tiempo, pero, como no podemos recordar qué karma hemos creado, no sabemos con exactitud cuál va a ser la duración de nuestra vida. Es posible tener una muerte prematura antes de haber agotado nuestro espacio de vida, porque se pueden acabar nuestros méritos, la causa de buena fortuna, antes de haber consumido el karma que determina la duración de nuestra vida. En tal caso, caeríamos tan enfermos que los médicos no podrían ayudarnos o no conseguiríamos encontrar alimentos o satisfacer otras necesidades básicas para sobrevivir. En cambio, si la duración de nuestra vida no se ha terminado y todavía nos quedan méritos, aunque caigamos gravemente enfermos, podremos encontrar las condiciones necesarias para recuperarnos.

El cuerpo humano es muy frágil. Aunque existen innumerables causas de muerte, no sería tan grave si nuestro cuerpo fuera fuerte como el acero, pero en realidad es muy delicado. Para destruirlo no hacen falta armas poderosas ni bombas, una pequeña aguja sería suficiente para acabar con él. Nagaryhuna dijo:

«Hay muchos agentes que destruyen nuestra fuerza vital.
El cuerpo humano es como una burbuja de agua».

Al igual que una burbuja de agua estalla en cuanto se la toca, una simple gota de agua en el corazón o un pequeño arañazo con una espina venenosa pueden causarnos la muerte. Nagaryhuna dijo que al final del presente eón, todo el universo será consumido por las llamas de un fuego inmenso y que no quedarán ni sus cenizas. Puesto que el universo entero va a desaparecer, es evidente que este delicado cuerpo humano perecerá muy pronto.

Podemos contemplar el proceso de la respiración, como a cada aspiración le sigue sin interrupción una espiración. Si este proceso se detuviera, moriríamos. Sin embargo, incluso cuando dormimos y nuestra memoria o retentiva mental deja de funcionar, la respiración continúa, aunque en muchos otros aspectos somos como un cadáver. Nagaryhuna dijo al respecto: «¡Qué maravilla que ocurra esto!». Cuando nos despertamos por la mañana, deberíamos alegrarnos pensando: «Es asombroso que mi respiración me haya mantenido con vida mientras dormía. Si se hubiera detenido durante la noche, ahora estaría muerto».

Al contemplar que el momento de la muerte es totalmente incierto y comprender que nadie puede garantizarnos que no nos vayamos a morir hoy mismo, debemos pensar día y noche desde lo más profundo del corazón: «Quizá me muera hoy, es posible que me muera hoy». Si nos concentramos en la sensación que nos produce este pensamiento, tomaremos con firmeza la siguiente resolución:

> *Puesto que he de marcharme pronto de este mundo, no tiene sentido que me apegue a los asuntos de esta vida. En lugar de ello, voy a dedicarme de corazón a extraer la verdadera esencia de mi vida humana adiestrándome con sinceridad en una práctica espiritual pura.*

¿Qué significa *adiestrarse con sinceridad en una práctica espiritual pura*? Cuando aplicamos las instrucciones espirituales que son los métodos para controlar nuestros engaños, como el deseo incontrolado, el odio y la ignorancia, nos estamos adiestrando en una práctica espiritual pura. Esto, a su vez, significa que estamos siguiendo los caminos espirituales correctos. Esta práctica espiritual pura tiene tres niveles: 1) la práctica del ser del nivel inicial, 2) la práctica del ser del nivel medio y 3) la práctica del ser del nivel superior. Para una exposición detallada de estos tres niveles véanse *El camino gozoso de buena fortuna* y *Budismo moderno*.

Escucha el precioso sonido de la concha del Dharma,
contempla su significado y medita en él

Karma

Karma significa 'acción', y se refiere a nuestras acciones físicas, verbales y mentales. Este tema es muy significativo. Durante toda la vida tenemos que experimentar diversas clases de sufrimientos y problemas sin elección. Esto se debe a que no comprendemos qué acciones debemos abandonar y cuáles practicar. Si tuviéramos este conocimiento y lo pusiéramos en práctica, no habría ninguna base para experimentar sufrimientos ni problemas.

La ley del karma es un ejemplo especial de la ley de causa y efecto que establece que nuestras acciones físicas, verbales y mentales son causas, y nuestras experiencias, sus efectos. La ley del karma enseña por qué cada individuo posee una disposición mental, una apariencia física y unas experiencias únicas. Estas son los diversos efectos de las incontables acciones que cada uno ha realizado en el pasado. Puesto que no hay dos personas que hayan realizado las mismas acciones en vidas pasadas, no es posible encontrar dos personas que tengan los mismos estados mentales, experiencias idénticas o la misma apariencia física. Cada persona tiene un karma individual diferente. Algunas disfrutan de buena salud y otras están siempre enfermas. A algunas se las considera muy atractivas, y a otras, muy feas. Algunas tienen un carácter alegre y son fáciles de complacer, mientras que otras suelen estar de mal humor y nunca están satisfechas. Algunas personas entienden con facilidad el significado de las enseñanzas espirituales, pero otras las encuentran difíciles y oscuras.

Cada acción que realizamos imprime una huella o potencial en nuestra mente muy sutil que, con el tiempo, produce su correspondiente resultado. Nuestra mente es comparable a un campo de siembra, y las acciones que realizamos, a las semillas que en él se plantan. Las acciones virtuosas siembran las semillas de nuestra felicidad futura, y las perjudiciales, las de nuestro sufrimiento. Estas semillas permanecen latentes en nuestra mente hasta el momento en que se reúnen las condiciones necesarias para su germinación y, entonces, producen su efecto. En algunos casos, desde que se realiza la acción original hasta que maduran sus consecuencias, pueden transcurrir varias vidas.

Como resultado de nuestras acciones o karma, renacemos en este mundo impuro y contaminado y tenemos tantos problemas y dificultades. Nuestras acciones son impuras porque nuestra mente está contaminada por el veneno interno del aferramiento propio. Esta es la razón principal por la que experimentamos sufrimiento. Este es producido por nuestras propias acciones o karma y no es un castigo impuesto por nadie. Sufrimos porque hemos cometido numerosas acciones perjudiciales en vidas pasadas. El origen de estas malas acciones son nuestras propias perturbaciones mentales, como el odio, el apego y la ignorancia del aferramiento propio.

Cuando hayamos eliminado de nuestra mente el aferramiento propio y los demás engaños, nuestras acciones serán puras de manera natural. Como resultado de estas acciones puras o karma puro, todas nuestras experiencias serán puras, viviremos en un mundo puro y nuestro cuerpo y disfrutes, y los seres que nos encontremos, también serán puros. No quedará ni el menor rastro de sufrimiento, impureza ni problemas. Esta es la manera de encontrar verdadera felicidad en nuestra mente.

CARACTERÍSTICAS GENERALES DEL KARMA

Por cada acción que realizamos, experimentaremos un efecto similar. Si un agricultor siembra semillas de una planta medicinal, brotará dicha planta y no una venenosa, y si no siembra nada, no recogerá ninguna cosecha. Del mismo modo, si realizamos acciones virtuosas, como resultado, experimentaremos felicidad y no sufrimiento; si cometemos acciones perjudiciales, experimentaremos solo sufrimiento, y si realizamos acciones neutras, los resultados serán neutros.

Por ejemplo, si ahora padecemos cualquier trastorno mental es porque en algún momento del pasado hemos perturbado la mente de otras personas. Si padecemos una enfermedad física dolorosa es por haber hecho daño a otros en el pasado, por ejemplo, haberlos agredido o herido con un arma, haberles administrado medicinas equivocadas o servido alimentos venenosos de manera intencionada. Si no hemos creado la causa kármica para enfermar, es imposible que experimentemos el sufrimiento de una enfermedad física aunque estemos en medio de una epidemia que esté causando innumerables muertes. Aquellos que han alcanzado el nirvana, la paz interior suprema y permanente, por ejemplo, nunca experimentan sufrimiento físico ni mental porque han dejado de cometer acciones perjudiciales y han purificado todos los potenciales negativos, que son las causas principales del sufrimiento.

La causa principal del sufrimiento de la pobreza es la acción de robar. Las causas principales de sentirnos oprimidos es haber tratado con orgullo a otras personas de posición inferior a la nuestra, haberlas maltratado o exigido sus servicios, o haberlas menospreciado en lugar de haber sido bondadosos con ellas. Las causas principales del sufrimiento de tener que separarnos de nuestros familiares y amigos son acciones como seducir a la pareja de otra persona o poner a sus amigos o trabajadores en su contra.

Por lo general, pensamos que las malas experiencias que tenemos son causadas solo por las circunstancias propias de esta vida. Puesto que no es posible entender de este modo la verdadera razón de nuestras desgracias, a menudo pensamos que son inexplicables, que no nos las merecemos y que no hay justicia en este mundo. En realidad, la mayoría de nuestras experiencias en esta vida son el resultado de acciones que hemos cometido en vidas pasadas.

La contemplación de la siguiente historia que se relata en las escrituras budistas nos ayudará a comprender que las experiencias que tenemos en esta vida surgen de acciones que hemos cometido en vidas pasadas, y que los resultados de nuestras acciones aumentan con el tiempo, al igual que una pequeña semilla puede llegar a convertirse en un gran árbol. Había una vez una monja llamada Upala que antes de su ordenación había padecido terribles desgracias. De los dos hijos que tuvo con su primer marido, uno de ellos se ahogó y el otro fue brutalmente atacado y devorado por un chacal. Más tarde, su marido murió envenenado por la mordedura de una serpiente. Después de haber perdido a su familia, Upala regresó al hogar de sus padres, pero nada más llegar, la casa se incendió y quedó reducida a cenizas. Se volvió a casar y tuvo un hijo con su segundo marido, que era alcohólico, y un día se emborrachó de tal manera que mató al niño y la obligó a comer su carne. Upala huyó de este hombre perturbado y se escapó a otro país, donde fue capturada por una banda de ladrones que la forzaron a casarse con el jefe. Algunos años después, apresaron a su tercer marido y, conforme a la costumbre del país, la enterraron viva junto a él. No obstante, los ladrones deseaban tanto a Upala que la desenterraron y la obligaron a vivir con ellos. Después de padecer todas estas terribles miserias y desgracias, Upala generó un deseo muy intenso de liberarse de toda clase de existencia dolorosa y fue en busca de Buda para contarle su historia. Buda le explicó que en su vida anterior había sido una de las esposas de un rey y que había sido muy celosa con las otras esposas. Estos celos fueron suficientes para producir los tremendos sufrimientos que había experimentado en su vida. A continuación, Buda le enseñó cómo purificar la mente y, gracias a que practicó con sinceridad sus instrucciones, alcanzó el nirvana en esa misma vida.

Si contemplamos que los resultados de nuestras acciones son definitivos y que se incrementan, tomaremos la firme determinación de evitar hasta la más mínima acción perjudicial y de cultivar los pensamientos positivos y fomentar las obras constructivas por muy insignificantes que parezcan. Luego, meditamos en esta decisión para consolidarla. Si podemos mantenerla en todo momento y ponerla en práctica, nuestras acciones físicas, verbales y mentales serán cada vez más puras y finalmente no habrá ninguna base para experimentar sufrimiento.

Si no realizamos una acción, no experimentaremos su resultado. Cuando los soldados van a la guerra, unos mueren y otros sobreviven. Los que se salvan no es porque fueran más valientes que los demás, sino porque no habían cometido ninguna acción que fuera la causa de morir en ese momento. Cada día en las noticias podemos encontrar numerosos ejemplos similares. Cuando un terrorista pone una bomba en un gran edificio, unos mueren y otros consiguen escapar ilesos aunque se encontrasen en medio de la explosión. En los accidentes aéreos o cuando un volcán entra en erupción, unas personas mueren y otras sobreviven de manera milagrosa. En numerosos accidentes, los mismos supervivientes se sorprenden de seguir vivos a pesar de que murieron otras personas que se encontraban a su lado.

Las acciones de los seres sintientes nunca se extinguen, aunque transcurra mucho tiempo antes de que se experimenten sus resultados. Las acciones no se desvanecen sin más, ni las podemos traspasar a otros y evadir así nuestra responsabilidad. Aunque las intenciones mentales momentáneas que originaron nuestras acciones pasadas han cesado, los potenciales que han creado en nuestra mente no desaparecerán hasta que maduren sus resultados. La única manera de eliminar los potenciales perjudiciales antes de que maduren en forma de sufrimiento es purificarlos.

Por desgracia, resulta más fácil destruir los potenciales virtuosos que tenemos, porque si no dedicamos nuestras buenas acciones, el odio puede destruirlos por completo en un solo instante. Nuestra mente es como un cofre, y nuestras acciones virtuosas, como joyas. Si no las protegemos por medio de la dedicación, cuando nos enfademos será como dejar nuestro tesoro en manos de un ladrón.

LOS SEIS REINOS DONDE PODEMOS RENACER

Las semillas de nuestras acciones que brotan en el momento de la muerte ejercen una gran influencia en nuestro futuro porque determinan el tipo de renacimiento que vamos a tener en la próxima vida. El que madure un tipo u otro de semillas durante la muerte depende del estado mental en que nos encontremos en ese momento. Si morimos con una mente apacible, germinarán las semillas virtuosas y, en consecuencia, renaceremos en un reino afortunado. Sin embargo, si morimos con una mente alterada, por ejemplo, enfadados, se activarán las semillas negativas y renaceremos en un reino desafortunado. Este proceso es parecido al modo en que surgen las pesadillas por habernos ido a dormir con una mente agitada e intranquila.

La elección de este ejemplo del dormir, soñar y despertar no es fortuita, porque, como se ha mencionado en el capítulo que trata sobre el renacimiento, el proceso de dormir, soñar y despertar es muy semejante al de la muerte, el estado intermedio y el renacimiento. Durante el estado intermedio experimentamos diferentes visiones que son el resultado de las semillas kármicas que se activaron en el instante anterior a nuestra muerte. Si estas semillas fueron perjudiciales, tendremos visiones angustiosas como pesadillas, pero si fueron virtuosas, las visiones serán por lo general agradables. En ambos casos, cuando las semillas kármicas maduren por completo, nos impulsarán a renacer en uno u otro de los seis reinos del samsara.

Los seis reinos son lugares reales donde podemos renacer. Estos lugares son creados por el poder de nuestras acciones o karma. Hay tres clases de acciones: físicas, verbales y mentales. Puesto que todas las acciones físicas y verbales van precedidas de una acción mental, una intención, en realidad los seis reinos son creados por la mente. Por ejemplo, el reino de los infiernos es el lugar que surge como consecuencia de las acciones más destructivas, como matar o causar daños físicos o mentales de extrema crueldad, que cometemos bajo la influencia de los estados mentales más perturbados.

Para tener una imagen clara de los seis reinos, podemos compararlos con las plantas de una gran y vieja mansión. En esta analogía, la mansión simboliza el samsara, el ciclo de renacimientos contaminados. Esta casa tiene una planta baja, dos pisos y tres sótanos, y la ocupan los ignorantes seres sintientes, que suben y bajan sin cesar. Unas veces residen en las plantas superiores, y otras, en las inferiores.

La planta baja representa el reino humano. Por encima, en el primer piso, está el reino de los semidioses, seres no humanos que están en guerra permanente contra los dioses. Desde el punto de vista de su poder y prosperidad, los semidioses son superiores a los humanos, pero están tan obsesionados por los celos y la violencia, que sus vidas poseen escaso valor espiritual.

En el piso más alto viven los dioses. Los de la clase inferior, los dioses del reino del deseo, disfrutan de una lujosa vida de holgura y placer, y dedican el tiempo al goce y satisfacción de los sentidos. Aunque su mundo es paradisíaco y gozan de gran longevidad, no son inmortales y finalmente vuelven a renacer en estados inferiores. Debido a que sus vidas están llenas de distracciones, es difícil que generen la intención de emprender una práctica espiritual. Desde el punto de vista espiritual, la vida humana tiene mucho más sentido que la de los dioses.

Por encima de los dioses del reino del deseo se encuentran los del reino de la forma y los del reino inmaterial. Los dioses del reino de la forma han trascendido el deseo sensual, tienen cuerpos de luz y experimentan el gozo sublime de la absorción meditativa. Los dioses del reino inmaterial han trascendido incluso estas formas sutiles, carecen de cuerpo físico y permanecen en un estado de consciencia sutil similar al espacio infinito. Aunque sus mentes son las más elevadas y puras dentro del samsara, no han eliminado la ignorancia del aferramiento propio, la raíz del samsara, y por ello, tras haber disfrutado de gozo durante numerosos eones, vuelven a renacer en los reinos inferiores. Al igual que los otros dioses, consumen los méritos que habían acumulado en el pasado y no progresan nada, o muy poco, en el camino espiritual.

Se dice que la planta baja y los dos pisos superiores son reinos afortunados porque las experiencias de los seres que renacen en ellos son relativamente placenteras, como consecuencia de haber practicado la virtud. En los sótanos se encuentran los tres reinos inferiores, que son el resultado de las acciones físicas, verbales y mentales perjudiciales. El reino animal, representado en esta analogía por el primer sótano, es el menos terrible de los tres. En él habitan todos los mamíferos, excepto los humanos, así como las aves, los peces, los insectos, los gusanos, etcétera, todo el reino animal. Sus mentes se caracterizan por una falta total de consciencia espiritual y sus vidas están dominadas principalmente por el miedo y la brutalidad.

En el segundo sótano habitan los espíritus ávidos. Las causas principales para renacer en este reino son el deseo egoísta de poseer más y las acciones perjudiciales motivadas por la avaricia. La consecuencia de estas acciones es vivir en una pobreza extrema. Estos seres padecen de manera continua de hambre y sed insaciables, que les resultan insoportables. Su mundo es un inmenso desierto. Si consiguen encontrar alguna gota de agua o restos de comida, al aproximarse desaparecen como un espejismo o se convierten en algo repulsivo, como un montón de pus y orina. Estas apariencias son el resultado de su karma negativo y falta de méritos.

En el último sótano está el reino de los infiernos, cuyos habitantes padecen tormentos incesantes. Algunos infiernos son masas asfixiantes de fuego, y otros, regiones desoladas, heladas y oscuras. Monstruos aterradores creados por la propia mente de los seres de los infiernos les infligen las más horrendas torturas. Este sufrimiento continúa implacable durante tanto tiempo que parece una eternidad, pero finalmente, el karma de renacer en los infiernos se consume, estos seres mueren y renacen en otro lugar del samsara. Los infiernos no son más que apariencias de las mentes más perturbadas y negativas. No son lugares externos que normalmente vemos, sino que son como una pesadilla de la que no despertamos durante mucho tiempo. Para los seres que habitan en los infiernos, sus sufrimientos son tan reales como para nosotros lo son las experiencias que tenemos ahora en el mundo humano.

Esta es una descripción general del samsara. Estamos atrapados en él desde tiempo sin principio, vagando sin sentido, sin libertad ni control, desde el más elevado de los reinos celestiales hasta el más profundo de los infiernos. Unas veces habitamos en los pisos elevados de los dioses y otras nacemos como humanos, en la planta baja, pero la mayor parte del tiempo estamos atrapados en uno de los sótanos como animales, espíritus ávidos o seres de los infiernos, padeciendo terribles sufrimientos físicos y mentales durante largos períodos de tiempo.

Aunque el samsara es como una prisión, existe una puerta por donde escapar: la vacuidad, la naturaleza última de los fenómenos. Si comprendemos la vacuidad, podemos escapar del samsara. Si nos adiestramos en los caminos espirituales que se describen en el presente libro, encontraremos esta puerta, y al atravesarla, descubriremos que la mansión del samsara no era más que una ilusión, una creación de nuestra mente impura. El samsara no es una prisión externa, sino una creación de nuestra propia mente. Nunca terminará por sí mismo, pero si practicamos con perseverancia un camino espiritual puro y de esta manera eliminamos nuestra mente ignorante del aferramiento propio y las demás perturbaciones mentales, podremos liberarnos de él. Cuando alcancemos la liberación o nirvana, estaremos capacitados para enseñar a los demás a eliminar sus engaños y acabar así con su propia prisión mental.

CLASES DE ACCIONES

Aunque hay innumerables acciones físicas, verbales y mentales, pueden incluirse en tres clases: virtuosas, perjudiciales y neutras. Las prácticas de la generosidad, la disciplina moral, la paciencia, el esfuerzo en el adiestramiento espiritual, la concentración meditativa y la sabiduría son ejemplos de acciones virtuosas. Matar, robar y mantener una mala conducta sexual son acciones físicas perjudiciales; mentir, causar desunión con la palabra, pronunciar palabras ofensivas y chismorrear son acciones verbales perjudiciales, y la codicia, la malicia y sostener creencias erróneas son acciones mentales perjudiciales. Además de estas diez acciones perjudiciales, hay muchas otras, como maltratar o torturar a los demás o hacerles sufrir de forma deliberada. Cada día también realizamos numerosas acciones neutras. Las actividades cotidianas, como ir de compras, cocinar, comer, dormir o descansar, que realizamos con una motivación que no es ni buena ni mala, son acciones neutras.

Todas las acciones perjudiciales son contaminadas porque están motivadas por los engaños, en particular, la ignorancia del aferramiento propio. La mayoría de nuestras acciones virtuosas y neutras también están basadas en el aferramiento propio y, por lo tanto, son también contaminadas. De momento, incluso cuando, por ejemplo, nos adiestramos en la disciplina moral, nos aferramos a un yo con existencia inherente que está manteniendo una conducta ética, por lo que nuestra práctica de la disciplina moral es una acción virtuosa contaminada, que produce renacimientos superiores en el samsara.

Nos aferramos a un yo y un mío con existencia inherente en todo momento, día y noche. Esta mente es el engaño de la ignorancia del aferramiento propio. Cuando estamos avergonzados o atemorizados, nos enfadamos o nos sentimos indignados o estamos henchidos de orgullo, tenemos un sentido del yo muy intenso. El yo al que nos aferramos en estas situaciones es el yo con existencia inherente. Incluso cuando estamos relajados y bastante tranquilos, seguimos aferrándonos a este yo, aunque con menor intensidad. Esta mente de aferramiento propio es la base de las demás perturbaciones mentales y la causa de todos nuestros problemas. Para liberarnos de nuestros engaños y de los problemas que nos causan debemos comprender que el yo con existencia inherente al que siempre nos aferramos con tanta intensidad no existe en absoluto, nunca ha existido y nunca lo hará. No es más que una mera elaboración de nuestra ignorancia del aferramiento propio.

Para satisfacer los deseos de este yo –el yo con existencia inherente que creemos que realmente existe–, realizamos numerosas acciones tanto virtuosas como perjudiciales. Estas acciones se conocen como *acciones impulsoras*, lo que significa que están motivadas por un fuerte aferramiento propio y que son la causa principal de los renacimientos en el samsara. Las acciones virtuosas contaminadas nos impulsan a renacer en los reinos superiores del samsara, como humanos, semidioses o dioses, mientras que las perjudiciales nos arrojan a renacimientos inferiores en los reinos de los animales, los espíritus ávidos o los infiernos. Si cuando estamos a punto de morir generamos un estado mental negativo, como el odio, este hará que madure el potencial de una acción impulsora perjudicial y renaceremos en un reino inferior. En cambio, si generamos un estado mental virtuoso, como, por ejemplo, recordar nuestra práctica espiritual diaria, hará que madure el potencial de una acción impulsora virtuosa, de manera que después de la muerte renaceremos como un ser humano o en uno de los otros dos reinos superiores del samsara, y tendremos que experimentar los sufrimientos característicos de estos seres.

Hay otra clase de acciones contaminadas, que se denominan *conclusivas*. Son acciones contaminadas que constituyen la causa principal de la felicidad o del sufrimiento que experimentamos después de haber renacido en un reino en particular. Los seres humanos hemos sido arrojados a este reino por acciones impulsoras virtuosas, pero cada uno tenemos experiencias muy distintas debido a las diferentes acciones conclusivas que hemos realizado. Algunos sufren grandes adversidades durante toda la vida y otros disfrutan de una existencia relativamente placentera. Del mismo modo, los animales han renacido en su reino arrojados por las acciones impulsoras perjudiciales, pero sus experiencias son muy diferentes según las acciones conclusivas que hayan realizado. Algunos animales, como algunas mascotas, pueden disfrutar de una vida cómoda, incluso lujosa, y recibir más atención y cuidado que muchos seres humanos. Los espíritus ávidos y los seres de los infiernos solo experimentan el resultado de acciones perjudiciales, tanto impulsoras como conclusivas. Desde el mismo día que nacen hasta que mueren, solo experimentan sufrimiento.

Una acción impulsora puede hacernos renacer numerosas veces. En las escrituras budistas se cuenta la historia de un hombre que se enfadó mucho con un monje y le dijo que parecía una rana. Como resultado de esta acción, renació numerosas veces como una rana. En otras ocasiones, un solo renacimiento basta para consumir el poder de una acción impulsora.

Algunas de nuestras acciones maduran en la misma vida en que se realizan, y son por fuerza acciones conclusivas; otras maduran en la vida siguiente, y otras, varias vidas después, y estas acciones pueden ser impulsoras o conclusivas.

En resumen, podemos ver que primero generamos un intenso aferramiento propio y a partir de él surgen todas las demás perturbaciones mentales. Estos engaños nos inducen a crear karma impulsor, que nos hace renacer de nuevo en el samsara, donde experimentamos miedos, sufrimientos y problemas. Durante toda esta nueva existencia seguimos generando aferramiento propio y otros engaños sin cesar, que nos inducirán a realizar más acciones impulsoras, que nos conducirán hacia nuevos renacimientos contaminados. Este proceso del samsara es un ciclo que nunca acabará, a menos que alcancemos el nirvana.

Pon gran esfuerzo en alcanzar la iluminación

Samsara

Samsara es una palabra sánscrita que significa 'ciclo de renacimientos contaminados o ciclo de vidas impuras'. El ciclo de renacimientos contaminados se refiere a obtener una y otra vez un cuerpo y una mente contaminados, que también se conocen como *agregados* contaminados. Por lo general, cuando nuestro cuerpo está enfermo, pensamos: «Estoy enfermo», y cuando nuestra mente está infeliz, pensamos: «Estoy triste». Esto indica con claridad que creemos que el cuerpo y la mente son el yo. Esta creencia es ignorancia porque el cuerpo y la mente no son el yo, sino sus posesiones, tal y como se indica cuando decimos: «Mi cuerpo, mi mente». Debido a esta ignorancia que cree que nuestro cuerpo y mente son el yo, generamos y experimentamos diversas clases de apariencias equívocas y, debido a ello, experimentamos sufrimientos y problemas de todo tipo a modo de alucinaciones a lo largo de toda la vida y de vida en vida sin cesar. De ello podemos comprender que desde tiempo sin principio hemos identificado el yo de manera equívoca. Para reducir y finalmente eliminar por completo nuestras experiencias de sufrimiento y problemas como alucinaciones, tenemos que identificar el yo de manera correcta mediante el adiestramiento en los caminos espirituales que se expone en el capítulo de la «Bodhichita última». Por medio de estas instrucciones, comprenderemos el modo en que las cosas realmente existen.

Hemos de saber que la vida humana es preciosa y adquiere su verdadero valor solo cuando la utilizamos para adiestrarnos en el camino espiritual, ya que en sí misma es un sufrimiento verdadero. Experimentamos diversas clases de sufrimiento porque hemos obtenido un renacimiento contaminado por el veneno interno de las perturbaciones mentales. Estas experiencias no tienen comienzo porque hemos tenido renacimientos contaminados desde tiempo sin principio, y no tendrán fin hasta que alcancemos la paz interior suprema del nirvana. Si contemplamos los sufrimientos y las dificultades que vamos a experimentar a lo largo de esta vida y en las futuras, y meditamos en ellos, llegaremos a la firme conclusión de que todos y cada uno de nuestros sufrimientos y problemas surgen por haber obtenido un renacimiento contaminado. Entonces, generaremos un intenso deseo de abandonar el ciclo de renacimientos contaminados, el samsara. Este deseo se denomina *renuncia* y cuando lo generamos, entramos realmente en el camino hacia la liberación o nirvana. Desde este punto de vista, contemplar el sufrimiento y meditar en él tiene un gran significado. El objetivo principal de esta meditación es evitar que padezcamos de nuevo todas estas experiencias en el futuro.

Mientras permanezcamos atrapados en el ciclo de renacimientos contaminados, los sufrimientos y problemas nunca terminarán, tendremos que volver a experimentarlos cada vez que renazcamos. Aunque no podamos recordar lo que sentíamos en el seno de nuestra madre o durante la niñez, los sufrimientos de la vida humana comenzaron en el mismo momento de la concepción. Es evidente que un recién nacido sufre angustia y dolor. Lo primero que hace un bebé al llegar al mundo es gritar y llorar. No es habitual que un niño nazca en un estado de total serenidad, con un rostro apacible y sonriente.

EL NACIMIENTO

Cuando la consciencia entra en la unión del esperma de nuestro padre y el óvulo de la madre, nuestro cuerpo no es más que una sustancia acuosa, como un yogur rojizo y muy caliente. En los primeros momentos que siguen a la concepción no tenemos sensaciones burdas, pero en cuanto surgen, comenzamos a experimentar dolor. Nuestro cuerpo se va endureciendo de manera progresiva y, a medida que los miembros se van desarrollando, sentimos como si alguien los estirara en una mesa de tortura. El vientre de nuestra madre es caliente y oscuro. Este pequeño espacio saturado de sustancias impuras será nuestro hogar durante nueve meses. Nos sentimos como si estuviéramos apretujados dentro de un pequeño aljibe lleno de líquidos sucios y completamente cerrado de forma que no pueden entrar ni el aire ni la luz.

Mientras permanecemos en el seno de nuestra madre padecemos mucho miedo y dolor en soledad y somos muy sensibles a cualquier cosa que haga. Por ejemplo, si camina deprisa, sentimos como si cayéramos desde lo alto de una montaña y nos sentimos aterrorizados. Si mantiene relaciones sexuales, nos parece como si nos aplastaran entre dos grandes masas pesadas que nos asfixian y sentimos pánico. Si da un pequeño salto, es como si cayéramos contra el suelo desde una gran altura. Si bebe algo caliente, notamos como si nos escaldaran con agua hirviendo, y si es frío, como si nos ducharan con agua helada en pleno invierno.

Al salir del seno materno, sentimos como si nos forzaran a pasar por una estrecha hendidura entre dos piedras rocosas, y nada más nacer, nuestra piel es tan delicada que el contacto con cualquier objeto nos resulta doloroso. Cuando alguien nos toma en sus brazos, aunque lo haga con ternura, sentimos como si sus manos nos rasgaran la piel y hasta las ropas más delicadas nos resultan abrasivas. En comparación con la suavidad y tersura del seno de nuestra madre, cualquier objeto que toquemos nos parece áspero y nos hace daño. Si nos cogen en brazos, nos parece como si nos balancearan al borde de un precipicio, nos sentimos inseguros y tenemos miedo. Hemos olvidado todo lo que aprendimos en la vida anterior y no traemos más que dolor y confusión del seno de nuestra madre. Las palabras que escuchamos tienen tanto sentido para nosotros como el soplo del viento y somos incapaces de comprender nada de lo que percibimos. Durante las primeras semanas es como si estuviéramos ciegos, sordos y mudos, y padeciéramos de amnesia total. Cuando tenemos hambre, no podemos decir: «Quiero comer», o cuando nos duele algo: «Me duele aquí». La única manera que tenemos de expresarnos es con llantos y gestos de enfado y, a menudo, ni siquiera nuestra madre sabe lo que nos ocurre. Estamos totalmente indefensos y nos tienen que enseñar a hacerlo todo: comer, sentarnos, caminar y hablar.

Durante las primeras semanas después del nacimiento es cuando somos más vulnerables, pero los sufrimientos no cesan a medida que vamos creciendo, sino que continúan a lo largo de toda la vida. Al igual que al encender una chimenea, el calor que se propaga por toda la casa proviene del fuego, al nacer en el samsara, el sufrimiento impregna nuestra vida y todas las desgracias que experimentamos son el resultado de haber obtenido un renacimiento contaminado.

Debido a que hemos renacido como un ser humano, estimamos nuestro cuerpo y mente y nos aferramos a ellos como si nos pertenecieran. Al observar nuestro cuerpo y mente generamos el aferramiento propio, que es la raíz de todas las perturbaciones mentales. El renacimiento humano es la base del sufrimiento humano; sin ella, no tendríamos problemas humanos. Los dolores del nacimiento dan paso con el tiempo a los de las enfermedades, la vejez y la muerte; todos forman parte del mismo continuo.

LAS ENFERMEDADES

El nacimiento también conduce a los sufrimientos de las enfermedades. Al igual que los vientos invernales y la nieve despojan los verdes prados, árboles y plantas de su esplendor, las enfermedades arrebatan al cuerpo la lozanía de su juventud, debilitan su vitalidad y el poder de los sentidos. Aunque, por lo general, gocemos de buena salud y estemos en forma, cuando caemos enfermos, de repente somos incapaces de realizar las actividades físicas cotidianas. Hasta un campeón mundial de boxeo que normalmente es capaz de derrotar a sus adversarios, queda completamente indefenso ante la enfermedad. Las enfermedades nos impiden disfrutar de los placeres diarios y nos producen sensaciones desagradables día y noche.

Al enfermar somos como el pájaro que vuela por el cielo y, de pronto, cae al suelo desplomado y herido por un disparo perdiendo toda su gloria y poder. De igual modo, cuando enfermamos, quedamos súbitamente incapacitados. Si tenemos una enfermedad grave, puede que tengamos que depender de los demás para todo y perdamos incluso la facultad de controlar nuestras funciones fisiológicas. Estos cambios son difíciles de aceptar, especialmente para los que se enorgullecen de su independencia y buena salud.

Si caemos enfermos, no podemos continuar con el trabajo ni completar las actividades que nos habíamos propuesto, y por ello nos sentimos frustrados. Nos impacientamos con facilidad con nuestra dolencia y nos deprimimos al pensar en todo lo que no podemos hacer. No podemos disfrutar de las cosas que normalmente nos proporcionan placer, como hacer deporte, bailar, beber o comer lo que nos gusta, ni de la compañía de nuestros amigos. Todas estas limitaciones nos hacen sentir todavía más desdichados. Además de estas penas, tenemos que padecer los dolores físicos que conlleva la enfermedad.

Cuando caemos enfermos, no solo tenemos que soportar los dolores propios de la enfermedad, sino también muchas otras circunstancias desagradables. Por ejemplo, hemos de aceptar el tratamiento que nos prescribe el médico, ya sea tomar medicinas amargas, ponernos inyecciones, privarnos de algo que nos gusta mucho o someternos a una operación quirúrgica. En este último caso, nos ingresarán en un hospital y estaremos obligados a aceptar las condiciones que nos impongan. Puede que tengamos que tomar alimentos que nos desagradan y estar en la cama todo el día sin nada que hacer, llenos de ansiedad al pensar en la operación que nos espera. Es posible que el médico no nos ofrezca una explicación clara sobre nuestra dolencia ni su opinión acerca de si vamos a sobrevivir o no.

Si nos dicen que nuestra enfermedad es incurable y carecemos de experiencia espiritual, sentiremos temor, angustia y arrepentimiento. Es muy posible que nos deprimamos y perdamos las esperanzas o que nos enfademos con la enfermedad pensando que es un cruel enemigo que nos despoja de nuestra felicidad.

LA VEJEZ

El nacimiento también da lugar a los sufrimientos de la vejez. Esta nos roba la belleza, la salud, la figura esbelta y la fina tez, la vitalidad y el bienestar. La vejez hace que los demás nos desprecien. Nos trae dolores indeseados y nos conduce sin demora hacia la muerte.

Con el paso de los años perdemos la belleza de la juventud, nuestro cuerpo fuerte y sano se debilita y lo abaten las enfermedades. La esbelta figura de que disfrutamos en la juventud, bien definida y proporcionada, se va encorvando y desfigurando; los músculos y la carne se arrugan y encogen, por lo que las extremidades se vuelven como finas estacas y sobresalen los huesos. Perdemos el color y el brillo del cabello y nuestra tez pierde su lustre. La cara se nos llena de arrugas y los rasgos se van deformando. Milarepa dijo:

> «¿Cómo se ponen de pie los ancianos? Se incorporan como si estuvieran sacando una estaca clavada en la tierra. ¿Cómo caminan los ancianos? Después de conseguir ponerse de pie, caminan con cautela como si cazaran pajarillos. ¿Cómo se sientan los ancianos? Se dejan caer como una pesada bolsa a la que se le rompen las asas».

Contemplemos el siguiente poema compuesto por el gran erudito Gungtang que describe los sufrimientos del envejecimiento:

> «Cuando envejecemos, el cabello se nos vuelve blanco,
> pero no es porque nos lo hayamos lavado;
> es una señal de que pronto nos encontraremos con el
> Señor de la Muerte.

Nuestra frente se llena de arrugas,
pero no es porque nos sobre carne;
es porque el Señor de la Muerte nos advierte:
"Pronto vas a morir".

Se nos caen los dientes,
pero no es para que nos salgan otros nuevos;
es una señal de que pronto no podremos ingerir
alimentos.

Nuestros rostros se vuelven feos y grotescos,
pero no es porque llevemos máscaras;
es una señal de que hemos perdido la máscara
de la juventud.

Nos tiembla la cabeza de lado a lado,
pero no es porque estemos en desacuerdo;
es porque el Señor de la Muerte nos golpea
con la porra que lleva en la mano derecha.

Caminamos con el cuerpo encorvado y mirando hacia
el suelo,
pero no es porque busquemos agujas perdidas;
es una señal de que añoramos nuestra belleza
y vivimos de recuerdos.

Para ponernos de pie nos apoyamos sobre las cuatro
extremidades,
pero no es porque imitemos a los animales;
es una señal de que nuestras piernas son demasiado
débiles para soportar nuestro peso.

Nos sentamos como si nos desplomáramos de forma
repentina,
pero no es porque estemos enfadados;
es una señal de que nuestro cuerpo ha perdido
la vitalidad.

Nos tambaleamos al andar,
pero no es porque nos creamos importantes;
es una señal de que nuestras piernas no pueden
sostener nuestro cuerpo.

Nos tiemblan las manos,
pero no es porque estemos ansiosos por robar;
es una señal de que el Señor de la Muerte, con sus
dedos ávidos, se apropia de nuestras posesiones.

Nos alimentamos con muy poco,
pero no es porque seamos mezquinos;
es una señal de que no podemos digerir los alimentos.

Jadeamos al respirar,
pero no es porque susurremos mantras al oído de un
enfermo;
es una señal de que nuestra respiración pronto cesará».

Cuando somos jóvenes podemos viajar por todo el mundo, pero al envejecer apenas somos capaces de llegar a la puerta de nuestra casa. No tenemos energía para emprender muchas actividades mundanas y, a menudo, hemos de restringir nuestras prácticas espirituales. Por ejemplo, disponemos de poca vitalidad para realizar acciones virtuosas y nos cuesta recordar las enseñanzas, contemplarlas o meditar en ellas. No podemos asistir a los cursos espirituales que se imparten en lugares de difícil acceso o que carecen de comodidades. No podemos ayudar a los demás si para ello se requiere fuerza física y buena salud. Limitaciones como estas a menudo entristecen mucho a los ancianos.

Al envejecer vamos perdiendo la vista y la audición. No podemos ver con claridad y cada vez necesitamos gafas con cristales más gruesos hasta que ni siquiera con ellas podemos leer. Nos volvemos duros de oído y nos resulta cada vez más difícil escuchar música y oír la televisión o lo que nos dicen los demás. Perdemos la memoria y nos cuesta más realizar nuestras actividades, ya sean mundanas o espirituales. Si meditamos, nos resulta más difícil alcanzar realizaciones porque la memoria y la concentración son muy débiles, y no conseguimos aplicarnos en el estudio. Por lo tanto, si durante la juventud no nos adiestramos en las prácticas espirituales, lo único que podremos hacer al llegar a la vejez será arrepentirnos de ello y esperar la visita del Señor de la Muerte.

Cuando somos viejos no podemos obtener el mismo placer que antes de las cosas que nos gustan, como los alimentos, las bebidas o las relaciones sexuales. Nos sentimos demasiado débiles para practicar juegos y deportes, y a menudo estamos tan cansados que no podemos disfrutar de ninguna diversión. A medida que nuestra edad avanza, no podemos participar en las actividades de los jóvenes. Cuando se van de viaje, nos tenemos que quedar atrás. Nadie quiere llevarnos consigo ni visitarnos. Ni siquiera nuestros nietos desean pasar mucho tiempo con nosotros. A menudo, los ancianos piensan: «¡Qué maravilloso sería si estuviera rodeado de gente joven! Podríamos ir de paseo y les enseñaría tantas cosas...», pero los jóvenes no quieren incluirlos en sus planes. Cuando la vida les llega a su fin, los ancianos sienten el dolor de la soledad y el abandono. Hay muchos sufrimientos propios de la vejez.

LA MUERTE

El nacimiento también conduce a los sufrimientos de la muerte. Si durante la vida hemos trabajado duro para acumular posesiones y les tenemos mucho apego, en el momento de la muerte padeceremos un gran sufrimiento al pensar: «Ahora tendré que dejar atrás todas mis posesiones». Si ahora nos resulta difícil prestar nuestras posesiones más preciadas y mucho más regalarlas, ¿qué sucederá al morir, cuando comprendamos que vamos a perderlo todo?

En el momento de la muerte nos veremos obligados a separarnos hasta de los amigos más íntimos. Tendremos que abandonar a la persona que más amamos, aunque hayamos pasado la mayor parte de nuestras vidas juntos sin separarnos ni un día. Si tenemos mucho apego a nuestros seres queridos, al morir nos sentiremos apenados y angustiados, pero lo único que podremos hacer será cogerles de la mano. Aunque oren con nosotros para que no muramos, no podremos detener el proceso de la muerte. Por lo general, si estamos muy apegados a una persona y nos deja solos para pasar un tiempo con otra, nos ponemos celosos. Sin embargo, al morir, tendremos que dejar a nuestros amigos para siempre en compañía de otros, y también nos despediremos de nuestra familia y de todos aquellos que nos han ayudado en esta vida.

Al morir tendremos que separarnos de este cuerpo que tanto estimamos y que hemos cuidado durante años, y se convertirá en una masa inanimada de carne que habrá que incinerar o enterrar. Si carecemos de la protección interna de la experiencia espiritual, en el momento de la muerte nos embargarán el miedo y la angustia, además del dolor físico.

Cuando al morir nuestra mente se separe del cuerpo, llevará consigo las semillas que hayamos plantado en ella al realizar acciones tanto virtuosas como perjudiciales. Aparte de estas semillas, no podremos llevarnos nada de este mundo. Todo lo demás nos defraudará. La muerte acaba con todas nuestras actividades: las conversaciones, las comidas, las reuniones con los amigos y hasta con el sueño. Todo terminará el día de nuestra muerte y nos veremos obligados a dejarlo todo atrás, incluidos los anillos que llevemos en los dedos. En el Tíbet, los vagabundos solían llevar un bastón para defenderse de los perros. Para comprender la privación total a la que nos somete la muerte, hemos de recordar que los vagabundos tienen que abandonar incluso su viejo bastón, la más miserable de las posesiones humanas. En los cementerios podemos comprobar que lo único que les queda a los muertos es su nombre grabado en una lápida.

OTRAS CLASES DE SUFRIMIENTO

Los seres sintientes también hemos de experimentar los sufrimientos de separarnos de lo que nos gusta, enfrentarnos con lo que nos disgusta y no poder cumplir nuestros deseos –lo cual incluye los sufrimientos de la pobreza y de ser perjudicados por otros seres, humanos y no humanos, y por los elementos agua, fuego, aire y tierra–. Antes de la despedida final en el momento de la muerte, a menudo tenemos que separarnos temporalmente de las personas y las cosas que nos gustan, lo que nos produce sufrimiento mental. Es posible que perdamos el puesto de trabajo que nos agrada o nos veamos obligados a salir de nuestro país de origen, donde tenemos a nuestros familiares y amigos. En cualquier momento podemos perder la buena reputación. Muchas veces en la vida hemos de padecer el dolor de tener que separarnos de nuestros seres queridos y de perder o vernos forzados a abandonar aquello que nos resulta atractivo y agradable; pero al morir tendremos que separarnos para siempre de nuestros compañeros y perderemos los disfrutes de esta vida y las condiciones internas y externas que ahora tenemos para el adiestramiento espiritual puro o práctica del Dharma.

A menudo tenemos que encontrarnos con personas que no nos gustan y convivir con ellas o soportar situaciones desagradables. En ocasiones nos vemos atrapados en circunstancias muy peligrosas, como un incendio o una inundación, o violentas, como en una revuelta o una guerra. La vida está llena de situaciones menos extremas que nos resultan molestas. A veces no podemos llevar a cabo nuestros planes. Por ejemplo, queremos ir a la playa un día soleado, pero nos quedamos atrapados en un atasco de tráfico. El demonio interno de los engaños perturba continuamente nuestra paz interior e interfiere en nuestras prácticas espirituales. Las condiciones que nos impiden hacer lo que deseamos y desbaratan nuestros planes son innumerables. Es como si viviéramos desnudos en un matorral de espinos, con cada movimiento que hacemos más nos hieren las circunstancias. Las personas y los acontecimientos son como espinas que se nos clavan en el cuerpo y ninguna situación nos resulta totalmente satisfactoria. Cuantos más planes y deseos tenemos, más frustraciones experimentamos, y cuanto más deseamos que se produzca una situación, con más facilidad nos vemos atrapados en circunstancias que no queremos. Parece como si cada deseo atrajera su propio obstáculo. Los acontecimientos indeseables ocurren sin necesidad de buscarlos. En realidad, lo único que nos llega con facilidad es aquello que no deseamos. Nadie quiere morir, pero la muerte nos llega sin que realicemos ningún esfuerzo. Nadie quiere padecer enfermedades, pero nos sobrevienen también sin esfuerzo. Puesto que hemos renacido sin libertad ni control, tenemos un cuerpo impuro, vivimos en lugares también impuros y nos ocurren toda clase de desgracias. Estas experiencias son completamente normales en el samsara.

Todos tenemos innumerables deseos, pero por mucho que nos esforzamos en colmarlos, nunca nos sentimos satisfechos. Incluso cuando logramos lo que queremos, no nos conformamos con la manera en que lo hemos conseguido o no obtenemos el bienestar que esperábamos. Por ejemplo, si tenemos el deseo de hacernos ricos y algún día llegamos a serlo, nuestra vida no transcurrirá del modo en que la habíamos imaginado y no nos sentiremos satisfechos. Esto se debe a que nuestros deseos no disminuyen a medida que aumenta nuestra riqueza. Cuanto más tenemos, más queremos. La riqueza que buscamos no existe porque por mucha que acumulemos, nunca podrá colmar nuestros deseos. Por si esto fuera poco, al esforzarnos por obtener aquello que deseamos, creamos aún más causas de insatisfacción. Cada cosa que deseamos lleva implícita muchas otras que nos desagradan. Por ejemplo, la riqueza conlleva inseguridad, el pago de impuestos y asuntos financieros de complejidad. Estas consecuencias indeseadas impiden que nos sintamos realmente satisfechos. De igual modo, si nuestro sueño es pasar unas vacaciones en un lugar exótico, aunque lo consigamos, no lograremos satisfacer por completo nuestras expectativas y tendremos que sufrir ciertos inconvenientes, como quemaduras de sol y muchos gastos.

Si lo analizamos con detenimiento, nos daremos cuenta de que nuestros deseos son desmesurados. Queremos lo mejor del samsara: el mejor puesto de trabajo, el mejor compañero, la mejor reputación, la mejor casa, el mejor coche y las mejores vacaciones. Todo lo que no sea «lo mejor» nos deja insatisfechos y seguimos buscando sin encontrar lo que deseamos.

Ningún placer mundano puede proporcionarnos la felicidad perfecta y completa que buscamos. Cada día se fabrican objetos más sofisticados. Continuamente aparecen anuncios de nuevos productos que acaban de salir al mercado, pero poco después son reemplazados por la última innovación, que es aún mejor. La producción de nuevos artículos de consumo con el propósito de incrementar nuestros deseos no tiene fin.

Los niños en la escuela nunca consiguen satisfacer sus ambiciones ni las de sus padres. Aunque consigan ser los primeros de la clase, no estarán satisfechos a menos que lo logren de nuevo en el curso siguiente. Si en el futuro tienen éxito en el trabajo, su ambición seguirá creciendo, jamás podrán descansar porque nunca se sienten plenamente satisfechos con lo que han conseguido.

Quizá pensemos que, al menos, los agricultores que llevan una vida sencilla en el campo deben de estar contentos, pero si analizamos su situación, comprobaremos que también buscan lo que desean y no logran encontrarlo. Sus vidas están llenas de incertidumbre y problemas y no disfrutan de paz ni satisfacción verdaderas. Sus medios de vida dependen de factores imprevisibles que no pueden controlar, como el tiempo. Los agricultores sufren de insatisfacción igual que los ejecutivos que viven y trabajan en la ciudad. Aunque los hombres de negocios vayan bien arreglados y parezcan muy competentes al dirigirse cada mañana a sus oficinas con sus maletines en la mano, bajo su buen aspecto externo, guardan mucha insatisfacción en su interior y siguen buscando lo que desean, pero no lo encuentran.

Al reflexionar de este modo, es posible que lleguemos a la conclusión de que para encontrar lo que buscamos es necesario abandonar nuestras posesiones. No obstante, podemos ver que los pobres también buscan y no encuentran lo que desean. Muchos de ellos no disponen ni siquiera de las necesidades básicas para vivir; millones de personas experimentan los sufrimientos derivados de la pobreza extrema.

Tampoco podemos evitar el sufrimiento de la insatisfacción modificando continuamente las circunstancias. Es posible que pensemos que si cambiamos a menudo de pareja o de trabajo, o si viajamos sin cesar, encontraremos lo que deseamos; pero aunque demos la vuelta al mundo y tengamos un nuevo amante en cada ciudad, seguiremos insatisfechos y desearemos seguir cambiando la situación en que vivimos. En el samsara no es posible satisfacer plenamente los deseos.

Todas las personas, ya sean de alta o baja posición social, hombres o mujeres, se diferencian solo en su apariencia, modo de vestir, conducta y estatus. En esencia, todos son iguales porque todos tienen problemas en la vida. Siempre que tenemos problemas pensamos que son producidos por las circunstancias y que si estas cambiasen, desaparecerían. Culpamos a otras personas, a los amigos, a los alimentos, al gobierno, al tiempo, al clima, a la sociedad, a la historia o a cualquier otra cosa. Sin embargo, las circunstancias externas no son la causa principal de nuestros problemas. Debemos reconocer que los dolores físicos y el sufrimiento mental que experimentamos son el resultado de haber obtenido un renacimiento contaminado por el veneno interno de las perturbaciones mentales. Los seres humanos hemos de padecer las diversas clases de sufrimientos característicos de nuestra especie por tener un renacimiento humano contaminado. Los animales han de padecer sufrimiento animal por tener un renacimiento animal contaminado; y los espíritus ávidos y los seres de los infiernos experimentan sus propios sufrimientos por haber obtenido sus respectivos renacimientos contaminados. Ni siquiera los dioses están libres del sufrimiento porque su renacimiento también está contaminado. Al igual que una persona atrapada en un gran incendio siente mucho miedo, nosotros también hemos de generar un intenso temor a los insoportables sufrimientos del ciclo interminable de vidas impuras. Este miedo es la verdadera renuncia y procede de la sabiduría.

En conclusión, tras haber realizado esta contemplación, debemos pensar:

> *Negar los sufrimientos de las vidas futuras no me aporta ningún beneficio; y cuando caigan sobre mí, será demasiado tarde para protegerme. Por lo tanto, he de protegerme ahora que dispongo de una vida humana que me brinda la oportunidad de liberarme para siempre de los sufrimientos de mis incontables vidas futuras. Si no me esfuerzo en lograrlo y permito que mi vida carezca de sentido, será el mayor engaño y la peor necedad. Ahora debo poner esfuerzo en liberarme para siempre de los sufrimientos de mis incontables vidas futuras.*

Mantenemos esta determinación con firmeza y nos concentramos en ella de manera convergente durante tanto tiempo como podamos. Hemos de practicar esta meditación de manera continua hasta que generemos el deseo espontáneo de liberarnos para siempre de los sufrimientos de nuestras incontables vidas futuras. Esta es la verdadera realización de la renuncia. En el momento en que alcanzamos esta realización entramos en el camino que nos conduce a la liberación. En este contexto, *liberación* se refiere a la paz mental permanente y suprema conocida como *nirvana*, que nos proporciona felicidad pura e imperecedera.

Una vez que hayamos alcanzado el nirvana, nunca más volveremos a experimentar entornos ni disfrutes, ni cuerpos ni mentes contaminados. Todo lo que experimentemos será puro porque nuestra mente será pura, libre del veneno interno de los engaños. El primer paso para alcanzar el nirvana es lograr la realización de la renuncia, el deseo espontáneo de abandonar el samsara o los renacimientos contaminados. Después, con la realización directa de la vacuidad, la naturaleza última de los fenómenos, que se expondrá con detalle en el capítulo «La bodhichita última», abandonaremos el samsara y alcanzaremos el nirvana.

Una práctica espiritual común para todos

En esta práctica debemos realizar acciones virtuosas o positivas, porque son la raíz de nuestra felicidad futura, abandonar las acciones no virtuosas o negativas, porque lo son de nuestro sufrimiento futuro, y controlar nuestros engaños, porque lo son de nuestros renacimientos contaminados. Además, debemos cultivar fe, sentido del honor, consideración por los demás, antiapego, antiodio, antiignorancia y esfuerzo.

FE

Para adiestrarnos en la práctica de la fe hemos de cultivar y mantener tres clases de fe: fe admirativa, fe creyente y fe desiderativa. La naturaleza de la fe admirativa es regocijo –el regocijo en la pureza completa de los seres iluminados, de sus enseñanzas y de las realizaciones de sus enseñanzas–. La naturaleza de la fe creyente es creencia correcta –la creencia de que los seres iluminados están realmente presentes ante nosotros, aunque no los veamos, y que sus enseñanzas y las realizaciones de sus enseñanzas son el verdadero refugio que protege de forma directa a los seres sintientes del sufrimiento y el miedo–. La naturaleza de la fe desiderativa es deseo –el deseo de llegar a ser como los seres iluminados, de poner sus enseñanzas en práctica y de alcanzar las realizaciones de las mismas–.

Puesto que la fe es la raíz de todos los logros espirituales puros, debería ser nuestra práctica principal. Cuando el famoso maestro budista Atisha se encontraba en el Tíbet, un hombre se le acercó para pedirle que le diera instrucciones de Dharma. Atisha permaneció en silencio y el hombre, pensando que no le había oído, se lo volvió a pedir alzando la voz. Entonces, Atisha respondió: «Tengo buen oído, pero tú necesitas tener fe».

Los seres iluminados se denominan *Budas*; sus enseñanzas, *Dharma*, y los practicantes que han alcanzado realizaciones de estas enseñanzas, *Sangha*. Se conocen como *las Tres Joyas* –la Joya de Buda, la Joya del Dharma y la Joya de la Sangha–, y son objetos de fe y de refugio. Se denominan *Joyas* porque son muy valiosas. Al reconocer los miedos y los sufrimientos del samsara, y generar fe firme y convicción en el poder que Buda, el Dharma y la Sangha tienen para protegernos, tomamos la determinación de confiar en las Tres Joyas. Esta es la forma sencilla de refugiarnos en Buda, el Dharma y la Sangha.

Sin fe, nuestra mente es como una semilla quemada, porque al igual que esta no puede germinar, de un conocimiento que carezca de fe nunca florecerán realizaciones espirituales. La fe en las enseñanzas espirituales o Dharma nos induce a generar la firme intención de practicarlas, lo que a su vez apremia al esfuerzo. Con esfuerzo podemos lograr cualquier objetivo que nos propongamos.

La fe es imprescindible. Sin ella, aunque conozcamos enseñanzas profundas y tengamos una gran capacidad analítica, nuestra mente permanecerá incontrolable porque no las estaremos poniendo en práctica. Por muy bien que comprendamos las instrucciones espirituales a nivel intelectual, si no tenemos fe, ese entendimiento no nos ayudará a reducir nuestros problemas de odio y demás perturbaciones mentales.

Además, es posible que generemos orgullo de nuestro conocimiento, con lo cual aumentarán nuestros engaños. Sin fe, el conocimiento espiritual tampoco nos ayudará a purificar las faltas. Puede incluso que acumulemos karma negativo grave si utilizamos nuestro cargo o prestigio espiritual para beneficiarnos económicamente o incrementar nuestra reputación, poder o autoridad política. Por lo tanto, hemos de apreciar la fe como una riqueza de inmenso valor. Así como el espacio está en todas partes, la fe está presente en todas las mentes virtuosas. Si tenemos fe en la iluminación, generaremos la intención de alcanzarla, con esta intención generaremos esfuerzo, y con esfuerzo lograremos nuestra meta.

Si el practicante tiene fe firme, aunque cometa algún error, aún recibirá beneficios. En cierta ocasión el hambre se extendió por la India y morían muchas personas. Una anciana fue a ver a su Guía Espiritual y le dijo: «Por favor, enséñame algún método para sobrevivir». Su maestro le aconsejó que se alimentase de piedras. «¿Cómo puedo convertir las piedras en algo comestible?», preguntó la mujer. Y el maestro le respondió: «Si recitas el mantra de la Diosa iluminada Tsunda, podrás cocinar piedras». Entonces, le transmitió el mantra, pero cometió un pequeño error. En lugar de decir OM TZSALE TZSULE TZSUNDE SOHA dijo OM BALE BULE BUNDE SOHA. No obstante, la anciana lo recibió con fe y, al recitarlo con concentración, consiguió cocinar piedras y alimentarse de ellas.

La mujer tenía un hijo que era monje y, preocupado por el bienestar de su madre, fue a visitarla. Se quedó muy sorprendido al verla con buena salud y bien alimentada. Le dijo: «Madre, ¿cómo es posible que disfrutes de tan buena salud cuando hasta la gente joven se está muriendo de hambre?». Su madre le dijo que se alimentaba de piedras. «¿Y cómo las puedes cocinar?», preguntó el hijo, y ella repitió el mantra que había recibido de su maestro. El hijo enseguida se dio cuenta del error y la corrigió: «¡Este mantra no es correcto! El verdadero mantra de la Diosa iluminada Tsunda es OM TZSALE TZSULE TZSUNDE SOHA». Al oír esto, la mujer empezó a dudar. Desde entonces, confundida, intentaba cocinar las piedras recitando los dos mantras, pero con ninguno de ellos lo conseguía porque había perdido la fe.

Para cultivar y aumentar nuestra fe en las enseñanzas espirituales, debemos escucharlas y leerlas de manera especial. Por ejemplo, cuando leamos un libro en el que se enseñan prácticas espirituales puras, debemos pensar:

> *Este libro es el espejo del Dharma que me muestra todas las faltas de mis acciones físicas, verbales y mentales. Al mostrar mis limitaciones, me ofrece la gran oportunidad de superarlas y de este modo eliminar todas las faltas de mi continuo mental.*
>
> *Este libro es la medicina suprema. Si practico las instrucciones que contiene, podré curarme de las enfermedades de las perturbaciones mentales, que son la causa verdadera de todos mis problemas y sufrimientos.*
>
> *Este libro es la luz de sabiduría que disipa la oscuridad de mi ignorancia, los ojos divinos con los que puedo ver el verdadero camino que conduce a la liberación y la iluminación, y el Guía Espiritual supremo de quien recibo los consejos más profundos y liberadores.*

Aunque el libro no esté escrito por un autor famoso, si contiene enseñanzas espirituales puras, es como el espejo del Dharma, la medicina suprema, la luz de sabiduría y los ojos divinos, y también es el Guía Espiritual supremo. Si mantenemos este reconocimiento especial cada vez que leamos los libros de Dharma y escuchemos las enseñanzas, es seguro que nuestra fe y sabiduría aumentarán. Mediante esta contemplación podemos cultivar y mantener fe en las enseñanzas, en los maestros que nos muestran el camino y en los amigos espirituales. Gracias a ello, nos resultará más fácil progresar en la práctica espiritual.

SENTIDO DEL HONOR Y CONSIDERACIÓN POR LOS DEMÁS

La diferencia entre el sentido del honor y la consideración por los demás estriba en que gracias al primero evitamos cometer acciones inapropiadas por razones que nos atañen a nosotros mismos, mientras que gracias a la segunda lo hacemos por razones que atañen a los demás. Por lo tanto, el sentido del honor nos impide cometer acciones perjudiciales al recordarnos que no son propias de nosotros porque, por ejemplo, somos practicantes espirituales, monjes, maestros espirituales, personas adultas, etcétera, o porque no deseamos experimentar sus resultados desfavorables. Si pensamos: «No es correcto que mate insectos porque esa acción me causará sufrimiento en el futuro» y tomamos la firme determinación de no hacerlo, estamos motivados por el sentido del honor. Este nos impide cometer acciones perjudiciales al apelar a nuestra conciencia y a las pautas de comportamiento que consideramos apropiadas. Sin sentido del honor nos resultará sumamente difícil practicar la disciplina moral, el fundamento sobre el que se desarrollan las realizaciones espirituales.

Ejemplos de consideración por los demás son abstenernos de decir algo desagradable para no molestar a alguien o dejar de pescar para no hacer sufrir a los peces. Siempre que nos relacionemos con otras personas debemos ser considerados con ellas teniendo en cuenta si nuestra conducta puede molestarlas o perjudicarlas. Nuestros deseos son innumerables y si nos dejamos llevar por ellos, podemos causar mucho daño a los demás; por lo tanto, antes de hacer lo que se nos antoje debemos considerar si nuestras acciones molestarán o perjudicarán a los demás, y si pensamos que lo harán, debemos abstenernos de efectuarlas. Ser considerados con los demás es preocuparnos de su bienestar.

La consideración por los demás es importante para todos. Si somos considerados con los demás, les resultaremos agradables y nos respetarán, y nuestras relaciones con los amigos y familiares serán cordiales y duraderas. En cambio, si no lo somos, nuestras relaciones se deteriorarán con rapidez. Gracias a la consideración por los demás, las personas con quienes nos relacionamos no perderán la fe en nosotros, y es la base para cultivar la mente de regocijo.

El que seamos una buena o mala persona depende de si tenemos o no sentido del honor y consideración por los demás. Sin estas dos cualidades, nuestro comportamiento diario pronto se volverá perjudicial y los demás se alejarán de nosotros. El sentido del honor y la consideración por los demás son como prendas de vestir preciosas gracias a las cuales los demás se sienten atraídos hacia nosotros. Sin ellas somos como una persona desnuda a la que todos tratan de evitar.

El sentido del honor y la consideración por los demás se caracterizan por la determinación de abstenernos de cometer acciones perjudiciales e inapropiadas y de romper nuestros votos y compromisos. Esta determinación es la esencia de la disciplina moral. Para tomar esta determinación y mantenerla, hemos de contemplar los beneficios de practicar la disciplina moral y los peligros de abandonarla. En particular, debemos recordar que sin disciplina moral no tendremos la oportunidad de obtener un renacimiento superior y mucho menos de alcanzar el nirvana.

El sentido del honor y la consideración por los demás son el fundamento de la disciplina moral, que a su vez es la base para alcanzar realizaciones espirituales y la causa principal para obtener un renacimiento afortunado. Nagaryhuna dijo que mientras que los disfrutes provienen de la generosidad, la felicidad de los renacimientos superiores proviene de la disciplina moral. Los resultados de practicar la generosidad pueden experimentarse en un reino superior o en uno inferior, dependiendo de si se ha practicado junto con la disciplina moral o no. Si no cultivamos la moralidad, nuestra generosidad madurará en los reinos inferiores. Por ejemplo, como resultado de haber sido generosos en vidas anteriores, algunos perros de compañía disfrutan de mejores condiciones que muchos seres humanos, sus amos los miman, les dan alimentos especiales y cómodos almohadones, y los tratan como si fueran sus hijos preferidos. Sin embargo, a pesar de todas las comodidades, estas pobres criaturas han obtenido un renacimiento inferior y poseen el cuerpo y la mente de un animal. Carecen de bases físicas y mentales apropiadas para continuar su práctica de la generosidad o para realizar cualquier otra acción virtuosa. No pueden comprender el significado de las enseñanzas espirituales ni desarrollar sus mentes. Al disfrutar de tan buenas condiciones, cuando consuman el karma que acumularon con la práctica de la generosidad, puesto que no habrán podido realizar más acciones virtuosas, sus disfrutes se acabarán, y en vidas futuras serán pobres y pasarán hambre. Esto se debe a que no practicaron la generosidad junto con la disciplina moral y, por lo tanto, no crearon la causa para obtener un renacimiento superior. Con la práctica del sentido del honor y la consideración por los demás, podemos abandonar las acciones perjudiciales o inapropiadas, la raíz de nuestros sufrimientos futuros.

¿Qué es un *renacimiento inferior* y un *renacimiento superior*? Si renacemos como un ser infernal, un espíritu ávido o un animal, no tendremos la oportunidad de comprender ni de practicar las enseñanzas espirituales puras, que nos conducen al logro de una felicidad pura e imperecedera. Desde este punto de vista, se dice que son *renacimientos inferiores*. Por otra parte, si renacemos como un ser humano, un semidiós o un dios, tendremos la oportunidad de comprender y practicar enseñanzas espirituales puras, por lo que, desde este punto de vista, se dice que son *renacimientos superiores*. Si no tenemos la oportunidad de comprender el significado de las enseñanzas espirituales, contemplarlo y meditar en él, seguiremos teniendo vidas vacías, sin sentido, y experimentaremos solo sufrimiento, una y otra vez de manera interminable.

EL ANTIAPEGO

En este contexto, el antiapego se refiere a la mente de renuncia, que es el oponente del apego o deseo incontrolado. La renuncia no es el deseo de abandonar la familia, los amigos, el trabajo, el hogar, etcétera, para convertirnos en un mendigo, sino la mente que busca la liberación de los renacimientos contaminados y cuya función es eliminar el apego a los placeres mundanos.

Debemos aprender a controlar el apego con la práctica de la renuncia o de lo contrario se convertirá en un gran obstáculo para nuestro adiestramiento espiritual puro. Al igual que un pájaro no puede volar con piedras atadas a las patas, nosotros tampoco podemos progresar en el camino espiritual amarrados con fuerza por las cadenas del apego.

Ahora es el momento de practicar la renuncia, antes de que nos llegue la muerte. Debemos reducir nuestro apego a los placeres mundanos comprendiendo que son engañosos y no nos pueden proporcionar verdadera satisfacción. En realidad, solo nos causan sufrimiento. Esta vida humana con todos sus sufrimientos y problemas es una gran oportunidad para mejorar nuestra renuncia y compasión. No debemos desperdiciar esta preciosa oportunidad. La realización de la renuncia es la puerta de entrada al camino espiritual que conduce a la liberación o nirvana. Sin renuncia no es posible entrar en el camino de la felicidad suprema del nirvana, y mucho menos recorrerlo.

Para generar y aumentar la renuncia, podemos reflexionar una y otra vez del siguiente modo:

Debido a que mi consciencia no tiene principio, he renacido innumerables veces en el samsara. He tenido infinidad de cuerpos. Si los amontonara, cubrirían todo el mundo, y si recogiera su sangre y demás fluidos, formarían un océano. He sufrido tanto en mis vidas pasadas que con las lágrimas que he derramado podría formarse otro océano.

En cada una de mis vidas he experimentado los sufrimientos de las enfermedades, el envejecimiento, la muerte, tener que separarme de los seres queridos y no poder cumplir mis deseos. Si no alcanzo ahora la liberación permanente del sufrimiento, tendré que experimentar estos sufrimientos una y otra vez en incontables vidas futuras.

Contemplamos estos razonamientos hasta que desde lo más profundo de nuestro corazón tomemos la firme determinación de abandonar el apego a los placeres mundanos y alcanzar la liberación permanente del ciclo de renacimientos contaminados, el samsara. Si ponemos en práctica esta determinación, podremos dominar el apego o deseo incontrolado y solucionar así nuestros problemas diarios.

EL ANTIODIO

En este contexto, el antiodio se refiere al amor afectivo, que es el oponente del odio. Numerosas personas tienen dificultades porque su amor está mezclado con el apego; cuanto más aumenta su «amor», más lo hace también su apego, y si no se cumplen sus deseos, se molestan y enfadan. Por ejemplo, por el mero hecho de que su pareja, el objeto de su apego, hable con otra persona, puede que se pongan celosas e incluso agresivas. Esto indica con claridad que su «amor» en realidad no es más que apego. El amor verdadero no puede hacernos generar odio, porque es su opuesto y nunca causa problemas. Si amásemos a los demás como lo hace una madre a su hijo querido, no tendríamos ninguna base para experimentar problemas porque nuestra mente permanecería siempre apacible. El amor es la verdadera protección interna contra el sufrimiento.

¿Qué es el amor afectivo? Es la actitud cálida, feliz, de mucha cercanía y libre de apego que sentimos hacia alguien desde lo más profundo del corazón. Gracias a él, nuestra mente se vuelve apacible y equilibrada, libre de odio y de apego. Por ello, se denomina también *ecuanimidad*.

Cultivar la ecuanimidad es como arar un campo –eliminamos de nuestra mente las rocas y las malas hierbas del odio y el apego para que pueda crecer el amor verdadero–. Debemos aprender a generar amor afectivo hacia todos, de manera que cesen nuestros problemas de odio y apego y podamos beneficiar a los demás con eficacia. Cuando nos encontremos con una persona, hemos de alegrarnos de verla e intentar generar un sentimiento de afecto hacia ella. Debemos familiarizarnos con esta práctica y para ello hemos de adiestrarnos con perseverancia. De este modo mantendremos un buen corazón en todo momento, lo que nos dará buenos resultados en esta vida y en las incontables vidas futuras.

Sobre la base de este sentimiento de amor afectivo debemos generar el amor que estima a los demás de manera que sintamos de verdad que son valiosos e importantes. Si amamos a los demás de este modo, no será difícil generar el amor que desea la felicidad de los demás, también llamado *amor desiderativo*, y desearemos hacerlos felices. Si aprendemos a amar a todos los seres, podremos eliminar todos nuestros problemas diarios del odio y los celos, y nuestra vida se llenará de sentido y de felicidad. En los próximos capítulos se expondrá con más detalle cómo generar y cultivar el amor.

ANTIIGNORANCIA

En este contexto, la antiignorancia es la sabiduría que comprende la vacuidad, que es el oponente de la ignorancia del aferramiento propio. La vacuidad no es la nada, sino la naturaleza última de los fenómenos, y es un objeto con un gran significado. Para una exposición detallada sobre este tema véase el capítulo «La bodhichita última».

Debemos saber que, por lo general, cuando las personas ordinarias ven objetos atractivos o hermosos, generan apego; cuando ven objetos feos o desagradables, generan odio, y cuando ven objetos neutros, que no son agradables ni desagradables, generan la ignorancia del aferramiento propio. En cambio, los que siguen una práctica espiritual pura, cuando ven objetos atractivos o hermosos, generan y mantienen antiapego; cuando perciben objetos feos o desagradables, antidodio, y cuando ven objetos neutros, que no son ni agradables ni desagradables, generan y mantienen antiignorancia.

ESFUERZO

Si no ponemos esfuerzo en nuestra práctica espiritual, nadie podrá liberarnos del sufrimiento. A menudo tenemos falsas expectativas. Deseamos alcanzar grandes logros con rapidez sin poner ningún esfuerzo y ser felices sin crear las causas para ello. Queremos eliminar todo nuestro sufrimiento sin soportar la más pequeña incomodidad y, aunque permanecemos entre las garras del Señor de la Muerte, deseamos vivir tanto tiempo como un dios de larga vida. Por mucho que deseemos colmar estos deseos, nunca lo lograremos. Si no nos aplicamos con energía y esfuerzo en nuestra práctica espiritual, todas nuestras esperanzas de ser felices serán en vano.

En este contexto, el esfuerzo se refiere a la mente que se deleita en la práctica de la virtud. Su función es hacer que la mente esté feliz de realizar acciones virtuosas. Gracias al esfuerzo nos resultará agradable realizar acciones como escuchar las enseñanzas espirituales, contemplarlas y meditar en ellas, y recorrer el camino hacia la liberación. Con esfuerzo finalmente alcanzaremos la meta última y suprema de la vida humana.

Como resultado de aplicarnos con esfuerzo a la meditación, generaremos flexibilidad mental. Aunque tengamos dificultades al empezar a adiestrarnos en la meditación, como pesadez, cansancio y otras incomodidades físicas y mentales, debemos perseverar con paciencia en nuestra práctica y familiarizarnos con ella. A medida que mejore nuestra meditación, inducirá la flexibilidad mental –sentiremos que nuestro cuerpo y mente se vuelven ligeros, saludables e infatigables, y los obstáculos para la concentración desaparecerán–. Nuestras meditaciones serán fáciles y provechosas y avanzaremos sin dificultad.

Por muy difícil que al principio nos parezca la meditación, nunca debemos perder las esperanzas, sino practicar la disciplina moral, que nos protege de las distracciones burdas y es la base para cultivar la concentración pura. La disciplina moral también mejora nuestra retentiva mental o memoria, la fuerza vital de la concentración.

Debemos abandonar la pereza –la que surge del apego a los placeres mundanos, la que surge del apego a las actividades que nos distraen y la que surge del desánimo–. Mientras sigamos dominados por la pereza no lograremos nada y la puerta de los logros espirituales permanecerá cerrada para nosotros. La pereza hace que nuestra vida humana pierda su sentido. Nos engaña y por su culpa seguimos vagando sin rumbo por el samsara. Si logramos liberarnos de la influencia de la pereza y nos dedicamos de lleno al adiestramiento espiritual, alcanzaremos pronto nuestra meta espiritual. Adiestrarnos en el camino espiritual es como construir un gran edificio, requiere un esfuerzo continuo. Si permitimos que la pereza interrumpa nuestro esfuerzo, nunca conseguiremos completar nuestro trabajo.

Por lo tanto, nuestros logros espirituales dependen de nuestro propio esfuerzo. Para alcanzar la felicidad suprema de la liberación no es suficiente con tener una mera comprensión intelectual de las enseñanzas, debemos superar la pereza y poner en práctica lo que hayamos aprendido. Buda dijo:

> «Si solo tienes la virtud del esfuerzo, posees todos los Dharmas,
> pero si eres perezoso, no poseerás ninguno».

La persona que carece de un gran conocimiento espiritual, pero se adiestra con esfuerzo y perseverancia, irá desarrollando poco a poco todas las cualidades virtuosas, mientras que la que sabe mucho, pero tiene una sola falta –la pereza–, no podrá aumentar sus virtudes ni adquirir experiencias de los caminos espirituales. Con este entendimiento, debemos aplicarnos al estudio y la práctica de las enseñanzas espirituales puras con un esfuerzo gozoso en nuestra vida cotidiana.

Vence al enemigo de tus engaños

Objetos significativos

Cualquier objeto, cuya comprensión aporte un gran sentido a nuestra vida es un objeto significativo.

Para solucionar nuestros problemas humanos y encontrar felicidad y paz duraderas, primero debemos saber cuál es la verdadera naturaleza de nuestros problemas e identificar sus causas principales. Los problemas no existen fuera de la mente, su verdadera naturaleza son nuestras sensaciones desagradables, que forman parte de la mente. Cuando, por ejemplo, tenemos una avería en el coche, solemos decir: «Tengo un problema», pero en realidad no es nuestro, sino del coche, que es un problema externo, mientras que el nuestro es interno. Si distinguimos de este modo entre los problemas internos y los externos, podremos comprender que la verdadera naturaleza de nuestros problemas son nuestras sensaciones, que forman parte de la mente.

Todos nuestros problemas –las sensaciones desagradables que experimentamos– proceden de los engaños del apego y la ignorancia del aferramiento propio y, por lo tanto, estos engaños son la causa principal de nuestros problemas. Tenemos un intenso apego a satisfacer nuestros deseos y para conseguirlo trabajamos mucho durante toda la vida y nos enfrentamos a numerosos conflictos y dificultades. Cuando no logramos satisfacer nuestros deseos, nos sentimos frustrados y deprimidos, y por ello a menudo nos enfadamos y creamos más problemas tanto a nosotros mismos como a los demás. Podemos comprenderlo con claridad por propia experiencia. Cuando perdemos un amigo, el trabajo, la posición social, la reputación, etcétera, sufrimos y tenemos numerosas dificultades debido al intenso apego que tenemos a estas cosas. Si no tuviéramos apego, no habría base para sufrir ni tener problemas cuando las perdemos.

Debido al intenso apego que tenemos a nuestras creencias, cuando alguien nos contradice, de inmediato experimentamos el problema interno de sentir malestar. Como resultado, nos enfadamos, lo cual da lugar a discusiones y disputas con los demás, y esto a su vez crea más problemas, como peleas y hasta podría iniciarse una guerra. La mayoría de los conflictos políticos que existen en el mundo han sido provocados por personas que tienen un intenso apego a sus creencias. También hay muchos problemas que tienen su origen en el apego de las personas a sus creencias religiosas.

En vidas pasadas, debido al apego a satisfacer nuestros deseos, realizamos numerosas acciones con las que perjudicamos a otros seres sintientes. Como resultado de aquellas acciones, ahora experimentamos numerosos problemas y sufrimientos en nuestra vida.

Si miramos con sabiduría en el espejo de nuestra mente, podremos ver que nuestro apego, odio y, en particular, nuestra ignorancia del aferramiento propio, son la causa de todos los problemas y sufrimientos que tenemos. Comprenderemos con certeza que, si no controlamos estos engaños, no podremos solucionar nuestros problemas humanos. Las enseñanzas espirituales puras, el Dharma, son el único método para controlar nuestras perturbaciones mentales del apego, el odio y la ignorancia del aferramiento propio. Si las ponemos en práctica con sinceridad, solucionaremos nuestros problemas humanos y encontraremos el verdadero sentido de nuestra vida.

Por lo general, quienes padecen dolor físico o mental, incluidos los animales, conocen su propio sufrimiento. Pero lo que realmente debemos comprender es el sufrimiento de nuestras incontables vidas futuras. Este conocimiento nos hará generar un intenso deseo de liberarnos de ellos. Esto es muy importante para todos porque si tenemos el deseo de liberarnos de los sufrimientos de las incontables vidas futuras, seguro que utilizaremos nuestra presente existencia humana para asegurarnos la felicidad y la libertad en ellas. No hay nada más significativo que esto.

Mientras no tengamos este deseo, desperdiciaremos nuestra preciosa existencia humana solo para conseguir la felicidad y la libertad de esta vida tan corta, lo que sería una gran necedad porque nuestras intenciones y acciones no serían muy diferentes de las de los animales, que solo tienen en cuenta esta vida. El gran yogui Milarepa en cierta ocasión dijo al cazador Gompo Doryhe:

> «Tienes el cuerpo de un ser humano, pero tu mente
> es la de un animal.
> Tú, ser humano con mente de animal, por favor,
> escucha mi canción».

Normalmente pensamos que lo más importante es solucionar los problemas y sufrimientos de esta vida y dedicamos todo el tiempo a conseguirlo, pero en realidad estos problemas y sufrimientos duran muy poco. Si nos morimos mañana, cesarán mañana mismo. Sin embargo, puesto que la duración de los sufrimientos y problemas de las vidas futuras es ilimitada, la felicidad y la libertad de las vidas futuras son mucho más importantes que las de esta, que es solo una y muy corta.

Es posible que tengamos el sincero deseo de evitar el sufrimiento de manera permanente, pero nunca pensamos en abandonar los engaños. Sin embargo, si no los controlamos y abandonamos, será imposible alcanzar la liberación permanente del sufrimiento y los problemas. Esto se debe a que los engaños, principalmente la ignorancia del aferramiento propio, son el origen de todo nuestro sufrimiento y la causa principal de nuestros problemas.

En primer lugar, hemos de reconocer que el engaño principal es el aferramiento propio, que reside siempre en nuestro corazón y destruye nuestra paz interior. Su naturaleza es la de una percepción errónea que cree de manera equívoca que tanto nosotros mismos como los demás tenemos existencia verdadera o inherente. Es una mente ignorante porque, en realidad, los fenómenos no existen de forma inherente, sino como meras designaciones. Debido a que la mente necia del aferramiento propio se aferra al «yo», «mío» y a todos los demás fenómenos como si tuvieran existencia verdadera, generamos apego hacia los objetos que nos agradan y aversión hacia los que nos desagradan. Entonces, realizamos acciones con las que perjudicamos a otros seres sintientes y, como resultado, experimentamos sufrimientos y problemas a lo largo de esta vida y en las vidas futuras. Esta es la razón fundamental por la que tenemos tantos problemas. Debido a que nuestro sentido del «yo» y «mío» con existencia verdadera son tan intensos, nuestro aferramiento propio es también la base para experimentar todos nuestros problemas diarios.

El aferramiento propio puede compararse con un árbol venenoso; los demás engaños, con las ramas, y el sufrimiento resultante, con los frutos; es el origen fundamental de los demás engaños y de todos nuestros problemas y sufrimientos. Con esta comprensión, debemos esforzarnos mucho en identificar, reducir y finalmente abandonar por completo esta ignorancia.

En general, todos experimentamos cesaciones temporales de determinados sufrimientos de vez en cuando. Por ejemplo, cuando una persona disfruta de buena salud, está experimentando una cesación temporal de las enfermedades. Sin embargo, esto no es suficiente porque es algo temporal, y tendrá que volver a padecer enfermedades una y otra vez tanto en esta vida como en las incontables vidas futuras. Todos los seres sintientes sin excepción tienen que experimentar el ciclo de los sufrimientos de las enfermedades, el envejecimiento, la muerte y el renacimiento, vida tras vida, sin cesar. Debemos seguir el ejemplo de Buda y generar una mente firme de renuncia a este ciclo interminable de sufrimiento. Cuando Buda vivía en palacio con su familia, presenció cómo su pueblo padecía estos sufrimientos sin cesar y tomó la firme determinación de alcanzar la iluminación, la cesación permanente y suprema del sufrimiento, y conducir a todos los seres sintientes al mismo estado.

Buda no nos animó a abandonar las actividades diarias con las que obtenemos las condiciones necesarias para vivir o con las que se reducen la pobreza, la degradación del medio ambiente, ciertas enfermedades, etcétera. Sin embargo, por mucho éxito que tengamos en estas actividades, nunca lograremos la cesación permanente de estos problemas. Seguiremos teniéndolos en las vidas futuras, e incluso en esta misma vida, aunque muchas personas trabajan duro para evitar la pobreza, la contaminación ambiental y las enfermedades, estos problemas siguen aumentando por todo el mundo. Además, debido al poder de la tecnología moderna, están apareciendo muchos peligros graves que hasta ahora no existían. Por lo tanto, no debemos sentirnos satisfechos con la libertad temporal de determinados sufrimientos, sino

Beneficia a los demás girando la rueda del Dharma

hacer un gran esfuerzo por alcanzar la libertad permanente mientras tengamos la oportunidad.

Debemos apreciar el gran valor de nuestra vida humana. Debido a sus previas creencias erróneas que negaban la importancia de la práctica espiritual, aquellos que han renacido, por ejemplo, como un animal, no tienen la oportunidad de dedicarse al desarrollo espiritual, que es lo único que realmente da sentido a la vida. Puesto que les es imposible escuchar enseñanzas espirituales, comprenderlas, contemplarlas y meditar en ellas, su presente renacimiento animal es un obstáculo en sí mismo. Solo los seres humanos están libres de estos obstáculos y disponen de las condiciones necesarias para recorrer el camino espiritual, que es lo único que nos puede proporcionar paz y felicidad permanentes. Esta combinación de libertad y de las condiciones necesarias es lo que hace que nuestra vida humana sea tan valiosa.

Debido a que el aferramiento propio es la raíz del sufrimiento, si no alcanzamos su cesación permanente, nunca alcanzaremos la cesación permanente del sufrimiento. ¿Cómo podemos lograr dicha cesación? En primer lugar, debemos saber que hay nueve clases diferentes de aferramiento propio: el aferramiento propio del reino del deseo; el aferramiento propio del primer reino de la forma, el del segundo, el del tercero y el del cuarto, y el aferramiento propio del primer reino inmaterial, el del segundo, el del tercero y el del cuarto. El primero es el nivel más burdo del aferramiento propio y, de manera progresiva, los siguientes son cada vez más sutiles, por lo que el noveno, que se denomina *aferramiento propio de la cumbre del samsara*, es el más sutil.

Si meditamos con perseverancia en la vacuidad con la motivación de la renuncia, abandonaremos de manera gradual estas nueve clases de aferramiento propio y finalmente, cuando abandonemos el aferramiento propio de la cumbre del samsara, alcanzaremos la cesación permanente del aferramiento propio y de los demás engaños. Al mismo tiempo alcanzaremos la cesación permanente de todos los sufrimientos de esta vida y de las incontables vidas futuras. Esta cesación permanente del sufrimiento y de su causa, el aferramiento propio, es la verdadera liberación y se conoce como *nirvana*, la paz interior suprema y permanente. Así pues, habremos realizado el verdadero sentido de nuestra vida humana.

Aquellos que han alcanzado la liberación o nirvana permanecen siempre en una tierra pura, donde experimentan un entorno puro, disfrutes puros, cuerpos puros y mentes puras. Esto se debe a que sus mentes son completamente puras, están libres de las máculas de todos los engaños. Además, benefician a los seres sintientes mediante sus emanaciones.

La liberación no puede alcanzarse si no ponemos esfuerzo, con solo esperar y pensar que algún día alguien nos concederá la liberación permanente de todos los problemas. La única manera de alcanzar el nirvana es seguir el camino a la liberación. El camino a la liberación no es un camino externo, sino interno. Sabemos que los caminos externos nos conducen de un lugar a otro, pero el camino a la liberación es un camino interno que nos lleva desde el samsara a una tierra pura. Un camino interior es una acción mental que es virtuosa o perjudicial, no puede ser neutra. Las acciones mentales que son perjudiciales nos conducen a renacer en uno de los tres reinos inferiores: como un animal, un espíritu ávido o en los infiernos. Las acciones mentales que son virtudes contaminadas nos conducen a renacer en uno de los tres reinos superiores: como un ser humano, un semidiós o un dios. Las acciones mentales motivadas por la renuncia nos conducen al estado de felicidad pura y duradera de la liberación o nirvana.

La renuncia es la puerta de entrada al camino hacia la liberación. El camino en sí hacia la liberación tiene cinco niveles: el camino de la acumulación, el camino de la preparación, el camino de la visión, el camino de la meditación y el camino de No Más Aprendizaje. La práctica de estos cinco caminos está contenida en la de los tres adiestramientos superiores: el adiestramiento en la disciplina moral, el adiestramiento en la concentración o meditación y el adiestramiento en la sabiduría que comprende la vacuidad, todos realizados con la motivación de la renuncia –el deseo sincero de liberarnos para siempre del sufrimiento y de su causa, el aferramiento propio–. Debemos practicar con sinceridad los tres adiestramientos superiores porque constituyen el camino principal hacia la liberación.

La naturaleza de la disciplina moral es abandonar las acciones inapropiadas, mantener una conducta pura y realizar cada acción de manera correcta con una motivación virtuosa. La disciplina moral es de suma importancia para todos, para evitar futuros problemas tanto a uno mismo como a los demás. Gracias a ella nuestras acciones son puras, con lo cual nos convertimos en un ser puro. Debemos ser personas íntegras y puras; no es suficiente con tener un cuerpo limpio porque el cuerpo no es el yo. La disciplina moral es como un gran campo que sustenta y nutre la cosecha de los logros espirituales, las realizaciones del Dharma. Si no practicamos la disciplina moral, es muy difícil progresar por los caminos espirituales. El adiestramiento en la disciplina moral superior consiste en aprender a familiarizarnos en profundidad con la práctica de la disciplina moral con la motivación de la renuncia.

El segundo adiestramiento superior es el de la concentración superior. La naturaleza de la concentración es evitar las distracciones y concentrarse en objetos virtuosos. Es muy importante que nos adiestremos en la concentración, porque con distracciones no lograremos nada. Adiestrarse en la concentración superior es aprender a familiarizarnos en profundidad con la habilidad de eliminar las distracciones y concentrarnos en objetos virtuosos, con la motivación de la renuncia. Si nuestra concentración es clara y firme, nos resultará fácil progresar en cualquier práctica de Dharma. Normalmente nuestro obstáculo principal es la distracción. Con la práctica de la disciplina moral eliminamos las distracciones burdas; y con la concentración, las sutiles; unidas producirán con rapidez los frutos de nuestra práctica de Dharma.

El tercer adiestramiento superior es el de la sabiduría superior. La naturaleza de la sabiduría es una mente virtuosa e inteligente cuya función es disipar la confusión y comprender objetos significativos. Muchas personas son muy inteligentes a la hora de vencer a sus enemigos, cuidar de sus familiares, encontrar lo que desean, etcétera, pero esto no es sabiduría. Hasta los animales tienen esta clase de inteligencia. La inteligencia mundana es engañosa, mientras que la sabiduría nunca nos decepcionará. La sabiduría es nuestro Guía Espiritual interno que nos conduce por los caminos correctos y el ojo divino con el que podemos ver las vidas pasadas y futuras y la conexión especial que hay entre las acciones que realizamos y nuestras experiencias, lo que se conoce como *karma*. El tema del karma es muy extenso y sutil y solo podremos comprenderlo con sabiduría. Adiestrarse en la sabiduría superior consiste en meditar en la sabiduría que comprende la vacuidad con la motivación de la renuncia. Una vez que entendemos la vacuidad, transformamos nuestra mente en la sabiduría que la comprende y permanecemos concentrados en ella de manera convergente durante tanto tiempo como nos sea posible.

La práctica de los tres adiestramientos superiores es un método científico para alcanzar la cesación permanente del sufrimiento y de su causa, el aferramiento propio. Podemos comprenderlo con la siguiente analogía. Para cortar un árbol utilizamos una sierra, pero esta no puede funcionar por sí sola sin nuestras manos, que a su vez dependen del cuerpo. El adiestramiento en la disciplina moral superior es como el cuerpo; el adiestramiento en la concentración superior, como las manos, y el adiestramiento en la sabiduría superior, como la sierra. Si utilizamos los tres unidos, podremos cortar el árbol venenoso de la ignorancia del aferramiento propio, y de manera natural todas las demás perturbaciones mentales –sus ramas– y nuestros sufrimientos y problemas –sus frutos– cesarán por completo. Entonces habremos alcanzado la cesación permanente del sufrimiento de esta vida y de las incontables vidas futuras. Habremos solucionado todos nuestros problemas humanos y realizado el verdadero significado de nuestra vida.

SEGUNDA PARTE:

Progreso

Beneficia a los demás girando la rueda del Dharma

Aprender a estimar a los demás

Desde lo más profundo de nuestro corazón, deseamos ser felices en todo momento, pero por lo general no nos preocupamos mucho de la felicidad ni la libertad de los demás. Sin embargo, en realidad, nuestra propia felicidad y sufrimiento son insignificantes en comparación con los de los demás, puesto que ellos son incontables, mientras que nosotros solo somos una persona. Con este entendimiento, debemos aprender a estimar a los demás y alcanzar la meta última y suprema de la vida humana.

¿Cuál es la meta última y suprema de la existencia humana? Debemos preguntarnos qué es lo que consideramos más importante en la vida, cuáles son nuestros deseos, sueños y aspiraciones. Para algunos es acumular posesiones materiales, como una lujosa mansión, un coche de último modelo o un trabajo bien remunerado. Para otros es conseguir poder y una buena reputación, vivir aventuras, divertirse o ser atractivos. Muchos intentan darle sentido a su vida manteniendo relaciones con personas que son su objeto de deseo. Estas cosas pueden satisfacernos temporalmente de forma superficial, pero también nos causan numerosas preocupaciones y sufrimiento, y nunca nos aportarán la felicidad pura e imperecedera que desde lo más profundo de nuestro corazón tanto deseamos todos. Puesto que no podemos llevarnos nada de esto al morir, si consideramos que son lo más importante en la vida, sufriremos una gran decepción. Como fin, en sí mismos, los logros mundanos son vacíos, no constituyen el verdadero significado de la existencia humana.

De todas las posesiones mundanas, se dice que la más valiosa es la legendaria gema que colma todos los deseos. En estos tiempos de degeneración es imposible encontrar esta clase de piedras preciosas, pero en el pasado, cuando los seres humanos poseían abundantes méritos, existían gemas mágicas que concedían deseos. Sin embargo, solo podían colmar deseos mundanos, no proporcionaban la felicidad no contaminada que surge de una mente pura. Además, una gema que colma todos los deseos solo podía beneficiar a su dueño durante una vida, no podía protegerlo en las futuras. Por lo tanto, al final, incluso estas gemas nos decepcionan.

Lo único que nunca nos va a decepcionar es el logro de la iluminación total. ¿Qué es la iluminación? Es la luz interior de la sabiduría que está completamente libre de todas las apariencias equívocas y cuya función es proporcionar paz mental a todos y cada uno de los seres sintientes cada día. Es la fuente de la felicidad de los seres sintientes. La persona que posee esta sabiduría es un ser iluminado. Los términos *ser iluminado* y *Buda* son sinónimos. Con excepción de los seres iluminados, todos los demás seres tienen apariencias o percepciones equívocas en todo momento, día y noche, incluso durante el sueño.

Todo lo que percibimos aparece como si existiera por su propio lado. Esta es la apariencia equívoca. Percibimos «yo» y «mío» como si tuvieran existencia inherente y nos aferramos a estas apariencias con intensidad creyendo que son verdaderas. Como resultado, cometemos numerosas acciones inapropiadas que nos causan sufrimiento. Esta es la razón principal por la que sufrimos. Los seres iluminados se han liberado por completo de las apariencias equívocas y de los sufrimientos que provocan.

Solo cuando alcancemos la iluminación podremos colmar nuestro más profundo deseo de disfrutar de felicidad pura y duradera, porque nada en este mundo impuro tiene el poder de cumplirlo. Solo cuando nos convirtamos en un Buda, un ser totalmente iluminado, disfrutaremos de la paz profunda y duradera que surge de la cesación permanente de todas las perturbaciones mentales y de sus impresiones, estaremos libres de todas las faltas y obstrucciones mentales, y poseeremos las cualidades necesarias para ayudar de manera directa a todos los seres sintientes. Entonces nos convertiremos en un objeto de refugio para todos los seres. Por lo tanto, podemos comprender con claridad que el logro de la iluminación es la meta última y suprema y lo que da verdadero sentido a nuestra preciosa vida humana. Puesto que nuestro deseo principal es ser felices en todo momento y liberarnos por completo de todas las faltas y sufrimientos, hemos de generar la firme intención de alcanzar la iluminación. Debemos pensar: «Tengo que alcanzar la iluminación porque en el samsara, el ciclo de vidas impuras, la felicidad verdadera no existe en ningún lugar».

La causa principal de la iluminación es la *bodhichita*, el deseo espontáneo de alcanzar la iluminación motivado por compasión hacia todos los seres sintientes. Aquel que posee esta preciosa mente es un *Bodhisatva*. La raíz de la bodhichita es la compasión. Puesto que para cultivar la compasión hemos de estimar a los demás, el primer paso para alcanzar la felicidad sublime de la iluminación es aprender a amar a los demás. Las madres quieren a sus hijos y es posible que nosotros apreciemos a nuestros amigos en cierta medida, pero este amor no es imparcial y, por lo general, está mezclado con apego. Hemos de generar una mente pura que estime a todos los seres sintientes sin preferencias ni favoritismos.

Todos y cada uno de los seres sintientes poseen en su interior la semilla o el potencial de convertirse en Buda, un ser totalmente iluminado –esta es nuestra naturaleza de Buda–. En las enseñanzas de Buda encontramos el mejor método para madurar esta semilla o potencial. Lo que debemos hacer ahora es poner en práctica estas enseñanzas. Esto es algo que solo los seres humanos podemos hacer. Los animales son capaces de conseguir y acumular alimentos y otros bienes, derrotar a sus adversarios y proteger a sus familias, pero no pueden comprender ni seguir el camino espiritual. Sería una verdadera lástima utilizar nuestra existencia humana solo para conseguir los mismos objetivos que podría lograr un animal y desperdiciar así la extraordinaria oportunidad de convertirnos en una fuente de beneficio para todos los seres sintientes.

Debemos elegir entre dos alternativas: seguir desperdiciando nuestra vida persiguiendo placeres mundanos, que no proporcionan verdadera satisfacción y desaparecen cuando morimos, o dedicarla a la realización plena de nuestro potencial espiritual. Si nos esforzamos mucho en practicar las enseñanzas que se exponen en el presente libro, sin lugar a dudas alcanzaremos la iluminación. En cambio, sin esfuerzo nunca la alcanzaremos, por mucho tiempo que esperemos no se producirá de forma natural. Para seguir el camino hacia la iluminación no es necesario cambiar nuestro estilo de vida. No tenemos que abandonar la familia, los amigos o nuestros disfrutes y retirarnos a una cueva en las montañas, lo único que tenemos que cambiar es el objeto que estimamos.

Hasta ahora nos hemos estimado a nosotros mismos por encima de los demás, y mientras sigamos haciéndolo, nuestro sufrimiento no tendrá fin. Sin embargo, si aprendemos a estimar a todos los seres más que a nosotros mismos, pronto disfrutaremos del gozo de la iluminación. En realidad, el camino hacia la iluminación es muy sencillo, lo único que tenemos que hacer es dejar de estimarnos a nosotros mismos y aprender a estimar a los demás. A partir de esta realización, los demás logros espirituales surgirán de manera natural.

Nuestra manera instintiva de pensar nos hace creer que somos más importantes que los demás, pero los seres iluminados piensan que los demás son más importantes que ellos. ¿Qué punto de vista es más beneficioso? Vida tras vida, desde tiempo sin principio, hemos sido esclavos de la mente de estimación propia. Hemos confiado en ella sin reservas y obedecido sus órdenes, creyendo que la manera de solucionar nuestros problemas y encontrar la felicidad es considerarnos más importantes que los demás. Hemos trabajado duro y durante mucho tiempo por nuestro propio beneficio, pero ¿qué resultados hemos obtenido? ¿Acaso hemos solucionado nuestros problemas y encontrado la felicidad duradera que deseamos? No. Es evidente que perseguir nuestros propios intereses egoístas nos ha defraudado. Después de tantas vidas dejándonos llevar por la estimación propia ha llegado el momento de comprender que no funciona. Ahora es el momento de cambiar el objeto de nuestra estima y, en lugar de estimarnos a nosotros mismos, amar a todos los seres sintientes.

Todos los seres iluminados descubrieron que gracias a que abandonaron la estimación propia y estimaron solo a los demás lograron alcanzar la paz y felicidad verdaderas. Si practicamos los métodos que enseñaron, nosotros también podremos conseguir lo mismo. Nuestra mente no va a cambiar de la noche a la mañana, pero si practicamos con paciencia y perseverancia las instrucciones sobre cómo estimar a los demás, y al mismo tiempo acumulamos méritos, purificamos nuestras faltas y recibimos bendiciones, podremos sustituir de manera gradual la mente ordinaria de estimación propia por la actitud sublime de estimar a todos los seres sintientes.

Para lograrlo no tenemos que abandonar nuestro estilo de vida, pero sí nuestras creencias e intenciones. Nuestra creencia ordinaria es que somos el centro del universo y damos importancia a los objetos y a los demás seres según el modo en que nos afectan. Por ejemplo, nuestro coche es importante solo porque es «nuestro» y nuestros amigos lo son porque «nos» hacen felices. Por el contrario, las personas desconocidas no nos importan tanto porque nuestra felicidad no depende directamente de ellas, y si les roban el coche o se les avería, apenas nos preocupa. Como veremos en capítulos posteriores, esta perspectiva egocéntrica del mundo está basada en la ignorancia y no se corresponde con la realidad. Esta creencia es el origen de todas nuestras intenciones ordinarias y egoístas. Precisamente debido a que pensamos: «Soy importante, necesito esto, me merezco aquello», cometemos acciones perjudiciales, cuyo resultado es una cadena interminable de problemas tanto para nosotros mismos como para los demás.

Si practicamos estas instrucciones, adquiriremos una visión más realista del mundo basada en la comprensión de la igualdad e interdependencia de todos los seres sintientes. Cuando consideremos que todos los seres son igual de importantes, tendremos buenas intenciones con respecto a ellos de manera natural. Mientras que la mente que estima solo al propio yo es la base de todas las experiencias impuras del samsara, la mente que ama a los demás es el fundamento de las buenas cualidades de la iluminación.

Estimar a los demás no es tan difícil, solo tenemos que comprender por qué debemos amarlos, y luego tomar la firme decisión de hacerlo. Como resultado de meditar en esta decisión, generaremos un profundo y poderoso sentimiento de amor hacia todos los seres. Hemos de integrar este sentimiento especial en nuestra vida diaria.

Hay dos razones principales por las que debemos estimar a todos los seres sintientes. La primera es que nos han mostrado una inmensa bondad, y la segunda, que estimarlos aporta enormes beneficios. A continuación, se exponen estas razones con más detalle.

LA BONDAD DE LOS DEMÁS

Debemos reflexionar sobre la gran bondad de todos los seres sintientes. Podemos comenzar recordando lo bondadosa que ha sido con nosotros nuestra madre de esta vida, y luego, por extensión, pensamos en la bondad de los demás seres sintientes que, como se expondrá más adelante, han sido nuestras madres en vidas pasadas. Si no somos capaces de reconocer la bondad de nuestra madre actual, ¿cómo vamos a apreciar la de todas nuestras madres del pasado?

Puesto que resulta muy fácil olvidar la bondad de nuestra madre o darla por supuesta y acordarnos solo de los momentos en que consideramos que nos hizo daño, hemos de recordar con detalle lo bondadosa que ha sido con nosotros desde que vinimos al mundo.

Al principio nuestra madre fue muy bondadosa con nosotros porque nos ofreció un lugar donde renacer. Antes de ser concebidos en su seno, vagamos sin rumbo de un sitio a otro, como un ser del estado intermedio, el estado entre la muerte y el renacimiento, sin un lugar donde descansar. Empujados por el viento de nuestro karma viajamos sin poder elegir adónde ir y nuestros encuentros con otros seres fueron efímeros. Padecimos mucho dolor y miedo, pero finalmente logramos encontrar amparo en el seno de nuestra madre. A pesar de que no nos había invitado, cuando se dio cuenta de que estábamos creciendo en su seno, nos dejó permanecer en él. Si hubiera querido abortar, podría haberlo hecho y hoy no estaríamos vivos para disfrutar de las oportunidades que tenemos. Ahora podemos generar el deseo de alcanzar la felicidad suprema de la iluminación gracias a que nuestra madre tuvo la bondad de dejarnos permanecer en su seno. Si en un día frío y tormentoso de invierno alguien nos invita a disfrutar del calor de su hogar y nos acoge con bondad, pensaremos que es muy amable. ¡Cuánto más bondadosa es nuestra madre que nos dejó entrar en su propio cuerpo y nos ofreció la mejor hospitalidad!

Mientras permanecimos en su seno, nos protegió con más cuidado que a la joya más preciosa. En cada situación solo pensó en nuestra seguridad. Consultó a los médicos, hizo ejercicio, siguió una dieta especial y durante nueve meses nos alimentó día y noche, siempre consciente de no hacer nada que pudiera perjudicar el desarrollo de nuestras facultades físicas y mentales. Gracias a que nos cuidó tan bien, nacimos con un cuerpo sano con el que podemos hacer muchas cosas buenas.

Cuando nacimos, nuestra madre padeció intensos dolores, pero cuando nos vio se alegró más que si alguien le hubiera regalado un magnífico tesoro. Incluso durante los dolores del parto lo que más le preocupaba era nuestro bienestar. Nada más nacer, aunque parecíamos más una rana que un ser humano, nos acogió con todo su amor. Estábamos completamente desvalidos, más aún que un potrillo recién nacido, que al menos puede ponerse en pie por sí mismo y mamar en cuanto nace. Como si fuéramos ciegos, no éramos capaces de reconocer a nuestros propios padres, ni entendíamos nada. Si alguien hubiera tenido un plan para matarnos, no nos habríamos enterado. No sabíamos lo que hacíamos y ni siquiera nos dábamos cuenta de cuando orinábamos.

¿Quién cuidó y protegió a esta pobre criatura? Nuestra madre. Nos vistió, nos acunó y alimentó con su propia leche. Nos limpió el cuerpo sin sentir ningún asco. Algunas madres limpian la nariz de sus pequeños con la boca para no hacerles daño con sus manos ásperas. Incluso cuando nuestra madre tenía problemas, intentaba siempre mostrarnos una expresión amorosa y llamarnos con dulzura con nombres hermosos. Cuando éramos pequeños, estaba siempre pendiente de nosotros. Si se hubiera descuidado por un solo instante, podríamos haber muerto o quedado discapacitados para el resto de nuestra vida. Durante la niñez, cada día tuvo que salvarnos de incontables peligros, y siempre tenía en cuenta nuestro bienestar y seguridad.

En invierno se aseguraba de que no nos enfriáramos y de que estuviéramos bien abrigados, aunque ella misma pasara frío. Siempre elegía los mejores alimentos para nosotros y los peores para ella, y hubiese preferido enfermar e incluso morir antes de que lo hiciéramos nosotros. De manera natural, nuestra madre se comporta con nosotros como alguien que ha alcanzado la realización de cambiarse por los demás, nos estima más que a sí misma. Prefiere nuestro bienestar antes que el suyo, y lo hace de manera natural y espontánea. Si alguien nos amenazase de muerte, ofrecería su vida por la nuestra. ¡Así es la compasión que siente por nosotros!

Cuando éramos pequeños, nuestra madre nunca podía dormir bien. Su sueño era ligero, se despertaba varias veces, siempre estaba atenta de escuchar nuestros gemidos. Cuando fuimos creciendo, nos enseñó a comer, a beber, a hablar, a sentarnos, y a caminar. Nos llevó al colegio y nos enseñó a ser buenas personas. Si ahora tenemos conocimientos y habilidades, se debe principalmente a su gran bondad. Cuando éramos adolescentes, preferíamos irnos con nuestros amigos y nos olvidábamos por completo de ella. Mientras nos divertíamos, parecía como si no existiera y solo nos acordábamos de ella cuando necesitábamos su ayuda. Aunque nos olvidábamos de ella y estábamos totalmente absortos en las diversiones, nunca dejó de preocuparse por nosotros. A menudo se inquietaba, y en el fondo de su corazón estaba siempre pensando en nuestro bienestar. Sentía una preocupación que normalmente solo tenemos por nosotros mismos. Incluso cuando ya somos adultos y tenemos nuestra propia familia, ella no deja de cuidar de nosotros. Aunque haya envejecido, esté débil y apenas pueda ponerse en pie, una madre nunca se olvida de sus hijos.

Si meditamos de este modo, recordando con todo detalle lo bondadosa que ha sido nuestra madre con nosotros, sentiremos un gran amor por ella. Cuando hayamos generado este sentimiento de amor desde lo más profundo del corazón, debemos ampliarlo hasta abarcar a todos los seres sintientes, recordando que cada uno de ellos nos ha tratado con la misma bondad.

¿Cómo es posible que todos los seres sean nuestra madre? Puesto que es imposible encontrar el principio de nuestro continuo mental, podemos afirmar que en el pasado hemos renacido innumerables veces y, en consecuencia, hemos tenido incontables madres. ¿Dónde están ahora? Nuestras madres son todos los seres sintientes.

Es incorrecto pensar que nuestras madres de vidas pasadas han dejado de serlo solo porque ha transcurrido mucho tiempo desde que cuidaron de nosotros. Si nuestra madre muriera hoy, ¿dejaría de ser nuestra madre? No, todavía la consideraríamos como tal y rezaríamos por su felicidad. Lo mismo ocurre con todas las madres que tuvimos en el pasado:

murieron, pero siguen siendo nuestras madres. Ahora no nos reconocemos porque nuestra apariencia física es distinta. En nuestra vida diaria nos encontramos con muchos seres sintientes, humanos y no humanos. A algunos los consideramos amigos; a otros, enemigos, y a la mayoría, desconocidos. Esta discriminación es producto de nuestras mentes equívocas y las mentes válidas no la corroboran.

Debido a que hemos obtenido un nuevo renacimiento, no reconocemos a nuestras madres, amigos y familiares del pasado, y, por ello, ahora consideramos que la mayoría de los seres sintientes son desconocidos y que muchos de ellos son incluso nuestros enemigos. Esta apariencia y concepción equívocas son ignorancia. Los desconocidos y los enemigos son solo creaciones de esta ignorancia. En verdad, ninguno de los seres sintientes es un desconocido o un enemigo, porque todos ellos han sido y son nuestra madre, familiar o amigo cercano. Nuestro único enemigo verdadero son nuestros engaños, como el deseo incontrolado, el apego, el odio, los celos y, en particular, la ignorancia del aferramiento propio. Si entendemos esto y creemos en ello, llenaremos de gran sentido tanto esta vida como las incontables vidas futuras.

A continuación, podemos meditar en la bondad de nuestras madres cuando tuvimos otra clase de renacimientos, recordando, por ejemplo, la atención con que las aves protegen sus huevos de posibles peligros y cómo cuidan a sus crías acurrucadas bajo sus alas. Aunque se acerque un cazador, no las abandonan dejándolas desprotegidas. Se pasan todo el día buscándoles alimento hasta que las crías tienen fuerzas suficientes para abandonar el nido.

En cierta ocasión, en el Tíbet, un ladrón apuñaló a una yegua que estaba preñada. Su arma penetró tan hondo que le cortó el útero y el potrillo salió por el costado del vientre de su madre. Mientras moría, la yegua dedicó con gran amor las pocas fuerzas que le quedaban a lamer a su pequeño. Al verlo, el ladrón sintió un profundo arrepentimiento. Se quedó conmovido al ver cómo la madre, incluso en la agonía de su dolorosa muerte, mostraba tanta compasión por su potrillo y se preocupaba solo por él. A partir de entonces, el ladrón abandonó la mala vida y emprendió el camino espiritual con sinceridad.

Todos los seres sintientes nos han mostrado la misma clase de preocupación altruista, la bondad incondicional de una madre. Además, aunque no queramos admitir que los demás seres son nuestras madres, es evidente que han sido muy bondadosos con nosotros. Por ejemplo, nuestro cuerpo no es solo el resultado de la bondad de nuestros padres, sino también de la de innumerables seres que nos han proporcionado alimentos, vivienda, etcétera. Debido a que ahora tenemos este cuerpo humano, podemos disfrutar de los placeres y oportunidades que nos ofrece la vida. Hasta los placeres más sencillos que disfrutamos, como dar un paseo o contemplar una hermosa puesta de sol, son el resultado de la bondad de innumerables seres. Nuestros conocimientos y habilidades también se los debemos a los demás; nos han tenido que enseñar a comer, andar, hablar, leer y escribir. Incluso el idioma que hablamos no lo hemos inventado nosotros, sino que es el producto de la aportación de numerosas generaciones. Sin él no podríamos comunicarnos con los demás ni compartir sus ideas. No podríamos leer este libro, aprender prácticas espirituales y ni siquiera pensar con claridad. Los servicios a los que estamos acostumbrados, como casas, coches, carreteras, tiendas, escuelas, hospitales y la Internet, son el resultado de la bondad de los demás. Cuando viajamos en coche o en autobús, damos por hecho que hay carreteras; no obstante, muchas personas han tenido que trabajar duro para construirlas y hacerlas seguras para nuestro uso.

No importa si alguna de las personas que nos ayudan no tiene la intención de hacerlo. Sus acciones nos benefician y, por lo tanto, desde nuestro punto de vista son bondadosas con nosotros. En lugar de pensar en su motivación, que de todas formas desconocemos, debemos apreciar el beneficio práctico que recibimos de ellas. Todo el que contribuye de alguna manera a nuestro bienestar y felicidad merece nuestra gratitud y respeto. Si tuviéramos que devolver todo lo que hemos recibido de los demás, nos quedaríamos sin nada.

Es posible que pensemos que nadie nos ofrece nada de manera gratuita y que tenemos que trabajar para adquirir cualquier cosa. Cuando compramos algo o comemos en un restaurante, tenemos que pagar. Puede que dispongamos de un coche, pero también lo tuvimos que comprar y ahora debemos pagar la gasolina, los impuestos y el seguro. Nadie nos regala nada. Pero ¿de dónde procede nuestro dinero? Es cierto que, por lo general, tenemos que trabajar para ganarlo, pero son otras personas quienes nos ofrecen un trabajo o compran nuestros productos, por lo que son ellas quienes nos proporcionan el dinero. Además, somos capaces de desempeñar un determinado trabajo gracias a que hemos recibido la educación o la formación necesarias de otras personas. Donde sea que miremos, solo encontraremos la bondad de los demás. Todos estamos interconectados en una red de bondad de la cual no podemos desligarnos. Todo lo que poseemos y lo que disfrutamos, incluso nuestra propia vida, depende de la bondad de los demás. De hecho, toda la felicidad que hay en el mundo procede de la bondad de los demás.

Nuestro desarrollo espiritual y la felicidad pura de la iluminación total dependen también de la bondad de los seres sintientes. La oportunidad que ahora tenemos de leer y contemplar las enseñanzas espirituales y de meditar en ellas depende por completo de la bondad de otros. Además, como se expondrá más adelante, si no hubiera seres sintientes con quienes practicar la generosidad, poner a prueba nuestra paciencia o por quienes sentir compasión, no podríamos cultivar las cualidades virtuosas necesarias para alcanzar la iluminación.

En resumen, necesitamos a los demás para nuestro bienestar físico, emocional y espiritual. Sin ellos no somos nada. Pensar que somos como una isla, un individuo independiente y autosuficiente, no se corresponde con la realidad. Es más realista pensar que somos como una célula dentro del inmenso cuerpo de la vida, distintos de los demás, pero íntimamente relacionados con todos ellos. No podemos existir sin los demás, y ellos, a su vez, se ven afectados por todo lo que hacemos. La idea de que es posible conseguir nuestro propio bienestar sin tener en cuenta el de los demás –o incluso lograrlo a sus expensas– es totalmente absurda.

Al contemplar cómo los demás nos ayudan de innumerables formas, hemos de tomar la siguiente firme resolución: «Debo amar a todos los seres sintientes porque son muy bondadosos conmigo». Apoyándonos en esta resolución generamos un sentimiento de amor –de que todos los seres, así como su felicidad y libertad, son importantes–. Intentamos fundir nuestra mente con este sentimiento en concentración convergente y mantenerlo durante el tiempo que podamos sin olvidarlo. Cuando surgimos de la meditación, intentamos mantener esta mente de amor, de manera que cuando nos encontremos con alguna persona o recordemos a alguien, pensemos de forma natural: «Esta persona es importante y su felicidad y libertad también lo son». De este modo, progresaremos en la práctica de estimar a los demás.

LOS BENEFICIOS DE ESTIMAR A LOS DEMÁS

Otra de las razones por las que hemos de estimar a los demás es que es el mejor método para solucionar tanto nuestros problemas como los suyos. Los problemas, las preocupaciones, el dolor y la infelicidad son clases de mente; son sensaciones y no existen fuera de la mente. Si estimamos a cada persona que veamos o en quien pensemos, tendremos una mente apacible en todo momento, por lo que seremos felices y no habrá base para sentir celos, odio ni otros pensamientos perjudiciales. Los celos, por ejemplo, son un estado mental que no puede soportar la buena fortuna de los demás, pero si amamos a alguien, ¿cómo nos va a molestar su buena fortuna? Si pensamos que la felicidad de los demás es de suma importancia, ¿cómo vamos a desear perjudicarlos? Si estimamos de verdad a todos los seres sintientes, actuaremos siempre con amor, de manera amistosa y considerada, y ellos corresponderán a nuestra bondad. Los demás no nos perjudicarán y no habrá base para conflictos ni disputas. Resultaremos agradables y nuestras relaciones serán más estables y satisfactorias.

Estimar a los demás también nos protege de los problemas que produce el apego. A menudo nos apegamos con intensidad a una persona que creemos que nos va a ayudar a mitigar la soledad al proporcionarnos las comodidades, la seguridad o las emociones que tanto ansiamos. Sin embargo, si estimamos a todos los seres, no nos sentiremos solos. En lugar de querer utilizar a los demás para colmar nuestros deseos y necesidades, desearemos ayudarlos a satisfacer los suyos. Estimar a todos los seres sintientes resolverá todos nuestros problemas porque estos provienen de la mente de estimación propia. Por ejemplo, si ahora nuestra pareja nos abandona por otra persona, lo más probable es que nos enfademos, pero si de verdad los amamos, desearemos que sean felices y nos alegraremos de su felicidad. No habrá ninguna base para sentir celos ni deprimirnos, y aunque la situación suponga un desafío para nosotros, no se convertirá en un problema. Estimar a los demás es la protección suprema contra el sufrimiento y los problemas, y nos permite permanecer en paz y mantener la calma en todo momento.

Si estimamos a nuestros vecinos y a las personas de nuestro alrededor, contribuiremos a que haya armonía en nuestro entorno y en la sociedad en general, y esto ayudará a que todos se sientan más felices. Aunque no seamos famosos ni influyentes, si estimamos con sinceridad a los demás, podremos hacer una gran contribución a la comunidad. Esto es así incluso para aquellos que niegan el valor de la religión. Si un maestro de escuela estima a sus estudiantes y no es egoísta, ellos lo respetarán y no solo aprenderán los temas que enseñe, sino también la bondad y las admirables cualidades que muestra con su ejemplo. Este maestro ejercerá de manera natural una influencia positiva en los demás y con su mera presencia transformará la escuela. Se dice que hay una piedra mágica de cristal que puede limpiar cualquier líquido en el que se deposite. Aquellos que estiman a los demás son como esta piedra de cristal, ya que con su mera presencia eliminan la energía negativa del mundo y responden con amor y bondad.

Aunque una persona sea inteligente y poderosa, si no ama a los demás, tarde o temprano tendrá problemas y le resultará difícil satisfacer sus deseos. Si un gobernante no estima a su pueblo y solo se preocupa por sus propios intereses, recibirá críticas, la gente no confiará en él y acabará perdiendo el cargo. Si un maestro espiritual no estima a sus discípulos y no mantiene una buena relación con ellos, les resultará difícil generar fe en él, por lo que sus enseñanzas no tendrán poder.

Si un empresario se preocupa solo por sus propios intereses y no tiene en cuenta el bienestar de los trabajadores, estos no se sentirán felices. Lo más probable es que no trabajen de manera eficiente y, por supuesto, no tendrán ningún entusiasmo por satisfacer los deseos del jefe, quien sufrirá las consecuencias de su propia falta de consideración hacia ellos. Del mismo modo, si los empleados solo piensan en lo que pueden obtener de la empresa, el empresario se enfadará y es posible que les reduzca el salario o los despida. Incluso puede que la empresa quiebre y todos pierdan su empleo. De este modo, los empleados sufrirán las consecuencias de su falta de consideración hacia el empresario. La mejor manera de tener éxito en cualquier actividad es reducir la estimación propia y aumentar la consideración por los demás. En ocasiones es posible que parezca que la estimación propia nos aporta beneficios temporales, pero a largo plazo solo nos causará dificultades. Estimar a los demás es la solución a todos los problemas de la vida cotidiana.

Todo nuestro sufrimiento es el resultado de nuestro karma negativo, que a su vez tiene su origen en la estimación propia. Debido a que nos atribuimos una importancia exagerada a nosotros mismos, frustramos los deseos de los demás con tal de cumplir los nuestros. Dominados por los deseos egoístas, no nos importa alterar la paz de los demás ni hacerlos sufrir. Con estas acciones solo sembramos las semillas para experimentar más sufrimiento en el futuro. Si estimamos de verdad a los demás, no querremos perjudicarlos y dejaremos de cometer acciones destructivas y dañinas. De manera natural mantendremos una disciplina moral pura y nos abstendremos de matar o de ser crueles con otros seres, de robarles o de interferir en sus relaciones. Como resultado, en el futuro no padeceremos las malas consecuencias de haber cometido estas acciones perjudiciales. De este modo, estimar a los demás nos protege de los problemas futuros que produce el karma negativo.

Si estimamos a los demás, acumularemos méritos en todo momento, y los méritos son la causa principal del éxito en todas nuestras actividades. Si estimamos a todos los seres sintientes, realizaremos de manera natural numerosas acciones virtuosas y beneficiosas. De forma gradual, nuestras acciones físicas, verbales y mentales se volverán puras y beneficiosas, y nos convertiremos en una fuente de inspiración y felicidad para todo el que se encuentre con nosotros. Descubriremos por propia experiencia que esta preciosa mente de amor es la verdadera gema que colma todos los deseos, porque satisface tanto nuestros deseos puros como los de todos los seres sintientes.

La mente que estima a todos los seres es sumamente valiosa. Mantener este buen corazón solo nos traerá felicidad tanto a nosotros mismos como a todos los que nos rodean. Este buen corazón dará lugar a la gran compasión –el deseo espontáneo de liberar para siempre a todos los seres sintientes de los temores y del sufrimiento–. Esta se transformará finalmente en la compasión universal de un ser iluminado, un Buda, que tiene el verdadero poder de proteger a todos los seres sintientes del sufrimiento. De este modo, estimar a los demás nos conduce hacia la meta última y suprema de la vida humana.

Como resultado de contemplar todas estas ventajas de estimar a los demás, tomaremos la siguiente determinación:

Voy a estimar a todos los seres sintientes sin excepción, porque esta preciosa mente de amor es el método supremo para solucionar los problemas y colmar todos los deseos. Finalmente me proporcionará la felicidad suprema de la iluminación.

Meditamos en esta determinación de manera convergente durante tanto tiempo como podamos y generamos un intenso sentimiento de amor hacia todos y cada uno de los seres sintientes. Cuando surgimos de la meditación, intentamos mantener este sentimiento y poner en práctica nuestra determinación. Cuando estemos con otras personas, debemos recordar en todo momento que su felicidad y libertad son al menos tan importantes como las nuestras. Aunque es cierto que no podemos amar a todos los seres de inmediato, si nos adiestramos en cultivar esta actitud comenzando con nuestros familiares y amigos, podremos extender nuestro amor de manera gradual hasta que abarque a todos los seres sintientes. Cuando estimemos de verdad a todos los seres, dejaremos de ser una persona ordinaria y nos convertiremos en un gran ser, como un Bodhisatva.

Cómo aumentar el amor que estima a los demás

La manera de aumentar nuestro amor por los demás es familiarizarnos con la práctica de estimarlos. Para reforzar nuestra determinación de estimar a todos los seres sintientes, necesitamos instrucciones más detalladas.

Todos tenemos a alguien a quien consideramos muy especial, como nuestro hijo, pareja o madre. Pensamos que esta persona tiene cualidades únicas por las que destaca entre los demás, la apreciamos mucho y deseamos cuidarla de manera especial. Hemos de aprender a considerar a todos los seres sintientes del mismo modo, reconociendo que todos y cada uno de ellos son únicos y especiales. Aunque ya estimamos a nuestros familiares y amigos íntimos, no amamos a los desconocidos y mucho menos a nuestros enemigos. La mayoría de los seres sintientes no tienen demasiada importancia para nosotros. Si practicamos las instrucciones de estimar a los demás, abandonaremos esta actitud discriminatoria y llegaremos a estimar a todos los seres sintientes como una madre ama a su hijo más querido. Cuanto más crezca nuestro amor y profundicemos en él de este modo, más fuertes serán nuestras mentes de compasión y bodhichita, y antes alcanzaremos la iluminación.

RECONOCER NUESTROS DEFECTOS EN EL ESPEJO DEL DHARMA

Una de las funciones principales de las enseñanzas de Buda o Dharma es actuar como un espejo en el que podemos ver reflejados nuestros defectos. Por ejemplo, cuando nos enfadamos, en lugar de buscar excusas, debemos pensar: «Este odio es el veneno interno de los engaños. No me aporta ningún beneficio ni tiene justificación; su única función es perjudicarme. No voy a tolerar su presencia en mi mente». También podemos utilizar el espejo del Dharma para distinguir entre el amor y el apego, que se confunden con facilidad. Es fundamental saber diferenciarlos, porque el amor solo nos proporciona felicidad, mientras que el apego solo nos causa sufrimiento y nos amarra con más firmeza al samsara. Cuando notemos que el apego empieza a surgir en nuestra mente, debemos estar alerta, porque dejarnos llevar por él, por muy agradable que parezca, es como lamer una gota de miel en el filo de una navaja y a largo plazo siempre nos causará más sufrimiento.

La razón principal de por qué no estimamos a todos los seres sintientes es que estamos tan preocupados por nosotros mismos, que apenas nos queda espacio en la mente para apreciar a los demás. Si deseamos estimar de verdad a los demás, debemos reducir la obsesiva preocupación que tenemos por nosotros mismos. ¿Por qué consideramos que nosotros somos muy importantes, pero que los demás no lo son? Debido a que estamos muy habituados a generar la mente de estimación propia. Desde tiempo sin principio nos hemos aferrado a un yo con existencia verdadera. Este aferramiento al yo hace surgir de inmediato la estimación propia, que siente de forma instintiva: «Soy más importante que los demás». Para los seres ordinarios, aferrarse al yo y estimarse a uno mismo son como las dos caras de una moneda: el autoaferramiento se aferra a un yo con existencia verdadera, mientras que la estimación propia lo considera muy valioso y lo quiere. Esto se debe principalmente a nuestro hábito de generar la mente de estimación propia en todo momento, día y noche, incluso durante el sueño.

Puesto que nos consideramos tan importantes y especiales, exageramos nuestras buenas cualidades y generamos una opinión engreída de nosotros mismos. Prácticamente, cualquier circunstancia, como nuestro aspecto físico, posesiones, conocimientos, experiencias o posición social, sirve para alimentar nuestro orgullo. Cuando hacemos un comentario ingenioso, pensamos: «¡Qué inteligente soy!», y si hemos viajado al extranjero, nos consideramos personas fascinantes. Incluso nos enorgullecemos de comportamientos de los cuales deberíamos avergonzarnos, como ser hábiles para engañar a los demás, o de cualidades que imaginamos poseer. En cambio, nos resulta muy difícil reconocer nuestros errores y limitaciones. Dedicamos tanto tiempo a contemplar nuestras buenas cualidades, reales o imaginarias, que no nos percatamos de nuestros defectos. En realidad, nuestra mente está llena de perturbaciones mentales burdas, pero no las reconocemos e incluso nos engañamos a nosotros mismos negándonos a admitir que poseemos estas mentes repulsivas. Es como esconder la porquería bajo la alfombra y pretender que la casa está limpia.

A menudo nos resulta tan doloroso admitir nuestras faltas, que buscamos todo tipo de excusas en lugar de cambiar la elevada concepción que tenemos de nosotros mismos. Una de las maneras más comunes de no reconocer nuestros errores es culpar a los demás. Por ejemplo, si nos llevamos mal con una persona, pensamos con naturalidad que toda la culpa es de ella, somos incapaces de admitir que, al menos en parte, también sea nuestra. En lugar de responsabilizarnos de nuestras acciones y esforzarnos en mejorar nuestra conducta, discutimos con ella e insistimos en que es ella quien tiene que cambiar. Debido a la excesiva importancia que nos concedemos a nosotros mismos, adoptamos una actitud crítica con los demás y nos resulta prácticamente imposible evitar conflictos. El hecho de no ser conscientes de nuestros defectos no impide que los demás los vean y nos los señalen, pero cuando lo hacen, pensamos que son injustos. En lugar de observar con honestidad nuestro comportamiento para comprobar si sus críticas son justificadas, nuestra mente de estimación propia se pone a la defensiva y se venga buscando defectos en ellos.

Otra razón por la que no apreciamos a los demás es que nos fijamos en sus faltas y no en sus buenas cualidades. Por desgracia, tenemos gran habilidad para descubrir sus defectos y dedicamos mucha energía a enumerarlos, analizarlos y podría decirse que hasta meditamos en ellos. Con esta actitud crítica, si discrepamos sobre algo con nuestra pareja o compañeros de trabajo, en lugar de intentar comprender su punto de vista, pensamos una y otra vez en las muchas razones por las que nosotros estamos en lo cierto y ellos están equivocados. Al fijarnos solo en sus defectos y limitaciones, nos enfadamos y les guardamos rencor y, en lugar de estimarlos, deseamos perjudicarlos o desacreditarlos. De esta manera, pequeños desacuerdos pueden convertirse en conflictos que se prolongan durante meses.

Pensar en nuestras buenas cualidades y en los defectos de los demás nunca nos aportará beneficio alguno. Lo único que conseguiremos será crear una imagen engreída, muy distorsionada de nosotros mismos y generar una actitud arrogante e irrespetuosa hacia los demás. Shantideva dice en su *Guía de las obras del Bodhisatva*:

«Si nos consideramos importantes, renaceremos
en los reinos inferiores,
y después, cuando lo hagamos como un ser humano,
seremos estúpidos y perteneceremos a una clase
social baja».

Como resultado de sentirnos superiores a los demás, cometemos muchas acciones perjudiciales que madurarán en el futuro y nos harán renacer en los reinos inferiores. Debido a la arrogancia, incluso cuando lleguemos a renacer como un ser humano, perteneceremos a una clase social baja y viviremos como siervos o esclavos. Debido al orgullo, quizás creamos que somos muy inteligentes, pero, en realidad, este engaño nos convierte en necios y nos llena la mente de faltas. No sirve de nada pensar que somos más importantes que los demás y fijarnos solo en nuestras buenas cualidades. Con ello no aumentan nuestras virtudes ni se reducen nuestros defectos, y tampoco conseguimos que los demás compartan la elevada opinión que tenemos de nosotros mismos.

Si, en cambio, nos fijamos en las buenas cualidades de los demás, nuestro orgullo perturbador irá disminuyendo y llegaremos a considerarlos más importantes y valiosos que a nosotros mismos. Como resultado, nuestro amor y compasión aumentarán y realizaremos acciones virtuosas de manera natural. Debido a ello renaceremos en los reinos superiores, como un dios o un ser humano, seremos respetados y tendremos numerosos amigos. Contemplar las virtudes de los demás solo nos proporciona beneficios. Por lo tanto, mientras que los seres ordinarios buscan defectos en los demás, los Bodhisatvas solo se fijan en sus buenas cualidades.

En sus *Consejos de corazón*, Atisha dice:

«En lugar de fijaros en las faltas de los demás, fijaos en las vuestras y purgadlas como si fueran mala sangre.

No contempléis vuestras buenas cualidades, sino las de los demás, y respetad a todos como lo haría un sirviente».

Debemos pensar en nuestros propios defectos porque si no somos conscientes de que los tenemos, no generaremos el deseo de eliminarlos. Los seres que han alcanzado la iluminación consiguieron liberarse de las perturbaciones mentales, la causa de todas las faltas, gracias a que examinaron sus mentes en todo momento para detectar sus defectos y faltas y se esforzaron mucho por eliminarlos. Buda dijo que las personas que conocen sus defectos son sabias, mientras que aquellas que no son conscientes de ellos y además se fijan en las faltas de los demás, son estúpidas. Contemplar nuestras buenas cualidades y fijarnos en los defectos de los demás solo sirve para aumentar nuestra estimación propia y disminuir nuestro amor hacia ellos; además, todos los Budas coinciden en que la estimación propia es la raíz de todas las faltas, y estimar a los demás, la fuente de la felicidad. Los únicos seres que no opinan lo mismo son los que aún permanecen atrapados en el samsara. Somos libres de elegir entre seguir el punto de vista de los seres sagrados o mantener el nuestro ordinario, pero sería más sabio adoptar el suyo si queremos disfrutar de verdadera paz y felicidad.

Algunas personas afirman que uno de los problemas principales que tenemos es la falta de autoestima y que debemos fijarnos solo en nuestras buenas cualidades para aumentar la confianza en nosotros mismos. Es cierto que para progresar verdaderamente en el camino espiritual debemos tener confianza en nuestro potencial interior y reconocer y mejorar nuestras buenas cualidades. Sin embargo, también debemos ser realistas y reconocer con agudeza nuestras faltas e imperfecciones. Si somos sinceros con nosotros mismos, admitiremos que por el momento nuestra mente está llena de faltas, como el odio, el apego y la ignorancia. Estas enfermedades mentales no desaparecerán por mucho que finjamos no tenerlas. La única manera de liberarnos de ellas es aceptar con sinceridad que las tenemos y esforzarnos por eliminarlas.

Aunque hemos de ser muy conscientes de nuestros defectos, no debemos sentirnos abrumados ni desanimarnos por ellos. Es posible que tengamos mucho enfado en nuestro interior, pero eso no significa que el odio forme parte inherente de nuestra persona. Por muchas perturbaciones mentales que tengamos o por muy intensas que sean, no son parte esencial de nuestra mente. Son defectos que la contaminan de forma temporal, pero no manchan su naturaleza pura y esencial, al igual que el barro enturbia el agua, pero nunca llega a ser parte intrínseca de ella. Así como es posible filtrar el agua y dejarla clara y pura, sin barro, también podemos eliminar los engaños de nuestra mente y hacer que se manifiesten su pureza y claridad naturales. Al reconocer nuestras perturbaciones mentales no debemos identificarnos con ellas pensando: «Soy un inútil y un egoísta» o «estoy siempre enfadado», sino con nuestro potencial puro y cultivar la sabiduría y el valor necesarios para eliminar los engaños.

Cuando observamos objetos externos, por lo general, podemos distinguir entre los que son útiles o valiosos y los que no lo son. Debemos aprender a observar nuestra mente del mismo modo. Aunque la naturaleza de nuestra mente raíz es pura y clara, de ella surgen innumerables pensamientos conceptuales, como burbujas que salen del mar o rayos de luz que emanan de una llama. Algunos de estos pensamientos son beneficiosos y nos aportan felicidad tanto en el presente como en el futuro, pero otros nos hacen padecer sufrimientos y nos conducen a la terrible desventura de renacer en los reinos inferiores. Debemos observar nuestra mente de manera continua y aprender a distinguir entre los pensamientos beneficiosos y los perjudiciales que surgen momento a momento. Aquellas personas que pueden hacerlo son verdaderamente sabias.

En cierta ocasión, un hombre malvado que había asesinado a miles de personas se encontró con un Bodhisatva, un rey llamado Chandra, que le enseñó el Dharma y le hizo ver que su comportamiento era incorrecto. El hombre le dijo: «Me he mirado en el espejo del Dharma, ahora comprendo lo perjudiciales que han sido mis acciones y me siento muy arrepentido». Motivado por un profundo arrepentimiento realizó prácticas de purificación con sinceridad y finalmente se convirtió en un gran yogui con elevadas realizaciones espirituales. Esto muestra que hasta la persona más malvada puede convertirse en un ser completamente puro si reconoce sus propias faltas en el espejo del Dharma y se esfuerza con sinceridad por eliminarlas.

En el Tíbet vivía un famoso practicante de Dharma llamado Gueshe Ben Gungyel, que no recitaba oraciones ni meditaba en la postura tradicional. Su única práctica consistía en observar su mente con mucha atención y contrarrestar las perturbaciones mentales en cuanto surgían. Cuando se percataba de que su mente se estaba alterando, aunque solo fuera un poco, intensificaba la atención y no se dejaba llevar por ningún mal pensamiento. Por ejemplo, si sentía que la estimación propia comenzaba a surgir, recordaba de inmediato sus desventajas e impedía que se manifestase aplicando su oponente, la práctica del amor. Cuando su mente estaba tranquila y positiva de manera natural, se relajaba y disfrutaba de sus estados mentales virtuosos.

Para comprobar su progreso, cada vez que tenía un mal pensamiento, ponía una piedra negra sobre una mesa, y cuando generaba una mente virtuosa, una piedra blanca. Al final del día, las contaba. Si había más piedras negras, se lo reprochaba y al día siguiente ponía más esfuerzo, y si había más blancas, se felicitaba y se daba ánimos. Al principio había muchas más piedras negras, pero con el paso de los años, su mente mejoró hasta conseguir que durante días enteros todas fueran blancas. Antes de convertirse en un practicante de Dharma, Gueshe Ben Gungyel tenía la reputación de ser una persona indomable e indisciplinada, pero como resultado de vigilar de cerca su mente en todo momento y de juzgarla con sinceridad ante el espejo del Dharma, poco a poco se fue convirtiendo en un ser muy puro y sagrado. ¿Por qué no podemos hacer nosotros lo mismo?

Los maestros kadampas o *gueshes* enseñaban que la función del Guía Espiritual es señalar los defectos de sus discípulos para que puedan reconocerlos con claridad y eliminarlos. Sin embargo, si hoy día los maestros de Dharma se comportasen de este modo, lo más probable es que sus discípulos se sintieran molestos e incluso perdieran la fe, por lo que casi siempre tienen que adoptar una actitud más afable. Sin embargo, aunque nuestro Guía Espiritual evite señalar directamente nuestros defectos por delicadeza, debemos ser conscientes de que los tenemos y para ello hemos de examinar nuestra mente en el espejo de sus enseñanzas. Si aplicamos las enseñanzas de nuestro Guía Espiritual sobre el karma y los engaños a nuestra situación personal, comprenderemos qué tenemos que abandonar y qué debemos practicar.

Un enfermo no puede curarse con solo leer las instrucciones de los medicamentos, sino que tiene que tomarlos. De igual modo, aunque Buda dio las instrucciones de Dharma como la medicina suprema contra las enfermedades internas de los engaños, no podremos curarnos con solo leer o estudiar los libros de Dharma. La única manera de solucionar nuestros problemas cotidianos es adoptar el Dharma de corazón y practicarlo con sinceridad.

CONSIDERAR A TODOS LOS SERES COMO SUPREMOS

El gran Bodhisatva Langri Tangpa compuso esta oración:

Y con una intención pura,
estimarlos como seres supremos.

Si deseamos alcanzar la iluminación o generar la mente superior de bodhichita que surge de cambiarnos por los demás, es imprescindible pensar que ellos son más importantes o valiosos que nosotros. Esta actitud está basada en la sabiduría y nos conduce a la meta última, mientras que considerarnos más importantes que los demás nace de la mente ignorante del aferramiento propio y nos condena a renacer en los reinos inferiores.

¿Qué queremos indicar al decir que un objeto es importante o valioso? Si alguien nos preguntara qué tiene más valor, un diamante o un hueso, responderíamos que el diamante porque para nosotros es más útil. No obstante, para un perro el hueso sería más valioso porque puede comerlo, mientras que el diamante no le sirve para nada. Esto muestra que el valor de un objeto no es una cualidad intrínseca del mismo, sino que depende de las necesidades y los deseos de cada ser, que a su vez dependen de su karma individual. Para el practicante que desea alcanzar las realizaciones espirituales de amor, compasión, bodhichita y la gran iluminación, los seres sintientes son más valiosos que un universo lleno de diamantes o de gemas que colman todos los deseos. ¿Por qué? Porque los seres sintientes le ayudan a generar amor y compasión, y a cumplir su deseo de alcanzar la iluminación, algo que un universo lleno de joyas nunca podría proporcionarle.

Nadie quiere ser una persona ordinaria y permanecer en la ignorancia para siempre; sin duda, todos deseamos mejorar personalmente y avanzar a estados superiores. El estado más elevado es la iluminación total y el camino principal que nos conduce a ella son las realizaciones del amor, la compasión, la bodhichita y la práctica de las seis perfecciones –generosidad, disciplina moral, paciencia, esfuerzo, concentración y sabiduría–. Para desarrollar estas cualidades necesitamos a los demás. ¿Cómo vamos a aprender a amar si no tenemos a nadie a quien querer?, ¿cómo podemos practicar la generosidad si no hay nadie a quien dar o cultivar la paciencia si nadie nos molesta? Cada vez que veamos a otro ser sintiente, podemos mejorar nuestras cualidades espirituales, como el amor y la compasión, y de este modo acercarnos más a la iluminación y al logro de colmar nuestros deseos más profundos. ¡Qué bondadosos son los seres sintientes al ser los objetos de nuestro amor y compasión! ¡Qué tesoro tan valioso!

Cuando Atisha vivía en el Tíbet, tenía un ayudante indio que siempre lo estaba criticando. Cuando los lugareños le preguntaron por qué no lo despedía, ya que tenía muchos discípulos tibetanos fieles que estarían felices de ponerse a su servicio, Atisha contestó: «Sin este hombre, no tendría a nadie con quien practicar la paciencia. ¡Mi ayudante es muy bondadoso conmigo, lo necesito!». Atisha sabía que la única manera de colmar su más profundo deseo de beneficiar a todos los seres sintientes era alcanzando la iluminación, y que para ello tenía que perfeccionar la práctica de la paciencia. Para Atisha, su colérico ayudante era más valioso que los bienes materiales, las alabanzas o cualquier otro logro mundano.

Las realizaciones espirituales son nuestra riqueza interior porque nos ayudan en cualquier situación y son lo único que podremos llevar con nosotros después de la muerte. Si aprendemos a valorar la riqueza interior de la paciencia, la generosidad, el amor y la compasión por encima de las condiciones externas, consideraremos que todos los seres sintientes son muy valiosos, sin tener en cuenta cómo nos traten. De este modo, nos resultará muy fácil estimarlos.

Durante la sesión de meditación hemos de contemplar los razonamientos anteriores hasta llegar a la siguiente conclusión:

> *Los seres sintientes son muy valiosos porque sin ellos no puedo acumular la riqueza interior de las realizaciones espirituales que finalmente me proporcionará la felicidad última de la iluminación total. Puesto que sin esta riqueza interior permaneceré atrapado en el samsara para siempre, a partir de ahora voy a considerar siempre que los seres sintientes son muy importantes.*

Nos concentramos en esta determinación de manera convergente durante tanto tiempo como podamos. Cuando surjamos de la meditación, procuramos mantenerla en todo momento, reconociendo lo mucho que necesitamos a todos y cada uno de los seres sintientes para nuestra práctica espiritual. Si mantenemos este reconocimiento, los problemas internos del odio, el apego, los celos, etcétera, se reducirán, y estimaremos de manera natural a los demás. En particular, cuando una persona se oponga a nuestros deseos o nos critique, debemos recordar que la necesitamos para alcanzar las realizaciones espirituales, que es lo que verdaderamente da sentido a nuestra vida. Si todos nos tratasen con la amabilidad y el respeto que nuestra estimación propia cree que nos merecemos, aumentarían nuestras perturbaciones mentales y se agotarían nuestros méritos. ¡Imaginemos qué clase de persona seríamos si siempre consiguiéramos lo que se nos antoje! Seríamos como un niño consentido que piensa que es el centro del universo y que a nadie cae simpático. En realidad, todos necesitamos a alguien como el ayudante de Atisha, porque estas personas nos ofrecen la oportunidad de eliminar la estimación propia y adiestrar la mente, con lo cual damos verdadero sentido a nuestra vida.

Puesto que el razonamiento anterior es justo lo contrario a nuestra manera de pensar habitual, hemos de contemplarlo con detenimiento hasta convencernos de que, en verdad, todos y cada uno de los seres sintientes son más valiosos que cualquier logro externo. En realidad, los Budas y los seres sintientes son igualmente valiosos, los Budas porque nos revelan el camino hacia la iluminación y los seres sintientes por ser el objeto de la compasión que necesitamos cultivar para alcanzar dicha meta. Debido a que su bondad al ofrecernos la oportunidad de alcanzar la meta suprema, la iluminación, es la misma, hemos de considerar que los Budas y los seres sintientes son igualmente importantes y valiosos. Shantideva dice en su *Guía de las obras del Bodhisatva*:

«Puesto que los seres sintientes y los seres iluminados
son iguales,
en que las cualidades de un Buda surgen en
dependencia de ellos,
¿por qué no mostramos el mismo respeto a los seres
sintientes
que a los seres iluminados?».

LOS SERES SINTIENTES NO TIENEN DEFECTOS

Es posible que pensemos que aunque es cierto que necesitamos a los seres sintientes para practicar la paciencia, la compasión, etcétera, no podemos considerarlos valiosos porque tienen muchos defectos. ¿Cómo podemos considerar que una persona que tiene la mente llena de apego, odio e ignorancia es muy valiosa? La respuesta a esta pregunta es bastante profunda. Aunque las mentes de los seres sintientes están llenas de engaños, ellos mismos no son sus defectos. Se dice que el agua del mar es salada, pero su verdadera naturaleza no lo es porque se puede separar la sal del agua. De igual modo, los defectos que vemos en los demás, en realidad, no son suyos, sino de sus perturbaciones mentales. Los Budas perciben las numerosas faltas de las perturbaciones mentales, pero nunca identifican a los seres sintientes con sus defectos, porque distinguen entre ellos y sus engaños. Si alguien se enfada, pensamos: «Es una mala persona y tiene muy mal genio», en cambio, los Budas piensan: «Es un ser afligido por la enfermedad interna del enfado». Del mismo modo que a un amigo que padeciera de cáncer, no lo culparíamos de su enfermedad física, cuando alguien está dominado por el odio o el apego, no debemos culparlo de las enfermedades de su mente.

Las perturbaciones mentales o engaños son los enemigos de los seres sintientes, y al igual que no culparíamos a una víctima de las faltas de su agresor, ¿por qué culpamos a los seres sintientes de las faltas de sus enemigos? Cuando alguien está dominado temporalmente por el enemigo del odio, no es correcto culparlo, porque en realidad él es una víctima. Al igual que un defecto en un micrófono no lo es de un libro, y uno en una taza no lo es de una tetera, las faltas de las perturbaciones mentales no lo son de las personas. La única reacción apropiada ante alguien que perjudica a los demás impulsado por los engaños es la compasión. En ocasiones es necesario obligar a quien se comporta de una manera muy perturbada a dejar de hacerlo, tanto por su propio bien como para proteger a los demás, pero nunca es apropiado culparlo o enfadarnos con él.

Por lo general, al referirnos a nuestro cuerpo y a nuestra mente, decimos: «Mi cuerpo» y «mi mente», de igual modo que nos referimos a nuestras otras posesiones, lo que indica que son diferentes de nuestro yo. El cuerpo y la mente son las bases sobre las que establecemos el yo, pero no el yo mismo. Las perturbaciones mentales son características de la mente de una persona, no de la persona en sí. Puesto que no es posible encontrar defectos en los seres sintientes, en este sentido podemos decir que son como Budas.

Desde este punto de vista, los seres sintientes son como los seres iluminados. Su mente que reside de manera continua es completamente pura. Esta mente es como un cielo azul, y sus engaños y demás mentes conceptuales, como nubes que surgen de forma temporal. Desde otro punto de vista, los seres sintientes se identifican a sí mismos de manera equívoca y se perjudican con sus engaños o perturbaciones mentales. Experimentan sin cesar inmenso sufrimiento en forma de alucinaciones. Por lo tanto, debemos sentir compasión hacia ellos y liberarlos de su profunda alucinación de la apariencia equívoca mostrándoles la verdadera naturaleza de las cosas, que es la vacuidad de todos los fenómenos.

Al igual que distinguimos entre una persona y sus perturbaciones mentales, también debemos recordar que estas últimas son solo características temporales o pasajeras de la mente de esa persona y no su naturaleza verdadera. Las perturbaciones mentales son pensamientos conceptuales distorsionados, que surgen de la mente como las olas surgen del mar. Al igual que las olas se desvanecen sin que desaparezca el mar, nuestras perturbaciones mentales también pueden eliminarse sin que cese nuestro continuo mental.

Debido a que los Budas distinguen entre los engaños y las personas, pueden percibir las faltas de las perturbaciones mentales sin ver ni un solo defecto en ningún ser. En consecuencia, su amor y compasión hacia los seres sintientes nunca disminuyen. En cambio, nosotros, al ser incapaces de hacer esta distinción, siempre vemos defectos en los demás, pero no reconocemos las faltas de las perturbaciones mentales, ni siquiera las de nuestra propia mente.

Hay una oración que dice:

«Esta falta que veo no es de la persona,
sino de sus perturbaciones mentales o de sus acciones.
Con este reconocimiento, que nunca encuentre
defectos en los demás,
sino que los considere seres supremos».

Fijarnos en los defectos de los demás es la causa de muchas faltas y uno de los obstáculos principales que nos impiden considerarlos como personas muy valiosas. Si deseamos de verdad cultivar el amor que estima a los demás, hemos de aprender a distinguir a las personas de sus perturbaciones mentales y comprender que los culpables de todos los defectos que vemos en ellas son los engaños.

Nos puede parecer que esta afirmación se contradice con el apartado anterior donde se nos aconseja que reconozcamos nuestros propios defectos. ¡Si nosotros tenemos faltas, sin duda los demás también deben tenerlas! Pero no hay ninguna contradicción. Para que nuestra práctica de purificación sea eficaz hemos de reconocer nuestras propias faltas, que son nuestras perturbaciones mentales y acciones perjudiciales, y los demás también deben hacer lo mismo. Y para que nuestra práctica de amor hacia todos los seres sintientes sea eficaz, hemos de comprender que las faltas que vemos en sus acciones no son suyas, sino de sus enemigos, los engaños de su mente. Debemos apreciar el valor práctico de estas enseñanzas, no perder el tiempo en debates sin sentido.

Cuando una madre ve que su hijo tiene una rabieta, sabe que está actuando bajo la influencia de los engaños, pero no por ello deja de quererlo. Aunque reconoce que su hijo está enfadado, no piensa que sea una persona malvada o irascible por naturaleza, sino que sabe distinguirlo de sus perturbaciones mentales y continúa apreciando su hermosura y gran potencial. De igual modo, debemos considerar que todos los seres sintientes son sumamente valiosos y al mismo tiempo comprender con claridad que padecen las enfermedades de los engaños.

También podemos aplicarnos este razonamiento a nosotros mismos para reconocer que las faltas que tenemos, en realidad, no son nuestras, sino de nuestras perturbaciones mentales. Esto nos ayudará a no identificarnos con nuestros defectos, y así no nos sentiremos ineptos ni culpables y seremos más prácticos y realistas con nuestros engaños. Tenemos que reconocer nuestras perturbaciones mentales y tomar la responsabilidad de eliminarlas, pero para poder hacerlo con eficacia hemos de distanciarnos de ellas. Por ejemplo, podemos pensar: «En mi mente hay estimación propia, pero yo no soy esa perturbación mental y puedo eliminarla sin destruirme a mí mismo». De este modo, podemos ser totalmente despiadados con nuestras perturbaciones mentales, pero tener paciencia y ser bondadosos con nosotros mismos. No tenemos por qué culparnos por los numerosos engaños que traemos de vidas pasadas, pero si deseamos disfrutar de paz y felicidad en el futuro, es nuestra responsabilidad eliminarlos de la mente.

Como ya se ha mencionado, una de las mejores maneras de apreciar a los demás es recordar su bondad. Sin embargo, es posible que volvamos a discrepar: «¿Cómo puedo considerar que los demás son bondadosos cuando actúan con tanta crueldad y hacen tanto daño?». Para contestar a esta pregunta, debemos comprender que cuando alguien perjudica a los demás, lo hace porque está bajo la influencia de sus perturbaciones mentales. Estas son como una poderosa droga alucinógena que le obliga a actuar de manera contraria a su verdadera naturaleza. La persona que está bajo la influencia de los engaños está mentalmente enferma, porque se causa terribles sufrimientos y nadie en su sano juicio se comportaría de este modo. Todas las perturbaciones mentales se basan en una manera equívoca de ver las cosas. Cuando percibimos los objetos de la manera en que son en realidad, nuestros engaños desaparecen y las mentes virtuosas se manifiestan de manera natural. Las mentes como el amor y la bondad se fundamentan en la realidad y son una expresión de nuestra naturaleza pura. Así pues, cuando consideramos que los demás son bondadosos, vemos más allá de sus engaños y conectamos con su naturaleza pura, su naturaleza de Buda.

Buda comparó nuestra naturaleza de Buda con una pepita de oro cubierta de barro, porque por muy despreciables que sean las perturbaciones mentales, la verdadera naturaleza de nuestra mente permanece sin mácula, como el oro puro. Incluso la persona más cruel y degenerada tiene en su corazón un potencial de amor, compasión y sabiduría infinitos. A diferencia de las semillas de los engaños, que se pueden eliminar, este potencial es totalmente indestructible y constituye la naturaleza pura y esencial de cada ser. Cuando nos relacionemos con los demás, en lugar de fijarnos en sus engaños, debemos hacerlo en el oro interior de su naturaleza de Buda. Este modo de pensar no solo nos permite considerar que son especiales y únicos, sino que además ayuda a que afloren sus buenas cualidades. Al reconocer que en el futuro todos los seres se convertirán en Budas, con amor y compasión los ayudaremos y animaremos de manera natural a desarrollar su potencial.

Debido a que estamos tan acostumbrados a estimarnos a nosotros mismos más que a los demás, nos resulta difícil pensar que ellos son sumamente importantes, por lo que es necesario que adiestremos la mente con paciencia durante muchos años hasta que nos habituemos a hacerlo de manera natural. Al igual que el mar está formado por innumerables gotas de agua que se van acumulando durante mucho tiempo, las realizaciones de amor y compasión de los practicantes avanzados son el resultado de su continuo adiestramiento espiritual. Al principio, hemos de intentar amar a nuestros padres, familiares y amigos, y luego incluir a las personas de nuestra comunidad. Poco a poco debemos aumentar el ámbito de nuestro amor hasta abarcar a todos los seres sintientes.

Es importante comenzar con nuestro círculo más cercano, porque si intentamos amar a todos los seres sintientes en general, pero no estimamos a aquellos con los que nos relacionamos, nuestro amor no será auténtico, sino un pensamiento abstracto. Es posible que generemos buenos sentimientos durante la sesión de meditación, pero desaparecerán en cuanto termine y nuestra mente no habrá cambiado. No obstante, si al final de cada sesión de meditación tomamos la determinación firme de amar a las personas que tenemos alrededor y la ponemos en práctica, nuestro aprecio será sincero y estable. Si nos esforzamos con sinceridad por estimar a nuestros familiares y amigos, incluso cuando nos hacen la vida imposible, estaremos debilitando constantemente la estimación propia y poco a poco estableceremos en la mente una base firme para amar a los demás. Sobre esta base no nos resultará difícil extender nuestro amor a un mayor número de seres hasta que tengamos el amor y la compasión universal de un Bodhisatva.

Nuestra habilidad para ayudar a los demás depende también de la conexión kármica que tengamos con ellos, tanto de esta vida como de las pasadas. Todos tenemos un círculo de personas con las que mantenemos un vínculo kármico especial en esta vida. Aunque debemos aprender a estimar a todos los seres sintientes por igual, esto no significa que tengamos que tratarlos a todos de la misma manera. Por ejemplo, sería inapropiado tratar a las personas que no nos aprecian del mismo modo que a nuestros amigos y familiares, porque probablemente no lo aceptarían. También hay personas que prefieren la soledad o no les agradan las muestras de afecto. Amar a los demás es principalmente una actitud mental y la manera en que la expresamos depende de los deseos, necesidades y circunstancias de cada persona, y también de nuestra relación kármica con ella. No podemos ayudar materialmente a todos los seres sintientes, pero sí generar una actitud afectuosa hacia ellos. Este es el objetivo principal del adiestramiento de la mente. Si adiestramos nuestra mente de este modo, al final alcanzaremos la Budeidad y tendremos verdadera capacidad para proteger a todos los seres sintientes.

Al contemplar con detenimiento los razonamientos anteriores, llegamos a la siguiente conclusión:

Puesto que todos los seres sintientes son muy valiosos para mí, debo estimarlos y apreciarlos.

Hemos de considerar que esta determinación es como una semilla, mantenerla siempre en la mente y alimentarla hasta que se convierta en el sentimiento espontáneo del amor que estima a todos los seres sintientes tanto como a uno mismo. Esta realización se denomina *igualarse uno mismo con los demás*. Debemos valorar la paz y felicidad de los demás tanto como la nuestra, y ayudarlos a liberarse de sus problemas y sufrimientos al igual que nos esforzamos por eliminar los nuestros.

CULTIVAR LA HUMILDAD

El Bodhisatva Langri Tangpa dijo:

Cuando me relacione con los demás,
he de considerarme la persona menos importante,

Con estos versos, Langri Tangpa nos anima a generar humildad y a considerarnos inferiores a los demás y menos importantes que ellos. Como se ha mencionado con anterioridad, el valor de un objeto no es una cualidad inherente en él, sino que depende del karma de quien lo percibe. Debido a la relación kármica que una madre tiene con sus hijos, de manera natural los considera lo más hermoso del mundo. Para el practicante que busca la iluminación, todos los seres sintientes son igualmente valiosos tanto por su gran bondad como por ser objetos supremos para generar e incrementar sus realizaciones espirituales. Para este practicante, ningún ser sintiente, ni siquiera un insecto, es inferior o menos importante que los demás. Puesto que el valor que una persona tiene para nosotros depende del karma, es posible que nos preguntemos si el practicante que busca la iluminación considera que todos los seres sintientes son valiosos por su relación kármica con ellos. El practicante adopta esta actitud especial como resultado de contemplar razones correctas que hacen madurar su potencial kármico de considerar que todos los seres son sus preciosas madres. En realidad, todos los seres sintientes son nuestras preciosas madres, por lo que no hay duda de que tenemos una relación kármica especial con ellos, pero, debido a nuestra ignorancia, no lo sabemos.

Por lo general, todos preferiríamos disfrutar de una posición social elevada y de una buena reputación, y tenemos poco o ningún interés en ser humildes. Los practicantes como Langri Tangpa desean exactamente lo contrario: prefieren una posición inferior y que los demás disfruten de la felicidad de un estatus elevado. Estos practicantes se esfuerzan por cultivar la humildad por tres razones. Primero, porque si somos humildes, no desperdiciaremos nuestros méritos en objetivos mundanos, sino que los reservaremos para cultivar realizaciones espirituales. Nuestra acumulación de méritos es limitada, por lo que si la desperdiciamos en adquirir posesiones materiales, reputación, popularidad o poder, no nos quedará energía virtuosa en la mente para alcanzar realizaciones espirituales profundas. En segundo lugar, si cultivamos la humildad y deseamos que los demás disfruten de una posición social elevada, acumularemos una gran cantidad de méritos. Debemos comprender que ahora es el momento de acumular méritos y no de desperdiciarlos en placeres mundanos. En tercer lugar, debemos ser humildes porque el yo que normalmente vemos no existe. Hemos de considerar que el yo, el objeto de nuestra mente egoísta, es lo menos importante, algo que debemos olvidar o no tener en cuenta. De este modo, nuestro egoísmo se debilitará y nuestro amor por los demás aumentará.

Aunque muchos practicantes cultivan la humildad, también aceptan cualquier posición social que les permita ser de mayor beneficio para los demás. Si uno de estos practicantes se convirtiese en un miembro respetado de la sociedad, con poder y riquezas, su motivación para lograr estos objetivos siempre sería solo beneficiar a los demás. Los logros mundanos no le atraen en absoluto, porque reconoce que son decepcionantes y le hacen desperdiciar sus méritos. Incluso si se convirtiera en un rey, pensaría que todas sus riquezas pertenecen a los demás y en su corazón seguiría considerando que son seres supremos. Debido a que no se aferra a su posición social ni a sus riquezas como si fueran suyas, al poseerlas no consume sus méritos.

Debemos ser humildes incluso cuando nos relacionemos con personas que, según las convenciones sociales, sean iguales o inferiores a nosotros. Debido a que no podemos ver las mentes de los demás, no sabemos quién ha alcanzado realizaciones espirituales y quién no. Aunque una persona no tenga una posición social elevada, si en su corazón mantiene una actitud de amor y bondad hacia todos los seres sintientes, en realidad, es un ser realizado. Además, los Budas pueden manifestarse bajo cualquier aspecto para ayudar a los seres sintientes y, a menos que hayamos alcanzado la iluminación, no sabemos quiénes son sus emanaciones y quiénes no lo son. No podemos afirmar con certeza que nuestro mejor amigo o nuestro peor enemigo, o que nuestra madre o incluso nuestro perro no sean una de sus emanaciones. Solo porque pensemos que conocemos bien a alguien y lo hayamos visto comportarse bajo la influencia de los engaños, no significa que sea una persona ordinaria. Lo que vemos no es más que un reflejo de nuestra propia mente, y mientras sea ordinaria y siga dominada por los engaños, percibiremos de forma natural un mundo lleno de seres ordinarios y con perturbaciones mentales.

Solo cuando hayamos purificado la mente podremos percibir seres puros y sagrados de manera directa. Hasta entonces no sabremos con certeza quiénes son emanaciones y quiénes no lo son. ¡Es posible que todas las personas que conozcamos sean la emanación de un Buda! Quizás nos parezca muy poco probable, pero solo porque estamos muy acostumbrados a verlas como seres ordinarios; en realidad, no lo sabemos. Si somos realistas, lo único que podemos decir de alguien es que es posible que sea una emanación de Buda o que no lo sea. Esta manera de pensar es muy beneficiosa, porque si creemos que alguien puede ser una emanación, de forma natural lo respetaremos y evitaremos perjudicarlo. Desde el punto de vista del efecto que produce en nuestra mente, pensar que es posible que alguien sea un Buda es casi lo mismo que pensar que realmente lo es. Puesto que la única persona que sabemos con toda seguridad que no es un Buda somos nosotros mismos, si nos adiestramos en esta manera de pensar, llegaremos a considerar que los demás son más importantes y valiosos que nosotros.

Al principio, nos resultará difícil considerarnos la persona menos importante. Por ejemplo, cuando nos encontramos con un perro, ¿hemos de considerarnos inferiores a él? Podemos recordar la historia del maestro budista Asanga, que se encontró en el camino con un perro que se estaba muriendo, aunque en realidad era una emanación de Buda Maitreya. Cuando vemos a un perro, lo percibimos como un animal corriente, pero, en realidad, no sabemos cuál es su verdadera naturaleza. Es posible que Buda lo haya emanado para ayudarnos a generar compasión. Puesto que no lo sabemos con seguridad, en lugar de perder el tiempo especulando si este perro es un animal corriente o una emanación, es mejor pensar simplemente: «Es posible que sea una emanación de Buda». Desde este punto de vista, podemos pensar que somos inferiores al perro y este pensamiento nos protegerá de todo sentimiento de superioridad.

Una de las ventajas de la humildad es que nos permite aprender de los demás. La persona orgullosa no puede hacerlo porque cree que sabe más que ellos. En cambio, la persona humilde que respeta a todos los seres y reconoce que pueden ser emanaciones de Buda, mantiene una actitud abierta que le permite aprender de cualquier persona y situación. Al igual que el agua no se acumula en la cima de una montaña, las bendiciones y las buenas cualidades no pueden recogerse en la cumbre rocosa del orgullo. Si, en cambio, mantenemos una actitud humilde y respetuosa hacia los demás, las buenas cualidades y la inspiración afluirán hacia nuestra mente, como el agua de los arroyos que desciende hacia el valle.

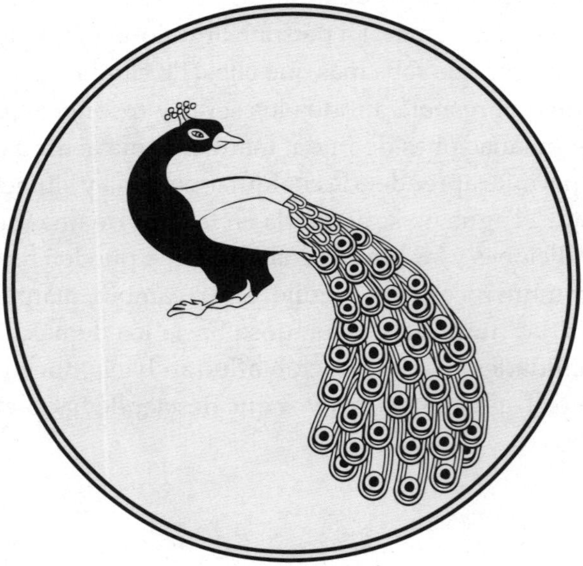

Así como los pavos reales pueden medrar entre plantas que son venenosas para otras aves, el practicante sincero de Dharma puede aprovechar bien cualquier circunstancia que le surja en la vida diaria.

Cambiarse uno mismo por los demás

Mientras que en los dos primeros capítulos se expone la práctica de lo que se conoce como *igualarse uno mismo con los demás*, es decir, estimar a los demás tanto como a nosotros mismos, en este capítulo se enseña cómo cambiarnos por ellos. Esto significa abandonar la estimación propia –egoísmo– y estimar solo a los demás. Debido a que los obstáculos principales para alcanzar esta realización son nuestras perturbaciones mentales, a continuación voy a mostrar cómo superarlas, en particular, la mente egoísta de estimación propia.

Por lo general, dividimos el mundo externo entre lo que consideramos bueno o valioso, malo o sin valor alguno o lo que no es ni lo uno ni lo otro. En la mayoría de los casos, estas discriminaciones son incorrectas o apenas tienen sentido. Por ejemplo, nuestra manera habitual de distinguir a los demás entre amigos, enemigos y desconocidos según la afinidad que tengamos con ellos es incorrecta y constituye un gran obstáculo para cultivar amor imparcial hacia todos los seres sintientes. En lugar de aferrarnos con tanta intensidad a nuestra manera de percibir el mundo externo, sería mucho más útil que aprendiéramos a distinguir entre los estados mentales que son beneficiosos y los que no lo son.

Para superar un determinado engaño, debemos ser capaces de identificarlo de manera correcta y distinguirlo con claridad de otros estados mentales. Resulta bastante fácil identificar ciertas perturbaciones mentales, como el odio o los celos, y comprender cómo nos perjudican. No obstante, hay engaños, como el apego, el orgullo, el aferramiento propio y la estimación propia, que son más difíciles de reconocer y podemos confundirlos con otros estados mentales. Por ejemplo, aunque tenemos numerosos deseos, no todos están motivados por el apego. Podemos tener el deseo de dormir, comer, visitar a nuestros amigos o meditar, sin que esté contaminado por el apego. El deseo que es apego siempre nos altera la mente, pero como a menudo nos afecta de manera indirecta y sutil, puede resultarnos difícil de reconocer cuando aparece.

¿QUÉ ES LA ESTIMACIÓN PROPIA?

De los innumerables pensamientos conceptuales que surgen del océano de nuestra mente raíz, el más perjudicial es la estimación propia, y el más beneficioso, la mente que estima a los demás. ¿Qué es la estimación propia? Es la mente que piensa: «Yo soy importante» y no tiene en cuenta a los demás. La *estimación propia* se define como «la mente que considera que uno mismo es sumamente importante y valioso, y que surge a partir de la apariencia de un yo con existencia verdadera». El engaño de la estimación propia está casi siempre activo en nuestra mente y es el origen de nuestras experiencias del samsara.

La estimación propia es la que nos hace pensar que nuestra felicidad y bienestar, así como nuestros deseos y sentimientos, son más importantes que los de los demás, y que nuestra vida y experiencias son más interesantes. Debido a nuestra estimación propia, nos sentimos molestos cuando nos critican o insultan, pero no reaccionamos así cuando esto le ocurre a un desconocido e incluso puede que nos alegremos si insultan a alguien que nos desagrada. Cuando nos duele algo, pensamos que lo más importante del mundo es aliviar nuestro dolor lo antes posible, pero somos mucho más tolerantes cuando es otro el que sufre. Estamos tan acostumbrados a nuestra actitud de estimación propia, que nos resulta difícil imaginar la vida sin ella, para nosotros es tan natural como respirar. No obstante, si lo analizamos con sabiduría, comprobaremos que es una mente totalmente incorrecta que no se fundamenta en la realidad. No hay ninguna razón válida para pensar que somos más importantes que los demás. Para los Budas, cuyas mentes son inequívocas y que perciben la realidad tal y como es, todos los seres son igualmente importantes.

La estimación propia es una percepción errónea porque el objeto que observa, el yo con existencia inherente, no existe. Los términos *yo con existencia inherente*, *yo que normalmente vemos* y *yo con existencia verdadera*, son sinónimos Si examinamos nuestra mente en situaciones en las que la estimación propia surge con intensidad, como cuando nos sentimos atemorizados, avergonzados o indignados, comprobaremos que tenemos un sentido muy vívido del yo. Debido a la mente ignorante del aferramiento propio, el yo aparece como una entidad concreta y real que existe por su propio lado, independiente del cuerpo y la mente. Este yo independiente se denomina *yo con existencia inherente* y no existe en absoluto. El yo al que nos aferramos con tanta intensidad, que estimamos tanto y al que cuidamos y protegemos con toda nuestra energía a lo largo de la vida, es una mera invención de nuestra ignorancia. Si reflexionamos sobre ello en profundidad, comprenderemos lo absurdo que es estimar algo que no existe. En el capítulo sobre la bodhichita última se demuestra la inexistencia de este yo.

Debido a las impresiones del aferramiento propio que

hemos acumulado desde tiempo sin principio, todo lo que aparece en nuestra mente, incluido el yo, parece existir de manera inherente. Al aferrarnos a nuestro yo como si tuviera existencia inherente, nos aferramos al yo de los demás como si también la tuviera, y luego concebimos que somos diferentes de manera inherente. Entonces generamos la estimación propia, que piensa de manera instintiva: «Yo soy muy importante y valioso». En resumen, el aferramiento propio aprehende nuestro yo como si tuviera existencia inherente, y entonces la estimación propia estima ese yo por encima de todos los demás seres. En el caso de los seres ordinarios, el aferramiento propio y la estimación propia están íntimamente relacionados, casi fundidos por completo. Podemos decir que los dos son clases de ignorancia porque aprehenden de manera equívoca un objeto que no existe, el yo con existencia inherente. Debido a que cualquier acción motivada por estas mentes está contaminada y es causa para renacer en el samsara, se puede decir también que para los seres ordinarios, tanto la mente de aferramiento propio como la de estimación propia constituyen la raíz del samsara.

Existe un tipo de estimación propia más sutil que no está asociada al aferramiento propio y que, por lo tanto, no es una clase de ignorancia. Esta estimación propia es la que se manifiesta en la mente del practicante hinayana que ha abandonado por completo la ignorancia del aferramiento propio y todas las demás perturbaciones mentales, y ha alcanzado el nirvana. Sin embargo, todavía tiene una forma sutil de estimación propia que surge de las impresiones que dejó grabadas la mente de aferramiento propio y que le impide trabajar por el beneficio de todos los seres sintientes. No entra dentro del objetivo del presente libro hacer una presentación detallada de esta clase de estimación propia. Aquí, el término *estimación propia* se refiere a la de los seres ordinarios, que es una perturbación mental que estima a un yo que no existe y lo considera de suprema importancia.

LAS FALTAS DE LA ESTIMACIÓN PROPIA

Es imposible encontrar un solo problema, desgracia o experiencia dolorosa que no surja de la estimación propia. El Bodhisatva Shantideva dice:

«Toda la felicidad de este mundo
surge del deseo de que los demás sean felices,
y todo el sufrimiento
surge de desear nuestra propia felicidad».

¿Cómo debemos interpretar esta estrofa? Como se mencionó con anterioridad, todas nuestras experiencias son el resultado de acciones que hemos cometido en el pasado: las experiencias agradables lo son de acciones virtuosas, y las desagradables, de acciones perjudiciales. Los sufrimientos no son castigos que nos impone nadie, sino que proceden de la mente de estimación propia, que desea la felicidad propia, pero no se preocupa por la de los demás. Esto puede comprenderse desde dos puntos de vista: uno es que la estimación propia es la causante de todos nuestros sufrimientos y problemas, y otro, que es la base para experimentarlos.

Sufrimos porque en vidas pasadas, motivados por una intención egoísta –la estimación propia–, cometimos acciones que causaron sufrimiento a los demás. Como resultado, ahora experimentamos sufrimientos y problemas. Por lo tanto, la verdadera creadora de todos nuestros problemas y sufrimientos es la mente de estimación propia. Si nunca hubiéramos cometido acciones perjudiciales, sería imposible experimentar ninguna consecuencia desagradable. Todas las acciones perjudiciales están motivadas por las perturbaciones mentales, que a su vez surgen de la estimación propia. Primero pensamos: «Soy importante» y, por ello, creemos que es de vital importancia satisfacer nuestros deseos. Luego, deseamos poseer lo que nos parece atractivo y generamos apego, sentimos aversión por lo que nos resulta desagradable y generamos odio, o sentimos indiferencia por todo lo demás y generamos ignorancia. A partir de estas tres perturbaciones mentales surgen todas las demás. El aferramiento propio y la estimación propia son las raíces del árbol del sufrimiento; los engaños como el odio y el apego, el tronco; las acciones perjudiciales, sus ramas, y las penas y dolores del samsara, sus amargos frutos.

Si comprendemos cómo surgen los engaños, comprobaremos que la estimación propia es la esencia y base de nuestras faltas y sufrimiento. Al no tener en cuenta la felicidad de los demás y perseguir por egoísmo nuestros propios intereses, cometemos numerosas acciones perjudiciales, cuyo resultado será solo sufrimiento. El sufrimiento de las enfermedades, los desastres naturales y las guerras tiene su origen en la estimación propia. Es imposible experimentar el sufrimiento de una enfermedad o de cualquier otra desgracia sin haber creado antes su causa, que es necesariamente una acción perjudicial motivada por la estimación propia.

No debemos malinterpretar esto y pensar que la persona que sufre tiene la culpa de lo que le ocurre y que, por lo tanto, no es digna de compasión. Los seres sintientes cometen acciones perjudiciales motivados por las perturbaciones mentales y mientras estén bajo su influjo no podrán controlar su mente. Si una persona que sufre una enfermedad mental se lesiona a sí misma golpeándose la cabeza contra una pared, los médicos no se negarán a atenderla alegando que es culpa suya. Del mismo modo, si una persona ha cometido una acción perjudicial en una vida anterior y, como resultado, ahora padece una enfermedad grave, no hay razón para no sentir compasión por ella. En efecto, al comprender que los seres sintientes no se han liberado de las perturbaciones mentales, que son la causa de todo su sufrimiento, nuestra compasión será, sin duda, mucho más intensa. Para poder ayudar a los demás de manera eficaz, debemos tener una intención profundamente compasiva que desea liberarlos del sufrimiento manifiesto y de sus causas subyacentes.

La mente de estimación propia también es la base para experimentar todos los sufrimientos y problemas. Por ejemplo, cuando las personas no consiguen satisfacer sus deseos, muchas se deprimen, se desaniman, se sienten desdichadas, sufren e incluso piensan en suicidarse. Esto se debe a que su estimación propia les hace creer que sus deseos son muy importantes. Por lo tanto, la estimación propia es la principal responsable de sus problemas. Sin ella no habría base para padecer tales sufrimientos.

Podemos comprobar con facilidad que la estimación propia que tenemos en esta vida nos causa sufrimiento. La falta de armonía, las disputas y peleas provienen de la estimación propia de las personas implicadas. Debido a la estimación propia, nos aferramos con intensidad a nuestras opiniones e intereses y no queremos ver la situación desde otro punto de vista. En consecuencia, nos enfadamos con facilidad y generamos el deseo de perjudicar verbalmente o incluso de agredir a los demás. La estimación propia nos hace deprimirnos cuando no conseguimos nuestros objetivos, no realizamos nuestras ambiciones o no se cumplen nuestras expectativas en la vida. Si analizamos las ocasiones en las que nos hemos sentido muy mal, descubriremos que se caracterizan por una preocupación excesiva por nuestro propio bienestar. Si perdemos el trabajo, la casa, la reputación o los amigos, nos deprimimos, pero solo porque nos estimamos a nosotros mismos profundamente. Cuando alguien pierde su trabajo o tiene que separarse de sus amigos, no nos preocupa tanto.

Las condiciones externas no son favorables ni desfavorables por sí mismas. Por ejemplo, la riqueza suele considerarse como algo deseable, pero si estamos muy apegados a ella, solo nos causará muchas preocupaciones y malgastaremos nuestros méritos. En cambio, si nuestra motivación principal es el amor hacia los demás, incluso perder todo nuestro dinero puede ser beneficioso, porque es una oportunidad para comprender el sufrimiento de los que se encuentran en situaciones similares y tendremos menos distracciones en la práctica espiritual. Aunque consiguiéramos todo lo que nuestra estimación propia desea, no tendríamos la garantía de ser felices, porque cada éxito en el samsara nos trae nuevos problemas y nos induce de forma inevitable a generar más deseos. Nuestra lucha incesante por satisfacer los deseos egoístas es como beber agua salada para calmar la sed. Cuanto más nos esforcemos por satisfacerlos, más sed de ellos tendremos.

Cuando una persona se suicida, por lo general lo hace porque no consigue satisfacer sus deseos, lo cual le resulta insoportable solo porque su estimación propia le hace creer que sus deseos son lo más importante del mundo. Debido a la estimación propia, nos aferramos a nuestros deseos y planes con tanta vehemencia que no podemos aceptar las dificultades que la vida nos presenta ni aprender de ellas. El mero hecho de satisfacer nuestras aspiraciones mundanas no nos hace mejorar como personas; las cualidades que realmente importan, como la sabiduría, la paciencia y la compasión, las podemos desarrollar tanto en el fracaso como en el éxito.

A menudo culpamos a otras personas de nuestro malestar e incluso sentimos rencor, pero si lo analizamos con detenimiento, comprobaremos que la responsable de nuestra infelicidad es siempre nuestra propia actitud mental. Las acciones de otras personas nos hacen sentir mal solo si dejamos que provoquen en nosotros una reacción negativa. La crítica, por ejemplo, no puede perjudicarnos por sí misma; nos sentimos heridos solo por culpa de nuestra estimación propia. Debido a ella, dependemos tanto de las opiniones y la aprobación de los demás que perdemos la libertad de actuar de la manera más constructiva.

En ocasiones, pensamos que no somos felices porque alguien que amamos se encuentra en dificultades. Debemos recordar que, de momento, nuestro amor por los demás está casi siempre contaminado por el apego, que es una mente egocéntrica. Por ejemplo, aunque el amor que los padres sienten por sus hijos es, por lo general, profundo y sincero, no siempre es puro. Con él están mezclados sentimientos como la necesidad de ser amados y correspondidos, la convicción de que sus hijos les pertenecen, el deseo de impresionar a los demás con sus logros y la esperanza de que satisfagan sus ambiciones y sueños de alguna manera. En ocasiones es muy difícil distinguir entre el amor y el apego que sentimos por los demás, pero cuando logremos hacerlo, comprobaremos que la causa de nuestro sufrimiento es siempre este último. El amor puro e incondicional nunca causa preocupaciones ni sufrimiento, sino solo paz y alegría.

Todos los problemas de la humanidad, como las guerras, los crímenes, la contaminación, la adicción a las drogas, la pobreza, las injusticias y la falta de armonía en las familias, son el resultado del egoísmo o estimación propia. Convencidos de que solo los seres humanos importan y que la naturaleza existe para complacer nuestros deseos, hemos exterminado miles de especies animales y contaminado el planeta hasta el punto de que pronto podría resultar inhabitable. Si todos realizáramos la práctica de estimar a los demás, la mayoría de los problemas del mundo se resolverían en pocos años.

La estimación propia es como una cadena férrea que nos mantiene atados al samsara. La razón fundamental por la que sufrimos es que nos encontramos en el samsara, y estamos en el samsara porque realizamos constantemente acciones egocéntricas motivadas por los engaños que perpetúan el ciclo de renacimientos incontrolados. El samsara es la experiencia de una mente egocéntrica. Los seis reinos del samsara, desde el de los dioses hasta el de los infiernos, son la proyección ilusoria de una mente distorsionada por la estimación propia y el aferramiento propio. Al hacernos concebir la vida como una continua lucha por proteger y servir a nuestro yo, estas dos mentes nos inducen a cometer innumerables acciones negativas que nos mantienen atrapados en la pesadilla del samsara. Hasta que no eliminemos estas dos mentes, no conoceremos la libertad y la felicidad verdaderas, nunca tendremos el control de nuestra mente y seguiremos corriendo el peligro de renacer en los reinos inferiores.

Es muy importante controlar la estimación propia, aunque solo sea de forma temporal. Este engaño es el fundamento de todas las preocupaciones, la ansiedad y la tristeza. En cuanto olvidamos la preocupación obsesiva que tenemos por nuestro propio bienestar, la mente se relaja de manera natural y se vuelve más ligera. Aunque recibamos malas noticias, si logramos superar nuestra habitual reacción egocéntrica, mantendremos la calma. En cambio, si no dominamos la mente de estimación propia, nos inquietarán hasta las cosas más insignificantes. Si un amigo nos critica, nos sentimos molestos inmediatamente, y si no se cumple uno de nuestros deseos, aunque no sea importante, nos desanimamos. Cuando un maestro de Dharma dice algo que no nos gusta escuchar, podemos enfadarnos con él o ella e incluso perder la fe. Muchas personas se asustan cuando un indefenso ratoncillo entra en su habitación. Si los ratones no comen seres humanos, ¿por qué nos alteramos con su presencia? Lo que nos perturba es solo la mente necia de estimación propia. Si amásemos al ratón tanto como a nosotros mismos, cuando entrase en nuestra habitación, le daríamos la bienvenida pensando que tiene tanto derecho a estar allí como nosotros.

Para los que desean alcanzar la iluminación, el peor defecto es la estimación propia. Esta actitud es el obstáculo principal que nos impide estimar a los demás; no amar a los demás es el obstáculo principal para cultivar la mente de gran compasión, y no generar esta última lo es para cultivar bodhichita y entrar en el camino hacia la iluminación, el camino mahayana. Puesto que la bodhichita es la causa principal de la gran iluminación, está claro que la estimación propia es también el mayor impedimento para alcanzar la Budeidad.

Aunque aceptemos que objetivamente no somos más importantes que los demás y reconozcamos los muchos defectos de la estimación propia, puede que aún nos parezca indispensable mantener esta actitud. Al fin y al cabo, si no nos amamos y preocupamos por nosotros mismos, ¿quién lo va a hacer? Esta manera de pensar es errónea. Aunque es cierto que debemos cuidar de nosotros mismos, no tenemos que hacerlo con una motivación egoísta. Cuidar de uno mismo no es ser egoístas. Podemos mirar por la propia salud, tener un trabajo y cuidar de nuestra casa y otras posesiones pensando únicamente en el bienestar de los demás. Si consideramos que nuestro cuerpo es un instrumento para beneficiar a los demás, podemos alimentarlo, vestirlo, limpiarlo, dejar que descanse, etcétera, sin una actitud egoísta de estimación propia. Al igual que el conductor de una ambulancia puede cuidar de ella sin pensar que le pertenece, nosotros también podemos cuidar de nuestro cuerpo y posesiones por el beneficio de los demás. La única manera de poder ayudar realmente a todos los seres sintientes es convertirnos en un Buda, y el cuerpo humano es el mejor vehículo para lograr este objetivo. Por lo tanto, debemos cuidarlo bien. Si lo hacemos con la motivación de bodhichita, todo lo que hagamos por velar por él formará parte del camino hacia la iluminación.

En ocasiones confundimos la estimación propia con la autoconfianza o el respeto por uno mismo, pero en realidad no tienen ninguna relación. No es el respeto por uno mismo el motivo por el que deseamos siempre lo mejor para nosotros, engañamos a los demás, abusamos de ellos o no cumplimos nuestros compromisos. Si lo analizamos con sinceridad, comprobaremos que es nuestro egoísmo el que nos impulsa a actuar de maneras inapropiadas que nos hacen perder el respeto propio y la confianza en nosotros mismos. A algunos, su estimación egoísta los hace caer en un profundo estado de alcoholismo o drogadicción y en el proceso pierden por completo el respeto por sí mismos. En cambio, cuanto más estimemos a los demás y los beneficiemos, en mayor medida aumentarán el respeto propio y la confianza en nosotros mismos. El voto del Bodhisatva, por ejemplo, con el cual el practicante promete superar todos sus defectos y limitaciones, cultivar todas las buenas cualidades y trabajar hasta que todos los seres sintientes se liberen de los sufrimientos del samsara, es una muestra de gran confianza en uno mismo, mucho mayor que la de cualquier persona egocéntrica.

Es posible que también nos preguntemos: «Si no tuviera

estimación propia, ¿no significaría que no me quiero a mí mismo? Sin lugar a dudas, debo aceptarme y estimarme a mí mismo, porque si soy incapaz de quererme, ¿cómo voy a amar a los demás?». Este es un tema importante. En el *Adiestramiento de la mente en siete puntos*, Gueshe Chekhaua describe varios compromisos, que sirven de guía para los practicantes. El primero de ellos dice: «*No permitas que tu adiestramiento mental sea la causa de una conducta impropia*». Este compromiso aconseja al practicante que esté contento consigo mismo. Si mantenemos una actitud demasiado dura de autocrítica, nos volveremos más introvertidos y nos desanimaremos, con lo cual nos resultará muy difícil pensar en estimar a los demás. Aunque es necesario reconocer nuestros defectos, no debemos odiarnos por tenerlos. Este compromiso también nos aconseja que nos cuidemos y atendamos a nuestras necesidades. Si intentamos vivir sin cubrir las necesidades básicas, por ejemplo, sin alimentos suficientes ni un alojamiento adecuado, podemos perjudicar nuestra salud y reducir nuestra capacidad para beneficiar a los demás. Además, si nos comportamos de forma extraña y extrema, los demás pensarán que estamos desequilibrados, por lo que perderán la confianza en nosotros o no creerán en lo que decimos y en tales circunstancias no podremos ayudarlos. Abandonar por completo la estimación propia no es fácil y necesitaremos mucho tiempo para conseguirlo. Si no estamos contentos con nosotros mismos o descuidamos nuestro bienestar por necedad, no tendremos la confianza ni la energía necesarias para realizar esta transformación espiritual tan profunda.

Cuando eliminamos la estimación propia, no perdemos el deseo de ser felices, sino que comprendemos que la verdadera felicidad se consigue beneficiando a los demás. Descubrimos una fuente inagotable de felicidad en la propia mente: el amor hacia los demás. Las dificultades externas no nos causan abatimiento ni nos exaltamos ante las circunstancias agradables, porque somos capaces de transformarlas y disfrutar de ambas. En lugar de esforzarnos por mejorar las condiciones externas, nuestro deseo de ser felices se transforma en la determinación de alcanzar la iluminación, que reconocemos como el único método para disfrutar de felicidad pura. Aunque anhelamos disfrutar del gozo último de la iluminación total, lo hacemos únicamente por el beneficio de los demás, porque dicho logro es solo el medio que nos permite satisfacer nuestro verdadero deseo: proporcionar ese mismo estado de felicidad a todos los seres sintientes. Cuando nos convertimos en un Buda, irradiamos constantemente felicidad en forma de compasión, que bendice a todos los seres sintientes y los conduce de manera gradual hacia ese mismo estado.

En resumen, la estimación propia o egoísta es una mente totalmente innecesaria que carece de valor. Puede que seamos muy inteligentes, pero si nos preocupamos solo por nuestro propio bienestar, nunca colmaremos nuestro deseo primordial de ser felices. En realidad, el egoísmo nos convierte en estúpidos. Hace que nos sintamos desdichados en esta vida, nos impulsa a cometer innumerables acciones perjudiciales que nos causarán sufrimiento en vidas futuras, nos ata al samsara y obstaculiza el camino hacia la iluminación. En cambio, estimar a los demás produce resultados opuestos. Si estimamos solo a los demás, seremos felices en esta vida, realizaremos numerosas acciones virtuosas que nos harán felices en vidas futuras, nos liberaremos de las perturbaciones mentales, que nos mantienen atrapados en el samsara, y adquiriremos con rapidez las cualidades necesarias para alcanzar la iluminación total.

CÓMO DEJAR DE GENERAR LA ESTIMACIÓN PROPIA

Si hemos comprendido la vacuidad, la mera ausencia de las cosas que normalmente vemos o percibimos, acerca de la cual puede encontrarse una exposición detallada en el capítulo «La bodhichita última», desde lo más profundo del corazón debemos pensar: «El objeto de mi estimación propia es solo el yo que normalmente veo, que en realidad no existe. Así pues, voy a dejar de generar la mente de estimación propia porque su objeto –el yo que normalmente percibo– no existe». Entonces meditamos en esta determinación una y otra vez. En los descansos de la meditación no debemos dejar que surja la mente que estima al yo que normalmente percibimos recordando que no existe. Si nos esforzamos en practicar este método especial, que es una instrucción oral, lograremos con facilidad dejar de generar la estimación propia.

Sin embargo, como he mencionado con anterioridad, en general no es fácil abandonar la estimación propia, por lo que a continuación se presenta una exposición detallada sobre cómo dejar de generarla. De corazón, repasamos mentalmente una y otra vez las instrucciones descritas con anterioridad sobre las faltas de la estimación propia y los beneficios de estimar a los demás. Una vez que nos hemos familiarizado en profundidad con la contemplación de estas instrucciones, debemos tomar la firme determinación de no permitirnos pensar y creer que somos más importantes que los demás. Entonces meditamos en esta determinación. Debemos practicar esta contemplación y meditación de manera continua. Entre las sesiones formales de meditación hemos de esforzarnos en poner esta resolución en práctica.

Cuando hayamos tomado la determinación de eliminar la

estimación propia, el siguiente paso es reconocerla en cuanto surja en la mente. Para ello, hemos de examinar nuestra mente durante el día y la noche, lo que significa que debemos practicar como Gueshe Ben Gungyel y observar nuestra mente en todo lo que pensamos y creemos. Por lo general, nos fijamos en lo que hacen los demás, pero sería mucho más beneficioso observar en todo momento lo que piensa y cree nuestra mente. Sea cual sea la actividad que realicemos, trabajar, conversar, descansar o estudiar el Dharma, con una parte de la mente debemos observar en todo momento qué pensamientos tenemos. En cuanto vaya a surgir el engaño de la estimación propia, debemos intentar impedirlo de inmediato. Si la reconocemos en sus inicios, podremos controlarla con facilidad, pero si dejamos que se desarrolle por completo, nos resultará muy difícil.

Una de las perturbaciones mentales más destructivas es la estimación propia. La razón por la que generamos estimación propia de manera natural es que nunca nos hemos esforzado en aprender a refrenar su desarrollo inicial. Si nos damos cuenta a tiempo de que nos estamos fijando en el objeto de la estimación propia, el yo de existencia inherente, nos resultará bastante fácil evitar que surja este engaño y encaminar los pensamientos en otra dirección más beneficiosa. Es suficiente con decirnos a nosotros mismos: «Esta manera de pensar es inapropiada y va a hacer que surja pronto mi mente egoísta de estimación propia, que es muy perjudicial». Sin embargo, si no reconocemos pronto la estimación propia y permitimos que crezca, en poco tiempo será muy poderosa y difícil de vencer. Lo mismo ocurre con todas las demás perturbaciones mentales. Si reconocemos con rapidez un pensamiento perturbador, podremos evitarlo con facilidad, pero si permitimos que se desarrolle, se intensificará tanto que nos resultará casi imposible detenerlo.

Las perturbaciones mentales se pueden abandonar a tres niveles. En el primero reconocemos la perturbación mental cuando está a punto de surgir y recordamos sus desventajas para impedir que se manifieste. Siempre que vigilemos la mente, nos resultará fácil ponerlo en práctica, y debemos intentarlo en todo momento, cualquiera que sea la actividad que realicemos. En particular, en cuanto empecemos a sentirnos tensos o insatisfechos, hemos de estar muy atentos, porque una mente descontenta es un campo de cultivo para los engaños. Por esta razón, en su *Adiestramiento de la mente en siete puntos*, Gueshe Chekhaua dice: «Depende siempre solo de una mente feliz».

En el segundo nivel, para superar las perturbaciones mentales, aplicamos los oponentes específicos. Por ejemplo, para contrarrestar el apego, podemos meditar en las faltas del samsara y sustituirlo por su opuesto, la mente de renuncia. Si meditamos sobre el camino a la iluminación de manera constante y metódica, no solo evitaremos que surjan maneras perturbadoras de pensar y de sentir, sino que además las sustituiremos por hábitos virtuosos sólidos y estables, basados en la sabiduría y no en la ignorancia. De este modo, podemos impedir desde el principio que surjan la mayoría de las perturbaciones mentales. Por ejemplo, si estamos acostumbrados a pensar que los demás son más importantes que nosotros, nuestra estimación propia apenas surgirá.

En el tercer nivel eliminamos los engaños por completo, junto con sus semillas, con una realización directa de la vacuidad. De este modo, eliminamos el aferramiento propio, la raíz de todas las perturbaciones mentales.

En la práctica de igualarse uno mismo con los demás que se ha expuesto con anterioridad pensamos: «Al igual que mi felicidad es importante, también lo es la de todos los demás», y de este modo sentimos por ellos el mismo aprecio que por nosotros mismos. Debido a que nos parece justo y no desafía de manera directa nuestra mente de estimación propia, es más fácil de aceptar y poner en práctica. También podemos pensar que por mucho sufrimiento que padezcamos, solo somos una persona, mientras que los demás seres son innumerables y, por lo tanto, es obvio que es muy importante que disfruten de paz y felicidad. Aunque consideramos que todos los dedos de las manos son importantes, estaríamos dispuestos a sacrificar uno de ellos para salvar el resto, mientras que sacrificar nueve para salvar uno sería absurdo. Del mismo modo, nueve personas son más importantes que una y, por supuesto, los innumerables seres sintientes son también más importantes que uno solo. Por lo tanto, es lógico estimar a los demás, al menos, tanto como a nosotros mismos.

Cuando hayamos logrado cierta familiaridad con la práctica de igualarnos con los demás, estaremos preparados para enfrentarnos de manera más directa a la estimación propia. Debido a que la estimación propia tiene tantas faltas, debemos animarnos nosotros mismos a oponernos a ella con firmeza y evitarla en cuanto aparezca en la mente. Si observamos la mente de cerca en todo momento, podremos adiestrarnos en reconocer la estimación propia en cuanto surja y recordar de inmediato sus desventajas. Gueshe Chekhaua nos aconseja: «Reúne toda culpabilidad en una» para indicarnos que debemos culpar a la estimación propia de todos nuestros problemas y sufrimientos. Por lo general, cuando algo va mal, culpamos a los demás, pero la verdadera causa de nuestros problemas es nuestra estimación propia. Cuando la hayamos identificado correctamente, debemos considerar que es nuestro peor enemigo y culparla de todas nuestras desgracias. Aunque es beneficioso tener paciencia con los demás y perdonarles sus defectos, nunca hemos de ser tolerantes con nuestra mente egoísta de estimación propia, porque cuanto más lo seamos, más nos perjudicará. Es mucho mejor ser absolutamente implacables con ella y culparla de todos los problemas. Si queremos enfadarnos con algo, debemos hacerlo con el demonio de nuestro egoísmo o estimación propia. En realidad, el enfado dirigido contra la estimación propia no es verdadero odio, puesto que se basa en la sabiduría y no en la ignorancia, y su función es purificar y apaciguar la mente.

Para practicar de este modo, necesitamos mucha destreza. Si al responsabilizar a la estimación propia de todos nuestros problemas nos sentimos culpables o perdemos la confianza en nosotros mismos, es porque no distinguimos con claridad entre culpar a este engaño o a nosotros mismos. Aunque es cierto que debemos culpar a la estimación propia de todos nuestros problemas, esto no significa que nosotros seamos los culpables. De nuevo, hemos de distinguir entre nosotros mismos y nuestras perturbaciones mentales. Si alguien nos agrede, no es culpa nuestra, sino de la estimación propia. ¿Por qué? Porque la agresión es el resultado kármico de una acción perjudicial que cometimos en una de nuestras vidas anteriores bajo la influencia de la estimación propia. Además, nuestro atacante nos perjudica solo debido a su estimación propia, y culparlo no nos beneficiará en absoluto, solo conseguiremos amargarnos. Sin embargo, si culpamos a la estimación propia y decidimos eliminarla, no solo mantendremos la serenidad, sino que también debilitaremos los cimientos de nuestro sufrimiento futuro.

Esta enseñanza sobre cómo reconocer las faltas de la estimación propia para luego generar el deseo de abandonarla no es fácil de poner en práctica, por lo que debemos tener paciencia. Una determinada práctica que es apropiada para una persona no tiene por qué serlo para otra, o puede irle bien en un momento dado, pero no en otro. Buda no espera que pongamos en práctica todas sus enseñanzas de inmediato; están dirigidas a practicantes muy diversos y con niveles de realización e inclinaciones diferentes. Además, algunas instrucciones no pueden practicarse cuando nos concentramos en otras, al igual que no sería agradable beber té y café al mismo tiempo. Las instrucciones de Dharma son como medicina y han de administrarse con destreza, teniendo en cuenta la naturaleza y las necesidades particulares de cada persona. Por ejemplo, para animarnos a generar renuncia, el deseo de liberarnos del samsara, Buda impartió extensas enseñanzas sobre la naturaleza de sufrimiento de la vida ordinaria. Sin embargo, algunas personas no pueden aplicarlas enseguida, porque meditar en el sufrimiento solo les produce tristeza y desánimo. En lugar de generar una mente gozosa de renuncia, se deprimen. Para ellas, es mejor dejar esta meditación para más adelante y no realizarla hasta que adquieran más sabiduría y fuerza interior.

Si al adiestrarnos en enseñanzas avanzadas nos damos cuenta de que nuestro orgullo o confusión aumentan, es porque aún no estamos lo suficientemente preparados para ello y primero hemos de esforzarnos en construir un cimiento más firme de las prácticas básicas. Si una determinada meditación o práctica no produce un efecto beneficioso en la mente, sino que nos hace sentirnos infelices o aumentan nuestros engaños, es una indicación clara de que la estamos realizando de manera incorrecta. En lugar de empeñarnos en seguir con ella, es mejor dejarla de momento y pedir consejo a practicantes que tengan más experiencia. Cuando comprendamos los errores que cometíamos y el modo de realizarla correctamente, podremos retomarla de nuevo. Lo que jamás debemos hacer es rechazar una enseñanza de Dharma pensando: «Nunca la voy a practicar».

Cuando vamos a una tienda, no queremos comprar todo lo que venden, pero es útil recordar lo que tienen por si en alguna ocasión lo necesitamos. Del mismo modo, cuando recibimos enseñanzas de Dharma, es posible que no seamos capaces de poner en práctica de inmediato todo lo que hayamos escuchado, pero es importante recordarlo para adquirir una comprensión completa del Dharma. Más adelante, cuando estemos preparados, podremos adiestrarnos en ellas. Una de las grandes ventajas del Lamrim o etapas del camino hacia la iluminación es que nos sirve de estructura o almacén espiritual en el que podemos guardar todo el Dharma que hayamos escuchado.

Si recordamos solo las enseñanzas que podemos aplicar de inmediato en nuestra situación actual, cuando cambien las circunstancias, no tendremos nada donde apoyarnos. No obstante, si somos capaces de recordar todas las enseñanzas que hemos recibido, tendremos a nuestra disposición un gran tesoro de instrucciones que podremos aplicar en el momento oportuno. Una práctica que nos parece difícil o irrelevante en este momento, puede convertirse más adelante en una parte esencial de nuestro adiestramiento espiritual. Lo importante es que practiquemos con esmero y a nuestro ritmo, de lo contrario es posible que nos sintamos confundidos o perdamos el ánimo e incluso que lleguemos a abandonar el Dharma por completo.

No hay mejor práctica espiritual que reconocer la estimación propia en cuanto surge y culparla de todos nuestros problemas. No importa el tiempo que tengamos que hacerlo, aunque sean años o toda la vida, hemos de continuar hasta eliminarla por completo. No debemos tener prisa en obtener resultados, sino practicar con sinceridad y paciencia, ya que tales expectativas proceden de la misma estimación propia y son una buena fórmula para decepcionarnos. Si practicamos con entusiasmo y perseverancia, al mismo tiempo que purificamos el karma negativo, acumulamos méritos y recibimos bendiciones, lograremos con toda seguridad reducir y finalmente eliminar por completo la estimación propia.

Incluso si nuestra meditación no es satisfactoria, podemos practicar la retentiva y la vigilancia mental en nuestra vida diaria y abandonar la estimación propia en cuanto la detectemos. Esta práctica es sencilla, pero produce muy buenos resultados. Si nos adiestramos en ella de manera continua, solucionaremos nuestros problemas y seremos felices de manera natural en todo momento. Hay personas que han logrado abandonar por completo su egoísmo y ahora estiman solo a los demás. En consecuencia, todos sus problemas han desaparecido y sus mentes están siempre llenas de alegría. Puedo garantizar que cuanto menos amor propio tengas y más estimes a los demás, de mayor felicidad disfrutarás.

Debemos mantener en el corazón la firme determinación de abandonar la mente de estimación propia. Si ponemos esta determinación en práctica con el esfuerzo semejante a una armadura, día a día, año tras año, nuestra estimación propia irá disminuyendo hasta desaparecer por completo. Los gueshes kadampas de antaño solían decir que para llevar una vida virtuosa, solo tenemos que hacer dos cosas: atacar a nuestros engaños todo lo que podamos y beneficiar a los demás tanto como nos sea posible. Con este entendimiento, debemos mantener una guerra continua contra el enemigo interno de la estimación propia y esforzarnos por estimar y beneficiar a los demás.

Para eliminar por completo la estimación propia, hemos de adiestrarnos en la práctica de cambiarnos por los demás, en la que dejamos de aferrarnos a nuestra felicidad y pensamos que todos los seres sintientes, así como sus deseos y necesidades son de suma importancia. Nuestra única preocupación es el bienestar de los demás.

Aunque el practicante que ha alcanzado por completo la realización de cambiarse por los demás carece de estimación propia, no significa que no cuide de sí mismo. Lo hace, pero por el beneficio de los demás. Se considera que pertenece a todos los seres sintientes y que está a su servicio, pero incluso los sirvientes necesitan alimentarse y descansar para realizar bien su trabajo. Por lo general, sería una gran necedad, por ejemplo, regalar todas nuestras posesiones y quedarnos sin recursos para vivir y continuar la práctica espiritual. Puesto que nuestro verdadero deseo es beneficiar a todos los seres sintientes y la única manera de hacerlo es convertirnos en un Buda, debemos proteger nuestro adiestramiento espiritual organizando nuestra vida para poder practicar de la manera más eficaz. Además, cuando ayudemos a alguien, hemos de asegurarnos de que con ello no reducimos nuestra capacidad de beneficiar a muchas personas. Aunque estuviéramos dispuestos de corazón a dar felizmente todas nuestras posesiones para ayudar a una persona en particular, debemos ser realistas y utilizar nuestro tiempo y recursos para beneficiar de la mejor manera posible a todos los seres sintientes.

La práctica de cambiarse uno mismo por los demás pertenece al linaje especial de instrucciones de la sabiduría que tiene su origen en Buda Shakyamuni y fue transmitido a través de Manyhushri y Shantideva a Atisha y Yhe Tsongkhapa. La bodhichita que se genera con este método es más profunda y poderosa que la que se logra con otros. Aunque cualquiera que tenga interés en el desarrollo espiritual puede reducir su estimación propia y aprender a estimar a los demás, la realización completa de cambiarse uno mismo por los demás es un logro muy profundo. Para realizar una transformación tan radical de la mente, necesitamos fe profunda en esta práctica, abundantes méritos y recibir poderosas bendiciones de un Guía Espiritual que tenga experiencia propia de estas enseñanzas. Con estas condiciones favorables, la práctica de cambiarse uno mismo por los demás no nos resultará difícil.

Puede que nos preguntemos por qué es necesario estimar a los demás más que a nosotros mismos. En lugar de aspirar al logro de realizaciones tan elevadas, ¿no sería mejor concentrarnos en ayudarlos ahora mismo de manera práctica y directa? Sin compasión ni sabiduría no sabemos con certeza si ayudar a los demás de manera práctica realmente los va a beneficiar o a perjudicar. Debemos saber que la felicidad o la paz interior que se deriva de los disfrutes mundanos no es verdadera felicidad, sino sufrimiento del cambio o una mera disminución del sufrimiento anterior. Lo que las personas necesitan es la felicidad y la paz interior que proceden de la sabiduría. La sabiduría que comprende el significado de las instrucciones sobre cambiarse uno mismo por los demás nos proporcionará dicha felicidad pura y duradera.

Debemos adiestrarnos en cambiarnos por los demás porque la estimación propia obstaculiza tanto nuestra intención de beneficiarlos como la habilidad de hacerlo. Debido a este engaño, no sentimos amor imparcial hacia todos los seres sintientes y mientras nuestro deseo de ayudarlos esté mezclado con él no podremos estar seguros de que nuestras acciones vayan a beneficiarlos de verdad. Aunque deseemos de corazón ayudar a ciertas personas, como nuestros familiares, amigos o los necesitados, por lo general, esperamos algo a cambio, y si no nos corresponden, nos sentimos heridos o decepcionados. Puesto que nuestro deseo de beneficiar a los demás está mezclado con intereses egoístas, nuestra ayuda viene acompañada casi siempre de alguna expectativa o del deseo de recibir una recompensa. Debido a que nuestra intención es impura, nuestra capacidad para ayudarlos es débil y limitada.

Si decimos que trabajamos por el beneficio de los demás, pero no nos esforzamos por eliminar la estimación propia, son solo meras palabras, no lo sentimos de corazón ni procede de nuestra sabiduría. Por supuesto que debemos ayudar a los demás de manera práctica siempre que podamos, pero sin olvidar que nuestro objetivo principal es desarrollar la mente. Si nos adiestramos en cambiarnos por los demás, finalmente alcanzaremos la felicidad última de la Budeidad y tendremos la capacidad de beneficiar a todos los seres sintientes. Solo entonces podremos decir: «Soy un benefactor de todos los seres sintientes». De este modo, nuestro adiestramiento en cambiarse uno mismo por los demás cumplirá ambos objetivos, el propio y el de los demás.

De momento, nuestro trabajo más importante es adiestrar la mente y, en particular, reforzar nuestra intención de servir a los demás. En su *Carta amistosa,* Nagaryhuna dice que, aunque de momento no tengamos la capacidad de ayudar a los demás, si mantenemos siempre la intención de hacerlo, irá aumentando. Esto se debe a que cuanto más estimemos a los demás, en mayor medida aumentarán nuestros méritos, sabiduría y poder de beneficiarlos realmente, y se presentarán de forma natural oportunidades para ayudarlos de manera práctica.

¿CÓMO ES POSIBLE CAMBIARSE UNO MISMO POR LOS DEMÁS?

Cambiarnos por los demás no significa que nos convirtamos en otra persona, sino que cambiamos el objeto que estimamos, de uno mismo a los demás. Para comprender cómo es posible hacerlo, debemos saber que el objeto de la mente de estimación propia está cambiando en todo momento. Durante la infancia, este objeto es un niño, pero después se convierte en un adolescente, luego en un adulto y finalmente en un anciano. En este momento nos estimamos como una determinada persona llamada, por ejemplo, María o Juan, pero después de morir, el objeto de nuestra estima será otro completamente diferente. Por lo tanto, el objeto que estimamos está cambiando en todo momento, tanto en esta vida como de una vida a otra. Puesto que nuestra estima cambia de objeto de forma natural, no hay duda de que si nos adiestramos en la meditación, podremos estimar a los demás en lugar de a nosotros mismos.

Debido a la ignorancia, nos aferramos con mucha intensidad a nuestro cuerpo, pensando: «Este es mi cuerpo». Nos identificamos con él como *mío*, lo apreciamos y estimamos mucho, como la más valiosa de nuestras posesiones, pero en realidad pertenece a otros; no lo trajimos de la vida pasada, sino que lo hemos recibido de nuestros padres en esta vida. En el momento de la concepción, nuestra consciencia entró en la unión del espermatozoide de nuestro padre y el óvulo de nuestra madre, y se fue desarrollando hasta convertirse en el cuerpo que ahora tenemos. Entonces nuestra mente se identificó con este cuerpo y comenzó a estimarlo. Como Shantideva dice en su *Guía de las obras del Bodhisatva*, este cuerpo en realidad no nos pertenece a nosotros, sino a otras personas; son otros quienes lo han producido y, después de la muerte, otros se desharán de él. Si lo analizamos con detenimiento, comprenderemos que ya estamos estimando un objeto que en realidad pertenece a otras personas. Entonces, ¿por qué no vamos a poder estimar a los demás seres? Además, mientras que estimar nuestro cuerpo solo nos lleva a renacer en el samsara, estimar a los demás es la causa para alcanzar el nirvana de la iluminación total, el estado más allá del dolor.

Los términos *yo* y *otro* o *los demás* son relativos, con una relación como la que hay entre *esta montaña* y *aquella montaña*, no como la que hay entre *un asno* y *un caballo*. Cuando vemos un caballo no podemos decir que es un asno, ni viceversa. En cambio, si subimos a una montaña que se encuentra en el este, nos referiremos a ella como *esta montaña*, y a la que está en el oeste, como *aquella montaña*; pero si luego descendemos y subimos a la que se encuentra en el oeste, nos referiremos a esta última como *esta montaña*, y a la del este, como *aquella*. Los términos *esta* y *aquella* son relativos y dependen de nuestro punto de referencia. Lo mismo ocurre en el caso de *yo* y *los demás*. Si descendemos de la montaña del *yo*, podremos subir a la montaña de los *demás* y estimarlos tanto como ahora nos estimamos a nosotros mismos. Para conseguirlo, debemos reconocer que desde el punto de vista de otra persona, ella es yo, y nosotros, otro.

Aquellos que han adquirido dominio en la práctica del mantra secreto o tantra, poseen una profunda experiencia de cambiarse por los demás. En la práctica tántrica de la autogeneración como la Deidad, sustituyen el yo que tienen ahora por el de un Buda tántrico. Tomemos como ejemplo una practicante de Vajrayoguini que se llama Sara. Cuando no realiza la práctica tántrica, percibe su cuerpo ordinario, se identifica con él y lo estima. Sin embargo, cuando se concentra en profundidad en la meditación de la autogeneración, la sensación de ser Sara y de poseer el cuerpo de Sara desaparece por completo. En lugar de identificarse con el cuerpo de Sara, lo hace con la forma divina de Buda Vajrayoguini, y piensa: «Soy Vajrayoguini». El practicante cambia por completo el objeto de su estima, deja de estimar el cuerpo impuro de un ser ordinario para estimar la forma pura de un ser iluminado, Buda Vajrayoguini. Al adiestrarse en la meditación, el practicante se familiariza en profundidad con el cuerpo de la Deidad hasta identificarse con él por completo. Debido a que el cuerpo de Vajrayoguini es puro, identificarse con él y estimarlo son causas para alcanzar la iluminación. Esto demuestra que es posible cambiar las bases con las que nos identificamos, solo depende de nuestra motivación y familiaridad. Para una exposición detallada de la práctica del tantra, véanse *Budismo moderno*, *Caminos y planos tántricos* y *Nueva Guía del Paraíso de las Dakinis*.

LA PRÁCTICA EN SÍ DE CAMBIARSE UNO MISMO POR LOS DEMÁS

Pensamos:

He trabajado por mi propio beneficio desde tiempo sin principio, intentando ser feliz y evitar el sufrimiento, pero ¿qué he conseguido con tanto esfuerzo? Sigo sufriendo, aún no he logrado controlar la mente, me siento decepcionado una y otra vez y permanezco atrapado en el samsara. La culpa de todo esto la tiene mi estimación propia. Este engaño es mi peor enemigo y un pernicioso veneno que me perjudica a mí y a los demás.

En cambio, estimar a los demás es la base de toda felicidad y bondad. Los que ahora son Budas comprendieron lo inútil que es trabajar por interés propio y, en cambio, decidieron trabajar por el beneficio de los demás. Como resultado, se convirtieron en seres puros, se liberaron de los sufrimientos del samsara y alcanzaron la felicidad permanente de la iluminación total. Por lo tanto, he de cambiar mi actitud inmadura y ordinaria: a partir de ahora, dejaré de estimarme a mí mismo y estimaré solo a los demás.

Con una comprensión de las grandes faltas de estimarse a uno mismo y de las grandes ventajas de estimar a todos los seres sintientes, como se ha expuesto, y recordando que hemos tomado la determinación de abandonar la estimación propia egoísta y de estimar siempre a todos los seres sintientes sin excepción, pensamos desde lo más profundo del corazón:

Debo dejar de estimarme a mí mismo y, en cambio, debo estimar a todos los seres sintientes sin excepción.

Entonces meditamos en esta determinación. Hemos de practicar esta meditación con perseverancia hasta que creamos de manera espontánea que la felicidad y la libertad de todos y cada uno de los seres sintientes son mucho más importantes que las nuestras. Esta creencia es la realización de cambiarse uno mismo por los demás y nos hará generar un profundo sentimiento de amor hacia todos los seres sintientes. Meditamos en él durante tanto tiempo como podamos.

Durante el descanso de la meditación procuramos mantener este sentimiento. Cuando nos encontremos con una persona, pensamos: «Esta persona es importante, su felicidad y libertad también lo son». Cuando nuestra estimación propia comience a surgir, debemos pensar: «La estimación propia es un veneno, no voy a consentir su presencia en mi mente». De este modo, podremos cambiar el objeto de nuestra estima y, en lugar de amarnos a nosotros mismos, estimar a todos los seres sintientes. Cuando poseamos el amor que estima de manera espontánea a todos los seres sintientes, habremos alcanzado la realización de cambiarse uno mismo por los demás.

Cuando no se cumplan nuestros deseos y comencemos a deprimirnos, enseguida hemos de recordar que la culpa no es de los demás ni de las circunstancias en que nos encontremos, sino de la mente de estimación propia, que de manera instintiva piensa: «Mis deseos son de lo más importante». Si somos conscientes en todo momento de los peligros de esta perturbación mental, reforzaremos nuestra determinación de eliminarla y, en lugar de sentir pena de nosotros mismos cuando tengamos problemas, podremos utilizar nuestro propio sufrimiento para recordar el de los incontables seres, nuestras madres, y sentir amor y compasión por ellos.

En su *Guía de las obras del Bodhisatva*, Shantideva enseña un método especial para aumentar nuestra experiencia de cambiarse uno mismo por los demás. Durante la meditación, imaginamos que nos ponemos en el lugar de otra persona e intentamos percibir el mundo desde su punto de vista. Por lo general, pensamos: «Yo» sobre la base de nuestro cuerpo y mente, pero ahora intentamos hacerlo al observar el cuerpo y mente de otra persona. Esta práctica nos ayuda a sentir una profunda empatía con los demás y a comprender que también tienen un *yo*, que es tan importante como el nuestro. Gracias a la capacidad que una madre tiene para identificarse con lo que siente su bebé, comprende mejor que nadie sus deseos y necesidades. De igual modo, a medida que nos familiaricemos con esta meditación, nuestra empatía con los demás aumentará y seremos más comprensivos con ellos.

Esta técnica es muy poderosa cuando la aplicamos con personas con quienes tenemos una relación difícil, como las que nos desagradan o consideramos nuestros rivales. Si imaginamos que somos esa persona y contemplamos la situación desde su punto de vista, no podremos mantener actitudes perturbadoras hacia ella. Al comprender por experiencia propia que los términos *yo* y *otro* son relativos y aprender a percibir nuestro *yo* como *otro*, seremos más objetivos e imparciales con nosotros mismos y se debilitará la sensación de que somos el centro del universo. Entonces estaremos más abiertos al punto de vista de los demás, seremos más tolerantes y comprensivos con ellos, y de manera natural los trataremos con mayor respeto y consideración. Esta práctica se describe con más detalle en *Tesoro de contemplación*.

En resumen, gracias a la práctica de las instrucciones del adiestramiento de la mente, el Bodhisatva Langri Tangpa e incontables practicantes del pasado alcanzaron profundos logros espirituales, incluida la plena realización de cambiarse uno mismo por los demás. Al principio, eran personas egocéntricas, como nosotros, pero gracias a su constante perseverancia, consiguieron eliminar por completo la estimación propia. Si ponemos en práctica estas instrucciones con paciencia y de corazón, nada nos impedirá alcanzar las mismas realizaciones. No debemos tener la expectativa de eliminar la estimación propia de inmediato, pero si practicamos con paciencia, se irá debilitando hasta desaparecer por completo.

Gracias al espejo de las enseñanzas de Buda –el Dharma–, podemos ver nuestras propias faltas y tenemos la oportunidad de superarlas.

La gran compasión

Cuando hayamos adquirido cierta experiencia en estimar a todos los seres sintientes, podemos ampliar el ámbito de nuestra compasión y profundizar en ella, y en este capítulo se revela el método para hacerlo. Por lo general, todos los seres poseen algo de compasión. Todos la sentimos por nuestros familiares o amigos cuando vemos que tienen problemas, e incluso los animales la sienten cuando sus crías sufren. La compasión es la semilla o naturaleza de Buda, el potencial que poseemos para convertirnos en un ser iluminado. Gracias a que todos los seres sintientes poseen esta semilla, algún día se convertirán en Budas.

Cuando una perra ve que sus cachorros están sufriendo, genera el deseo de protegerlos y aliviar su dolor, y este deseo compasivo es su semilla de Buda. Sin embargo, por desgracia, debido a que los animales no tienen capacidad para adiestrarse en la compasión, su semilla de Buda no puede madurar. En cambio, los seres humanos tenemos la gran oportunidad de cultivar nuestra naturaleza de Buda. Con la meditación podemos ampliar el ámbito de nuestra compasión y profundizar en ella hasta transformarla en la mente de gran compasión, la compasión universal –el sincero deseo de liberar de manera permanente a todos los seres sintientes del sufrimiento–. Si mejoramos esta mente de compasión universal, al final se transformará en la de un Buda, que realmente tiene la capacidad de liberar a todos los seres sintientes. Por lo tanto, la manera de alcanzar la iluminación es despertar nuestra naturaleza compasiva de Buda y completar el adiestramiento en la compasión universal. Esto es algo que solo podemos hacer los seres humanos.

La compasión es la esencia de la vida espiritual y la práctica principal de aquellos que dedican su vida al logro de la iluminación. Es la raíz de las Tres Joyas: Buda, el Dharma y la Sangha. Es la raíz de Buda porque todos los Budas nacen de la compasión; la raíz del Dharma porque los Budas imparten enseñanzas de Dharma motivados solo por su compasión hacia los demás, y la raíz de la Sangha porque si escuchamos las enseñanzas de Dharma impartidas con compasión y las ponemos en práctica, nos convertiremos en Sangha o Seres Superiores.

¿QUÉ ES LA COMPASIÓN?

¿Qué es exactamente la compasión? La compasión es la mente que está motivada por amor hacia los demás y desea liberarlos del sufrimiento. En ocasiones, por motivos egoístas, deseamos que alguna persona se libere de su sufrimiento; esto ocurre a menudo en las relaciones que se basan principalmente en el apego. Por ejemplo, si nuestro amigo está enfermo o se siente deprimido, deseamos que se recupere lo antes posible para volver a disfrutar de su compañía, pero este deseo es esencialmente egocéntrico, no es verdadera compasión. La base de la verdadera compasión ha de ser siempre estimar a los demás.

Aunque tenemos ya cierto grado de compasión, de momento es muy parcial y limitada. Cuando nuestros familiares y amigos están sufriendo, sentimos compasión por ellos con facilidad, pero nos cuesta mucho más empatizar con las personas que nos resultan desagradables o con los desconocidos. Además, sentimos compasión por los seres cuyo sufrimiento es evidente, pero no por los que disfrutan de buenas condiciones y mucho menos por los que cometen acciones perjudiciales. Si de verdad deseamos que madure nuestro potencial y alcanzar la iluminación total, hemos de aumentar el ámbito de nuestra compasión hasta abarcar a todos los seres sintientes sin excepción, al igual que una madre es compasiva con todos sus hijos, tanto si se portan bien como si se portan mal. A diferencia de la compasión limitada, que sentimos de vez en cuando de manera espontánea, la compasión universal ha de cultivarse mediante un adiestramiento sincero durante un largo período de tiempo.

CÓMO CULTIVAR LA COMPASIÓN

En la práctica de la compasión universal hay dos etapas esenciales. Primero debemos estimar a los demás y luego, sobre la base del amor hacia los demás, hemos de contemplar su sufrimiento. De este modo generaremos compasión de manera natural hacia ellos. Por lo general, cuando vemos que nuestro enemigo está sufriendo, no sentimos compasión porque no lo estimamos. En cambio, ocurre lo contrario cuando vemos que nuestro amigo está sufriendo. Esto se debe a que lo estimamos. Estimar a los demás es la base para generar la compasión. La manera de generar el amor que estima a los demás y aumentarlo ya se ha mostrado con anterioridad. A continuación contemplamos los sufrimientos que padecen todos y cada uno de los seres del samsara.

Para comenzar podemos pensar en los seres que ahora mismo padecen un intenso sufrimiento. Muchas personas experimentan intensos dolores físicos y aflicciones mentales producidos por enfermedades como el cáncer, el sida y el párkinson. ¿Cuántas han perdido a un hijo o a un amigo enfermos de cáncer, después de presenciar cómo su salud se deterioraba día a día, sabiendo que iba a ser muy difícil que se recuperase? Todos los días, miles de personas experimentan el terrible sufrimiento de morir en accidentes o por enfermedades. Sin elección, se separan para siempre de sus seres queridos, que a menudo se quedan solos, desconsolados y afligidos. Imaginemos a una mujer anciana que pierde a su marido, con el que ha compartido casi toda su vida, y que tras el funeral vuelve triste a su casa vacía donde vivirá sola para el resto de sus días.

En el mundo hay millones de personas que sufren los horrores de la guerra y la limpieza étnica, de las bombas, las minas y las masacres. Imaginemos que es nuestro propio hijo quien va a jugar a un campo sembrado de minas y pierde un brazo, una pierna o incluso la vida. Cientos de miles de refugiados viven en campamentos sucios e insalubres esperando regresar algún día a sus hogares bombardeados y reunirse con sus seres queridos, sin saber si estarán vivos o muertos.

Cada año ocurren desastres naturales, como inundaciones, terremotos y huracanes que arrasan comunidades enteras y dejan a sus habitantes sin hogar ni alimentos. En unos segundos, un terremoto puede acabar con la vida de miles de personas, destruir sus casas y reducir ciudades enteras a escombros. Pensemos cómo nos sentiríamos si esto nos ocurriera a nosotros. El hambre y las sequías son endémicas en numerosos países. Millones de personas sobreviven con una dieta mínima de subsistencia, ni siquiera consiguen alimentos para preparar una buena comida al día, y otras más desafortunadas terminan muriendo de hambre. Imaginemos el tormento de ver a nuestros seres queridos morirse lentamente de inanición y no poder hacer nada para ayudarlos. Cuando leemos, vemos o escuchamos las noticias, comprobamos que muchos seres experimentan terribles sufrimientos, y todos conocemos personas que padecen inmensos dolores físicos o mentales.

En particular, podemos pensar en la trágica situación de incontables animales que sufren de calor o frío extremos y hambre y sed intensas. Cada día podemos ver los sufrimientos que padecen. Los animales salvajes viven con miedo constante de ser atacados y muchos de ellos son devorados vivos por depredadores. Pensemos en el pánico y dolor de un ratoncillo atrapado en las garras de un halcón mientras lo despedaza. Innumerables animales están sometidos por el hombre a duras tareas físicas o los utilizan en sus diversiones o para la producción de alimentos y, a menudo, viven en condiciones deplorables hasta que son degollados, troceados y empaquetados para el consumo humano. Los espíritus ávidos y los seres de los infiernos experimentan sufrimientos mucho peores durante períodos de tiempo de inconcebible duración.

También debemos recordar que incluso aquellos que ahora no sufren de manera evidente, padecen otras formas de sufrimiento. En el samsara, todos los seres experimentan el sufrimiento de no lograr que se cumplan sus deseos. Muchas personas ni siquiera pueden colmar los más humildes deseos de disponer de un alojamiento digno, alimentos o compañía y, cuando lo consiguen, tampoco se conforman con lo que tienen y generan nuevos deseos. Cuanto más logramos lo que queremos, más aumenta el apego, y cuanto más apego, mayor insatisfacción. Los deseos de los seres del samsara son inagotables. Nadie en la existencia cíclica ha colmado nunca todos sus deseos, solo quienes superan sus mentes egoístas pueden conseguirlo.

El sufrimiento es el resultado del karma negativo. Si sentimos compasión por aquellos que experimentan los resultados de las acciones perjudiciales que cometieron en el pasado, ¿por qué no sentimos lo mismo por los que están creando las causas para sufrir en el futuro? A largo plazo, el torturador se encuentra en peor situación que la víctima, puesto que su sufrimiento se está iniciando ahora. Si la víctima es capaz de aceptar su dolor sin generar odio, consumirá ese karma negativo sin crear más, por lo que su sufrimiento pronto llegará a su fin. En cambio, el torturador tendrá que permanecer en los infiernos durante muchos eones y, luego, cuando vuelva a renacer como un ser humano, padecerá dolores similares a los que infligió a su víctima. Por esta razón, es apropiado sentir una profunda compasión por estas personas.

Si un niño pone la mano en el fuego y se quema, su madre sentirá compasión por él aunque ya le haya advertido que es muy peligroso. Nadie desea sufrir, pero los seres sintientes, por ignorancia, crean las causas del sufrimiento –las acciones perjudiciales– porque están dominados por las perturbaciones mentales. Por consiguiente, debemos sentir compasión ecuánime por todos los seres sintientes, tanto por aquellos que están creando las causas de sufrimiento, como por los que ya padecen las consecuencias de sus malas acciones. No hay ni un solo ser sintiente que no sea digno de nuestra compasión.

También es posible que nos resulte difícil sentir compasión por las personas ricas, saludables y que disfrutan de buena reputación, porque parece que no tienen ningún dolor manifiesto. No obstante, ellos también padecen mucho sufrimiento mental y les cuesta mantener una mente apacible. Les preocupa su dinero, su cuerpo y su reputación. Al igual que los demás seres del samsara, sufren de odio, apego e ignorancia, y tienen que soportar sin elección los sufrimientos implacables del nacimiento, la vejez, las enfermedades y la muerte una y otra vez, vida tras vida. Además, su riqueza y posesiones carecen por completo de sentido si, por ignorancia, las utilizan solo para crear causas de sufrimiento futuro.

Si a partir del amor que estima a todos los seres sintientes, reflexionamos sobre el ciclo de sufrimientos físicos y mentales que han de experimentar vida tras vida sin cesar, su incapacidad para liberarse del sufrimiento, su falta de libertad y cómo al cometer acciones perjudiciales crean las causas de futuros sufrimientos, generaremos una profunda compasión por ellos. Debemos empatizar con ellos y sentir su dolor con la misma intensidad que sentimos el nuestro. Por último, nos concentramos en generar compasión universal, el deseo sincero de liberar para siempre a todos los seres sintientes del sufrimiento de esta vida y de las incontables vidas futuras. Contemplamos de este modo:

> *Todos los seres experimentan sufrimiento porque tienen renacimientos contaminados. Los seres humanos han de padecer sin elección los terribles sufrimientos propios de nuestra especie por haber obtenido un renacimiento humano contaminado por el veneno interno de las perturbaciones mentales. Del mismo modo, los animales han de experimentar el sufrimiento animal, y los espíritus ávidos y los seres de los infiernos, los propios de sus respectivos reinos. Si los seres sintientes tuvieran que padecer estos sufrimientos durante una sola vida, no sería tan trágico, pero el ciclo del sufrimiento continúa sin fin, vida tras vida.*

Desde lo más profundo del corazón debemos comprenderlo y pensar de este modo:

No puedo soportar el sufrimiento de los innumerables seres, mis madres. Se ahogan en el vasto y profundo océano del samsara, el ciclo de renacimientos contaminados, tienen que experimentar dolores físicos y sufrimientos mentales insoportables tanto en esta vida como en las innumerables vidas futuras. He de liberar para siempre a todos los seres sintientes del ciclo del sufrimiento.

Debemos meditar en esta determinación, que es la compasión universal, con perseverancia y aplicarnos con mucho esfuerzo para cumplir su objetivo.

LA SUPREMA RIQUEZA DE LA COMPASIÓN

Durante el descanso de la meditación, debemos mantener de manera continua el sentimiento de compasión hacia todos los seres sintientes. Cuando nos encontremos con cualquier persona, debemos recordar que está sufriendo y sentir compasión por ella. De este modo, el mero hecho de ver a un ser sintiente será como descubrir un valioso tesoro difícil de encontrar. Esto es así porque la compasión que sentimos al ver a los demás es una riqueza interior suprema que nos proporciona beneficios inagotables tanto en esta vida como en las futuras.

Como ya se ha mencionado, la riqueza externa no puede ayudarnos en vidas futuras, y ni siquiera es seguro que nos vaya a hacer felices en esta, porque a menudo nos produce mucha ansiedad y puede incluso poner nuestra vida en peligro. Los ricos tienen que preocuparse por asuntos que no afectan a los pobres, como, por ejemplo, que les roben, sus inversiones, los tipos de interés y la posibilidad de perder su dinero y posición social. Estas preocupaciones se convierten en una carga muy estresante. Mientras que la mayoría de las personas pueden viajar con libertad, los que poseen grandes fortunas y los famosos tienen que ir acompañados de guardaespaldas y les preocupa que puedan ser secuestrados. Las personas ricas tienen poca libertad o independencia y nunca se sienten completamente relajadas. Cuánto más alto lleguemos en la vida, más profunda será la caída, por lo que es más seguro mantenerse más cerca del suelo.

Por mucho que consigamos mejorar las condiciones externas, nunca podrán proporcionarnos felicidad pura ni protegernos realmente del sufrimiento. En este mundo impuro no existe la verdadera felicidad. En lugar de esforzarnos por adquirir posesiones, es mucho mejor que cultivemos la riqueza interna de la compasión y sabiduría que, a diferencia de la externa, nunca nos va a decepcionar y es seguro que nos proporciona la paz y felicidad que deseamos.

Con destreza, podemos transformar a nuestros amigos en un tesoro de quienes obtener la preciada riqueza del amor, la compasión, la paciencia y demás virtudes. Sin embargo, para conseguirlo, nuestro amor hacia ellos ha de estar libre de apego o, de lo contrario, estará condicionado a su comportamiento y en cuanto hagan algo que no nos complazca, nuestra atracción hacia ellos se convertirá en odio. De hecho, a menudo, los objetos con los que solemos enfadarnos son los amigos y no los enemigos o los desconocidos.

Si nos enfadamos a menudo con nuestros amigos, los convertimos en *maras*. Un mara o demonio obstructor es alguien o algo que interfiere en nuestra práctica espiritual. Nadie es un mara por sí mismo, pero si permitimos que una persona estimule nuestros engaños, como el odio, el apego intenso o la estimación propia, la transformamos en uno. Los maras no tienen por qué tener cuernos o un aspecto terrorífico; alguien que parece ser un amigo, que nos halaga y nos incita a involucrarnos en actividades sin sentido, puede suponer un mayor obstáculo para nuestra práctica espiritual. El que los amigos sean maras o un valioso tesoro depende por completo de nosotros. Si practicamos la paciencia, la compasión y el amor con sinceridad, serán como joyas preciosas, pero si a menudo nos enfadamos con ellos, los convertiremos en maras.

Si descubriéramos un tesoro bajo tierra o ganásemos una gran cantidad de dinero, nos sentiríamos felices y muy afortunados. No obstante, si tenemos en cuenta que los bienes materiales terminan por decepcionarnos y que la riqueza interior de la virtud es muy superior, ¿cuánto más afortunados deberíamos sentirnos cada vez que nos encontremos con otro ser sintiente, que es una fuente de inagotable riqueza interior? Para el practicante compasivo y sincero, el mero hecho de ver a otras personas, hablar con ellas o simplemente recordarlas es como encontrar un tesoro bajo tierra. Cada vez que se encuentra con alguien, aumenta su compasión, e incluso sus actividades diarias, como ir de compras o charlar con los amigos, se convierten en causas para alcanzar la iluminación.

De entre todas las mentes virtuosas, la compasión y la sabiduría son supremas. La compasión purifica la mente, y cuando esta es pura, los objetos que percibimos también lo son. Hay numerosos casos de practicantes espirituales que al sentir una intensa compasión, purificaron sus mentes de las faltas que cometieron en el pasado y que llevaban mucho tiempo obstaculizando su progreso espiritual. Por ejemplo, Asanga, un gran erudito que vivió en la India en el siglo V, se retiró a una cueva en la montaña para meditar y tener una visión de Buda Maitreya. Después de doce años seguía sin conseguirlo y, desanimado, decidió abandonar el retiro. Cuando descendía por la montaña, se encontró con un perro viejo moribundo que yacía en medio del camino con el cuerpo lleno de heridas infestadas de gusanos. Al verlo, Asanga sintió una profunda compasión por todos los seres atrapados en el samsara. Mientras retiraba los gusanos con mucho cuidado de las heridas del perro moribundo, de repente se le apareció Buda Maitreya. Maitreya le dijo a Asanga que había estado a su lado desde el comienzo del retiro, pero que sus impurezas mentales le habían impedido percibirlo. Fue la extraordinaria compasión de Asanga lo que purificó las obstrucciones kármicas que no le permitían ver a Maitreya. En realidad, el perro era su emanación –Maitreya se emanó de tal forma con el propósito de despertar la compasión en Asanga–. De ello podemos comprender cómo los Budas se manifiestan de muchas maneras diferentes para ayudar a los seres sintientes.

Si una persona muere con una mente de compasión pura, con toda seguridad renacerá en una tierra pura, donde no tendrá que volver a padecer los sufrimientos del samsara. El mayor deseo del Bodhisatva Gueshe Chekhaua era renacer en los infiernos para poder ayudar a los seres que sufren allí, pero cuando yacía en su lecho de muerte tuvo la visión de una tierra pura y comprendió que su deseo no se iba a cumplir. ¡En lugar de renacer en un infierno, tuvo que ir a una tierra pura sin elección! Así fue porque su compasión le había purificado la mente hasta el punto de que, para él, los objetos impuros, como los infiernos, habían dejado de existir, y todo era puro. Sin embargo, a pesar de que Gueshe Chekhaua renació en una tierra pura, pudo ayudar a los seres de los infiernos a través de sus emanaciones.

Si nos resulta difícil creer estas historias, es porque no comprendemos la relación que hay entre la mente y los objetos que percibe. Como Milarepa dijo, la mente y sus objetos son en realidad una misma naturaleza, pero debido a la ignorancia creemos que no lo son. Pensamos que el mundo existe «ahí fuera», independiente de nuestra mente, pero, en realidad, los objetos dependen por completo de las mentes que los perciben. El mundo impuro que ahora percibimos solo existe con relación a nuestra mente impura. Cuando la hayamos purificado por completo mediante el adiestramiento en cambiarnos por los demás, en la compasión y en otras virtudes, este mundo impuro desaparecerá y percibiremos un nuevo universo puro. La sensación de que los objetos existen separados de nuestra mente, con su propia naturaleza fija e inherente, proviene de la ignorancia. Cuando comprendamos la verdadera naturaleza de los fenómenos, entenderemos que el mundo es como un sueño, en el sentido de que todo existe como una mera apariencia de la mente. Nos daremos cuenta de que podemos cambiar el mundo en que vivimos con solo cambiar la mente y que si queremos liberarnos del sufrimiento, lo único que tenemos que hacer es purificarla. Una vez que la hayamos purificado, podremos colmar nuestro deseo compasivo de beneficiar a los demás enseñándoles a hacer lo mismo.

Después de contemplar todos estos beneficios de la compasión, hemos de tomar la resolución de aprovechar cualquier oportunidad para cultivarla. Lo más importante es poner en práctica las enseñanzas de la compasión y la sabiduría, por nuestro propio beneficio y el de los demás, porque si no lo hacemos, no serán más que palabras vacías. La naturaleza y las funciones de la sabiduría se exponen en el apartado del adiestramiento en la sabiduría superior del capítulo «Objetos significativos».

La compasión pura es una mente que no puede soportar el sufrimiento de los demás, pero no nos causa depresión. En realidad, la compasión nos llena de energía para trabajar por los demás y completar el camino espiritual por su beneficio.

Destruye la autocomplacencia y evita que nos conformemos con la felicidad superficial que sentimos al satisfacer los deseos mundanos y, en su lugar, nos hace experimentar una profunda paz interior que las circunstancias externas no pueden alterar. Es imposible que en una mente llena de compasión surjan fuertes perturbaciones mentales. Si no tenemos engaños, las circunstancias externas por sí solas no tienen poder para perturbarnos y, por lo tanto, mientras nuestra mente esté gobernada por la compasión, siempre permanecerá apacible. Esta es la experiencia de aquellos que han transformado la compasión limitada que sentían hacia sus seres queridos en una compasión desinteresada por todos los seres sintientes.

El verdadero sentido de la vida humana es cultivar la compasión y la sabiduría, y ayudar a quienes lo necesiten siempre que nos sea posible. Si aumentamos la compasión, estaremos más cerca de alcanzar la iluminación y de colmar nuestros deseos más profundos. ¡Qué gran bondad la de los seres sintientes al ser los objetos de nuestra compasión! ¡Qué valiosos son! Si no quedaran seres que sufren a quienes ayudar, los Budas los tendrían que emanar para nosotros. De hecho, si recordamos la historia de Maitreya y Asanga, comprenderemos que no podemos saber con certeza si las personas a las que ahora intentamos ayudar son o no, en realidad, emanaciones que Buda ha manifestado por nuestro beneficio. La señal de que hemos alcanzado la realización de las meditaciones de estimar a los demás y de la compasión es que cada vez que nos encontramos con una persona, aunque sea alguien que nos esté haciendo daño, sentiremos realmente que hemos encontrado un tesoro muy raro y valioso.

Del mismo modo que el sol disipa las nubes,
podemos cultivar la sabiduría que elimina
todos los engaños de nuestra mente.

El amor que desea la felicidad de los demás

En términos generales, hay tres clases de amor: amor afectivo, amor que estima a los demás y amor que desea la felicidad de los demás, llamado también *amor desiderativo*. Por ejemplo, cuando una madre contempla a sus hijos, siente gran afecto por ellos y considera que son preciosos, aunque otras personas no los perciban de tal modo. Debido a su amor afectivo, siente de manera natural que son especiales e importantes, y este sentimiento es el amor que estima a los demás. Debido a que los ama, desea con sinceridad que sean felices, y este deseo es amor desiderativo. El amor desiderativo surge del amor que estima a los demás, que a su vez nace del amor afectivo. Tenemos que cultivar estas tres clases de amor hacia todos los seres sintientes sin excepción.

CÓMO CULTIVAR EL AMOR QUE DESEA LA FELICIDAD DE LOS DEMÁS

Una vez que hemos adquirido la experiencia de estimar a todos los seres sintientes por medio de la práctica de las instrucciones expuestas con anterioridad, si contemplamos que carecen de felicidad pura, generaremos de manera natural el deseo sincero de guiarlos al estado de la felicidad pura. Este es el amor desiderativo universal.

¿Qué es la felicidad pura? La felicidad pura es la que proviene de una mente apacible. La felicidad que se deriva de los disfrutes mundanos, como comer, beber, las actividades sexuales y la relajación, no es felicidad pura ni verdadera. Es sufrimiento del cambio o una mera disminución del sufrimiento anterior. Por medio de un adiestramiento, podemos cultivar y mantener una mente apacible en todo momento, por lo que siempre seremos felices.

En *Cuatrocientas estrofas*, el gran erudito Aryadeva dice:

«La experiencia de sufrimiento nunca se transformará
por su misma causa,
pero es evidente que la de felicidad sí se transformará
por su misma causa».

Esto significa que, por ejemplo, el sufrimiento producido por el fuego no puede transformarse en felicidad como resultado del mismo fuego; en cambio, la felicidad de que disfrutamos, por ejemplo, al comer, se transforma en sufrimiento con solo seguir comiendo. ¿Cómo es así? Cuando comemos nuestro plato favorito, nos parece delicioso, pero si seguimos comiendo más y más, el placer se convertirá en malestar, repugnancia y, finalmente, en dolor. Esto prueba que la misma causa transforma la experiencia de felicidad en sufrimiento. Comer nos produce felicidad, pero también el sufrimiento de las enfermedades. Esto muestra que los disfrutes mundanos, como comer, no son causas verdaderas de felicidad, lo cual implica que el placer que se deriva de los disfrutes mundanos no es verdadera felicidad. Sin embargo, con las experiencias dolorosas no ocurre lo contrario. Por ejemplo, golpearnos un dedo con un martillo repetidas veces nunca llegará a ser algo placentero porque es una causa verdadera de sufrimiento. Al igual que una causa verdadera de sufrimiento no puede generar felicidad, una causa verdadera de felicidad tampoco puede producir sufrimiento. Puesto que las sensaciones placenteras que nos proporcionan los disfrutes mundanos se convierten en sufrimiento, no pueden ser verdadera felicidad. Cualquier actividad mundana que se realice en exceso, ya sea comer, hacer deporte, las prácticas sexuales o cualquier otro disfrute mundano, terminará siempre en sufrimiento. Por mucho que busquemos la felicidad en los placeres mundanos, nunca la encontraremos. Como se mencionó con anterioridad, disfrutar de los placeres del samsara es como beber agua salada, en lugar de calmarnos la sed, la intensifica. En el samsara nunca podremos decir: «Estoy plenamente satisfecho, no necesito nada más».

Los placeres mundanos no solo no son verdadera felicidad, sino que además son efímeros. Los seres humanos dedican sus vidas a acumular posesiones y lograr una posición social elevada, crear un hogar, una familia y reunir un círculo de amigos, pero al morir lo pierden todo. Aquello por lo que han trabajado tanto desaparece súbitamente y tienen que viajar a la próxima vida solos y con las manos vacías. Desean mantener amistades sólidas y duraderas con otras personas, pero en el samsara esto es imposible. Hasta los amantes más apasionados tienen que separarse tarde o temprano, y cuando se encuentren de nuevo en una vida futura, no se reconocerán. Quizá pensemos que aquellos que disfrutan de buenas relaciones y han logrado cumplir sus ambiciones en esta vida son verdaderamente felices, pero, en realidad, su felicidad es tan frágil como una burbuja de agua. La impermanencia no perdona nada ni a nadie; en el samsara, tarde o temprano nuestros sueños se desmoronarán. Buda dice en los *Sutras del vinaya*:

«La reunión termina en dispersión;
el ascenso, en descenso;
el encuentro, en separación,
y el nacimiento, en la muerte».

La naturaleza del samsara, el ciclo de vidas impuras, es sufrimiento. En esta vida impura, nunca disfrutaremos de felicidad pura a menos que nos adiestremos en la práctica espiritual pura. Buda dijo que vivir en el samsara es como estar sentado en la punta de una aguja, por mucho que cambiemos de postura, no podremos evitar el dolor, y por mucho que intentemos mejorar nuestra situación, siempre estaremos molestos y dolidos.

La felicidad pura proviene de la sabiduría, que, a su vez, deriva de practicar las enseñanzas espirituales puras, conocidas como *Dharma.* Todas y cada una de las prácticas espirituales que se presentan en este libro nos proporcionan la habilidad de cultivar y mantener una mente apacible. Esta paz interior es felicidad pura porque proviene de la sabiduría, no de los disfrutes mundanos. Si poseemos un conocimiento profundo que comprende los grandes beneficios de la práctica espiritual pura, lo cual es sabiduría, es seguro que practicaremos con pureza. Sin esta sabiduría nunca lo haremos, por lo que la sabiduría es la fuente de todas las prácticas espirituales puras. Sin ella somos como la persona que no tiene ojos y no puede ver nada. De igual modo, si no tenemos sabiduría, no podremos comprender los objetos significativos.

En el capítulo de la muerte ya se ha expuesto lo que significa una práctica espiritual pura. ¿Qué es la sabiduría? La sabiduría es un conocimiento profundo que comprende objetos significativos. Todos los objetos de meditación que se exponen en este libro son objetos significativos porque el conocimiento que los comprende llena de sentido nuestra vida presente y las incontables vidas futuras. La felicidad pura tiene muchos niveles. De entre ellos, la suprema es la felicidad de la iluminación. Por esta razón, en esta práctica en la que cultivamos amor desiderativo por todos los seres sintientes, generamos el objeto de meditación tomando la firme resolución de conducirlos a la felicidad pura de la iluminación. Para ello realizamos la siguiente contemplación. Desde lo más profundo del corazón generamos un sentimiento de estima hacia todos los seres sintientes y pensamos:

> *Aunque todos los seres, que se están ahogando en el profundo océano del sufrimiento, buscan la felicidad en todo momento, nunca encuentran la verdadera felicidad. Yo voy a conducirlos a la felicidad pura de la iluminación.*

Meditamos en esta determinación una y otra vez hasta que generemos el deseo espontáneo de conducir a todos los seres sintientes a la felicidad suprema de la iluminación.

La expresión *océano del sufrimiento* encierra un gran significado. El océano del sufrimiento es muy diferente de un océano normal. La naturaleza de todas y cada una de las partes de un océano es agua, mientras que las del océano del sufrimiento es sufrimiento. Un océano de agua tiene unos límites, pero el océano del sufrimiento es infinito. En él se están ahogando todos los seres sintientes; aunque buscan la felicidad día y noche, en el océano del sufrimiento es imposible encontrarla porque no existe en absoluto. Si pensamos sobre ello y lo contemplamos, generaremos el amor que desea la felicidad de los demás, el deseo sincero de conducir a todos los seres sintientes a la felicidad pura de la iluminación. Aunque por lo general se utiliza la expresión *océano del samsara*, si en ocasiones decimos *océano del sufrimiento*, nos llegará más profundo al corazón.

La meditación sobre el amor es muy poderosa. El amor desiderativo se llama también *amor inconmensurable* porque con solo meditar en él recibimos inconmensurables beneficios en esta vida y en las incontables vidas futuras, aunque nuestra concentración no sea muy buena. El gran erudito budista Nagaryhuna enumeró ocho beneficios del amor afectivo y el amor que desea la felicidad de los demás basándose en las enseñanzas de Buda: 1) Si meditamos en el amor afectivo y en el amor que desea la felicidad de los demás durante un momento, acumulamos más méritos o buena fortuna que ofreciendo alimentos tres veces al día a todos los seres hambrientos del mundo.

Cuando damos alimentos a los que tienen hambre, no les estamos proporcionando verdadera felicidad. Esto es así porque la felicidad que experimentamos al comer no es verdadera, sino solo una mera disminución temporal del sufrimiento causado por el hambre. Sin embargo, las meditaciones en el amor afectivo y en el amor que desea la felicidad de los demás nos conducen tanto a nosotros mismos como a los demás al logro de la felicidad pura y permanente de la iluminación.

Los siete beneficios restantes de meditar en el amor afectivo y en el amor que desea la felicidad de los demás son, que en el futuro: 2) recibiremos mucho amor y afecto por parte de otros seres humanos y no humanos; 3) los seres humanos y no humanos nos protegerán de diferentes maneras; 4) seremos felices en todo momento; 5) disfrutaremos siempre de buena salud; 6) las armas, venenos u otros factores dañinos no podrán perjudicarnos; 7) obtendremos todo lo que necesitemos sin esfuerzo, y 8) renaceremos en el cielo supremo de la tierra pura de Buda.

Después de contemplar estos beneficios, hemos de esforzarnos en meditar muchas veces al día en el amor que desea la felicidad de los demás.

El amor es un gran protector, nos ampara del odio, de los celos y del daño que puedan causarnos los espíritus. Cuando Buda Shakyamuni meditaba bajo el Árbol Bodhi, fue atacado por todos los terribles demonios de este mundo, pero su amor transformó sus armas en una lluvia de flores. Al final, nuestro amor se convertirá en el amor universal de un Buda, que tiene la capacidad real de hacer felices a todos los seres sintientes.

La mayoría de las relaciones humanas están basadas en una mezcla de amor y apego. Esto no es amor puro porque surge del deseo de lograr nuestra propia felicidad, apreciamos a otras personas porque nos hacen sentir bien. El amor puro no está mezclado con el apego y nace únicamente del deseo de que los demás sean felices; nunca causa problemas, solo proporciona paz y felicidad tanto a nosotros mismos como a los demás. Debemos erradicar el apego de nuestra mente, pero esto no significa que tengamos que abandonar nuestras relaciones. Hemos de aprender a distinguirlo del amor, reducir poco a poco todo rastro de este engaño en nuestras relaciones y cultivar el amor hasta que sea puro.

Tomar y dar

Con la práctica de tomar y dar podemos seguir mejorando las mentes de amor y compasión. Gracias a esta práctica cultivaremos una bodhichita superior, que es la entrada del camino que nos conduce a la iluminación. Como se ha mencionado con anterioridad, la iluminación es la luz interior de la sabiduría que está libre para siempre de las apariencias equívocas y cuya función es proporcionar paz mental cada día a todos los seres sintientes. Es la fuente de toda felicidad.

Cuando meditamos por primera vez en tomar y dar, no somos capaces, en realidad, de tomar el sufrimiento de los demás ni de darles nuestra felicidad, pero al imaginarlo, estamos adiestrando la mente para poder hacerlo en el futuro. De momento no podemos beneficiar a todos los seres sintientes, pero tenemos el potencial de hacerlo, que es parte de nuestra naturaleza de Buda. Al practicar las meditaciones de tomar y dar con intensa compasión hacia todos los seres sintientes, madurará el potencial de poder beneficiarlos y entonces nos convertiremos en un ser iluminado, un Buda.

En este contexto, *tomar* significa 'tomar sobre uno mismo el sufrimiento de los demás por medio de la meditación'. Al comenzar la práctica de tomar y dar, no debemos preocuparnos demasiado de si es posible realmente aliviar el sufrimiento de los demás solo con el poder de la imaginación. En lugar de ello, hemos de concentrarnos en realizar la práctica con buena motivación, sabiendo que es uno de los métodos supremos para acumular méritos o buena fortuna y mejorar el poder de la concentración. Además, gracias a esta práctica, nuestras acciones se volverán puras y podremos lograr nuestros objetivos con facilidad. Si nos adiestramos con sinceridad, nuestra meditación de tomar y dar se volverá tan poderosa que desarrollaremos la habilidad de tomar directamente el sufrimiento de los demás y de ofrecerles felicidad.

Existen numerosos ejemplos de practicantes realizados que con el poder de su concentración tomaron el sufrimiento de personas con quienes tenían una conexión kármica especial. Hay un relato acerca de un gran erudito y meditador llamado Maitriyogui que tomó el sufrimiento de un perro al que estaban apaleando; como resultado, las heridas de los golpes aparecieron en su cuerpo y no en el del perro. El gran yogui tibetano Milarepa dominaba a la perfección la meditación de tomar y dar. En cierta ocasión, tomó el sufrimiento de un hombre, pero este no se creía que sus dolores hubieran cesado gracias a él. Entonces, para demostrárselo, Milarepa le devolvió los dolores, y cuando se hicieron insoportables, los transfirió a una puerta, que empezó a temblar. Los budistas sinceros creen que cuando su Guía Espiritual está enfermo es porque está tomando el sufrimiento de los demás. Muchos cristianos también creen que Jesús se dejó crucificar para tomar el sufrimiento de los seres humanos. Es muy probable que Jesús estuviese realizando esta práctica cuando estaba en la cruz.

Quizá nos preguntemos, ¿por qué los seres sintientes siguen sufriendo si los Budas y los Bodhisatvas con elevadas realizaciones pueden tomar realmente el sufrimiento de los demás y concederles felicidad? Puesto que los Budas poseen este poder, bendicen constantemente a todos los seres sintientes. Como resultado directo de sus bendiciones, todos y cada uno de ellos, incluidos los animales y los seres de los infiernos, disfrutan de vez en cuando de mentes apacibles, y en esas ocasiones están felices y libres de sufrimiento manifiesto. No obstante, el único modo de que los seres sintientes puedan alcanzar la liberación permanente del sufrimiento es poner realmente en práctica las enseñanzas de Buda. Al igual que un médico no puede curar a su paciente a menos que este tome el medicamento que le ha prescrito, los Budas tampoco pueden sanarnos de la enfermedad interna de los engaños si no tomamos la medicina del Dharma.

Si tenemos las contraventanas de nuestra casa cerradas, aunque brille el sol, apenas entrará la luz, y la casa permanecerá fría y oscura; pero si las abrimos, los cálidos rayos del sol la inundarán. Del mismo modo, aunque el sol de las bendiciones de Buda brilla en todo momento, mientras nuestra mente esté cerrada por la falta de fe, podrán entrar en ella pocas bendiciones y permanecerá fría y oscura; pero si generamos fe intensa, nuestra mente se abrirá y recibiremos de pleno el sol de las bendiciones de los Budas. La fe es la fuerza vital de la práctica espiritual. Necesitamos una fe inalterable en las enseñanzas de Buda, de lo contrario nunca nos esforzaremos en ponerlas en práctica.

TOMAR CON COMPASIÓN

A los seres no humanos, como los animales e incluso los dioses, el sufrimiento solo les causa malestar e infelicidad y no pueden aprender nada de él. En cambio, los seres humanos que han encontrado el Budadharma pueden aprender mucho del sufrimiento. Para nosotros, puede convertirse en un gran estímulo para cultivar la renuncia, la compasión y la bodhichita, y nos anima a realizar una práctica sincera de purificación.

Cuando el maestro budista Yhe Gampopa era joven y laico se casó con una mujer hermosa y era feliz, pero al poco tiempo su esposa enfermó y falleció. Debido al fuerte apego que sentía por ella, Gampopa sufrió intensamente, pero esta pérdida le hizo comprender que la naturaleza del samsara es muerte y sufrimiento, y gracias a ello tomó la decisión de alcanzar la liberación permanente del samsara, el ciclo de vidas impuras, mediante la práctica pura del Dharma. Primero recibió enseñanzas de varios gueshes kadampas y se adiestró en el Lamrim kadam, y luego conoció a Milarepa, que le transmitió las instrucciones del Mahamudra. Gracias a que puso en práctica con sinceridad todas estas enseñanzas, se convirtió finalmente en un gran maestro y condujo a numerosos seres por el camino espiritual. Así pues, podemos ver que para los practicantes de Dharma cualificados, el sufrimiento tiene numerosas buenas cualidades. Para ellos, los sufrimientos del samsara son como el Guía Espiritual que los conduce por el camino hacia la iluminación. Shantideva dice:

«Además, el sufrimiento tiene muy buenas cualidades,
al experimentarlo podemos eliminar el orgullo,
generar compasión por los que están atrapados
en el samsara,
abandonar el mal y deleitarnos en la virtud».

Atisha, el fundador de la tradición kadampa también dice:

«Si, animada por su propio sufrimiento,
una persona desea con sinceridad liberar a los demás
del suyo,
dicho practicante es un ser de capacidad superior».

Si comprendemos las buenas cualidades de nuestro propio sufrimiento, lo cual es sabiduría, debemos generar una gran alegría de tener la oportunidad de hacer la práctica de tomar con compasión.

TOMAR NUESTRO PROPIO SUFRIMIENTO FUTURO

Como preparación para la meditación en sí de tomar el sufrimiento de los demás, podemos tomar nuestro propio sufrimiento futuro. Esta meditación es un poderoso método para purificar las malas acciones o karma negativo que hemos creado, la causa principal de nuestro sufrimiento futuro. Si eliminamos esta causa, no tendremos que experimentar su efecto. Es más importante liberarnos del sufrimiento futuro que del presente, puesto que el primero es infinito, mientras que el segundo lo experimentamos solo en esta vida de corta duración. Por lo tanto, mientras tengamos la oportunidad de purificar las causas de nuestro sufrimiento futuro, hemos de adiestrarnos en tomarlo. Con esta práctica también reduciremos la estimación propia, la causa principal de que nos resulte tan difícil soportar el dolor, y además mejoraremos la paciencia. Cuando por medio de la práctica de aceptar con paciencia nuestro propio sufrimiento, podamos aceptar con alegría las adversidades, nos resultará más fácil tomar el de los demás. De este modo, adquiriremos la habilidad de eliminar nuestro sufrimiento y de beneficiar a los demás. Con este entendimiento generamos la determinación de purificar nuestras acciones perjudiciales tomando ahora sus efectos.

Imaginamos que los sufrimientos futuros que tendremos que experimentar cuando renazcamos como un ser humano, un dios, un semidiós, un animal, un espíritu ávido o un ser infernal, se acumulan bajo el aspecto de humo negro que se disuelve en nuestra mente ignorante de aferramiento propio y estimación propia en el corazón. Pensamos con convicción que nuestra mente ignorante de aferramiento propio y estimación propia queda completamente destruida y que hemos purificado los potenciales perjudiciales de nuestra mente, las causas de todo el sufrimiento futuro. Entonces meditamos en esta creencia durante tanto tiempo como podamos. Repetimos la meditación de tomar nuestro sufrimiento futuro muchas veces, hasta que recibamos señales de que hemos purificado el karma negativo. Al realizar esta meditación sentiremos una alegría que nos animará a generar el deseo sincero de tomar el sufrimiento de los demás con compasión.

También podemos prepararnos para la meditación en sí de tomar el sufrimiento de los demás recitando oraciones. Es muy fácil recitar oraciones y si lo hacemos con un buen corazón y fuerte concentración, son muy poderosas. Con la convicción de que Buda Shakyamuni está frente a nosotros, rezamos la siguiente oración concentrándonos en su significado:

Por lo tanto, ¡oh, compasivo y venerable Guru!, ruego
tus bendiciones
para que todo el sufrimiento, faltas y obstrucciones
de los maternales seres sintientes
maduren ahora mismo en mí.

Al pensar en tomar el sufrimiento de todos los seres sintientes, sentimos alegría y mantenemos este sentimiento especial durante tanto tiempo como podamos. Si repetimos esta oración día y noche, aumentaremos constantemente el deseo sincero de tomar el sufrimiento de los demás. Entonces realizamos la práctica en sí de tomar el sufrimiento de los demás.

BENEFICIOS DE TOMAR EL SUFRIMIENTO DE LOS DEMÁS

La práctica de tomar y dar nos proporciona cuatro beneficios principales. Son métodos poderosos para: 1) purificar el potencial de las acciones perjudiciales que nos hacen padecer graves enfermedades, como el cáncer, 2) acumular una gran cantidad de méritos, 3) madurar nuestro potencial de tener la capacidad de beneficiar a todos los seres sintientes y 4) purificar la mente.

Cuando purifiquemos la mente por medio de las prácticas de tomar y dar, todas las realizaciones espirituales florecerán con facilidad en nuestra mente. Con la contemplación de los cuatro beneficios principales de meditar en tomar y dar, hemos de animarnos a nosotros mismos a practicar estas meditaciones con sinceridad.

Con la práctica de la meditación de tomar el sufrimiento de todos los seres sintientes generaremos una mente muy firme que es capaz de soportar las adversidades con valentía. De momento, nuestra mente es como una herida abierta y nos deprimimos ante la menor dificultad. Con una mente tan débil, incluso las pequeñas dificultades obstaculizan nuestra práctica de Dharma. No obstante, si nos adiestramos en tomar, podremos fortalecer la mente hasta que sea imperturbable. Los gueshes kadampas rezaban para tener una mente tan fuerte como el yunque de un herrero, que no se rompe por mucho que lo golpeen. Necesitamos una mente fuerte y estable que no se perturbe por las dificultades de la vida. Con ella avanzaremos como un héroe o una heroína y nada podrá interferir en nuestro camino hacia la iluminación.

Aquellos que tienen una experiencia profunda de la práctica de tomar pueden colmar con facilidad tanto sus deseos como los de los demás. ¿Por qué? Porque poseen méritos en abundancia y sus deseos son siempre puros y compasivos. Incluso pueden satisfacer sus deseos con el poder de la oración o con solo declarar la verdad.

Existen numerosos relatos de Bodhisatvas que realizaron proezas sobrenaturales con el poder de declarar la verdad. Estas declaraciones son muy poderosas porque están motivadas por la bodhichita, cuyo poder procede de la gran compasión. Cuando yo era un monje joven y vivía en el monasterio de Yhampa Ling, en el oeste del Tíbet, estuve muy enfermo durante unos meses. Cuando el dolor era casi insoportable, mi maestro Gueshe Palden vino a visitarme. Tenía un mala bendecido y a menudo nos contaba lo especial que era, pero nosotros pensábamos que bromeaba. Sin embargo, en esta ocasión, se sentó en mi cama y me dijo: «Si es verdad que el Buda de la Sabiduría, Manyhushri, ha bendecido mi mala, que te cures con rapidez», lo puso sobre mi coronilla y me bendijo. Después de ello me recuperé por completo.

MEDITACIÓN EN SÍ DE TOMAR

Hay dos maneras de adiestrarnos en tomar con compasión. La primera consiste en imaginar que tomamos el sufrimiento de todos los seres en general, y la segunda, que tomamos el de una persona en particular o el de un grupo específico de seres.

Para practicar el primer método, imaginamos que estamos rodeados de todos los maternales seres sintientes, sin excepción. Como señal de buen augurio y para ayudarnos a identificarnos con ellos con facilidad, los visualizamos con aspecto humano, pero hemos de recordar que padecen los sufrimientos característicos del reino donde hayan renacido. No es necesario percibirlos con claridad, basta con tener una imagen aproximada.

Luego, desde lo más profundo del corazón pensamos:

En sus incontables vidas futuras todos estos seres sintientes, mis madres, van a tener que experimentar los tormentos desmesurados de los animales, los espíritus ávidos y los seres de los infiernos, y los sufrimientos inconmensurables de los seres humanos, los semidioses y los dioses vida tras vida, sin cesar. ¡No lo puedo soportar! ¡Qué maravilloso sería si todos los seres sintientes se liberaran para siempre de estos sufrimientos! Que puedan conseguirlo. Voy a trabajar ahora para su liberación.

Pensamos de este modo e imaginamos que el sufrimiento de todos los seres sintientes se acumula bajo el aspecto de humo negro, que se disuelve en la ignorancia del aferramiento propio y la estimación propia en nuestro corazón. A continuación pensamos con convicción que todos los seres sintientes se liberan de manera permanente del sufrimiento y que nuestra ignorancia del aferramiento propio y estimación propia queda totalmente destruida. Meditamos en esta creencia de manera convergente durante tanto tiempo como podamos.

Hemos de practicar esta meditación de manera continua con compasión por todos los seres sintientes hasta que recibamos señales de que nuestra mente se ha purificado. Estas señales pueden ser que nos curamos de una enfermedad, disminuyen nuestros engaños, nuestra mente está más contenta y apacible, mejoran nuestra fe, intención y visión correctas y, en especial, se intensifica nuestra experiencia de la compasión universal.

Es posible que pensemos que la creencia de que los seres sintientes han alcanzado la liberación permanente del sufrimiento gracias a nuestra meditación es incorrecta porque en realidad no la han conseguido. Aunque es cierto que, en realidad, los seres sintientes no han alcanzado la liberación permanente, nuestra creencia es correcta porque surge de la compasión y la sabiduría, y, en particular, del poder de la concentración. Meditar en esta creencia hará madurar con rapidez nuestro potencial de poder liberar para siempre a todos los seres del sufrimiento, de modo que alcanzaremos pronto la iluminación. Por lo tanto, nunca deberíamos abandonar esta creencia tan beneficiosa, cuya naturaleza es sabiduría.

Es cierto que al principio no tenemos el poder de tomar directamente el sufrimiento de los demás, pero si seguimos meditando con la convicción de que lo hacemos, poco a poco lo lograremos. La meditación de tomar es el camino rápido a la iluminación y es similar a la práctica tántrica de traer el resultado al camino, en la que imaginamos con intensidad que ya somos un Buda y, como resultado, de forma gradual nos convertimos en un Buda. Lo cierto es que si ni siquiera somos capaces de imaginar que alcanzamos la iluminación, ¡nunca podremos lograrla! Según las enseñanzas del adiestramiento de la mente, la práctica de tomar y dar es similar a la práctica del mantra secreto o tantra. Se dice que las realizaciones tántricas pueden lograrse simplemente gracias a la creencia correcta y la imaginación. Esta práctica es muy simple, solo tenemos que familiarizarnos en profundidad con la meditación en la creencia correcta y la imaginación tal y como se presenta en el tantra, aplicando esfuerzo de manera continua.

¿Cómo es posible que algo que existe solo en nuestra imaginación se convierta en realidad? La mente posee la extraordinaria cualidad de primero crear objetos con la imaginación y luego convertirlos en una realidad de nuestra vida diaria. De hecho, todo tiene su origen en la imaginación. Por ejemplo, la casa en que vivimos, primero la creó un arquitecto en su imaginación, luego dibujó los planos y realizó el proyecto para que se construyera. Si nadie hubiera imaginado nuestra casa en primer lugar, nunca se habría construido. En realidad, la mente es la creadora de todo lo que experimentamos. Las creaciones externas como el dinero, los coches y los ordenadores, surgieron de la imaginación de alguien; si nadie los hubiera imaginado, nunca se habrían inventado. Del mismo modo, las creaciones internas y las realizaciones de Dharma, incluso la liberación y la iluminación, se generan a partir de la imaginación correcta. Así pues, tanto en el caso de los logros mundanos como en el de las realizaciones espirituales, la imaginación es de primordial importancia.

Si imaginamos un objeto que en teoría podría existir y luego nos familiarizamos con él durante suficiente tiempo, terminará por aparecer en nuestra mente de manera directa, primero en la percepción mental y luego incluso en las sensoriales. Mientras el objeto aún solo sea imaginado, la mente que lo aprehende será una mera creencia. Si el objeto es beneficioso, la creencia será correcta, pero si estimula los engaños, será incorrecta. La creencia es una mente conceptual que aprehende su objeto por medio de una imagen mental o genérica del mismo. Si meditamos en una creencia correcta durante el tiempo suficiente, la imagen genérica se volverá cada vez más transparente hasta que finalmente desaparecerá por completo y percibiremos el objeto de manera directa. En ese momento, el objeto imaginado se convertirá en real. Si meditamos en la creencia beneficiosa de que hemos liberado a todos los seres sintientes y eliminado nuestra estimación propia, finalmente lo lograremos y la creencia correcta se habrá transformado en un conocedor válido, una mente en la que podemos confiar por completo.

El segundo método de adiestrarnos en tomar con compasión consiste en tomar el sufrimiento de ciertas personas o grupos de seres en particular que habitan en los infinitos universos. Por ejemplo, dirigimos nuestra atención hacia todos los seres sintientes que están enfermos, generamos compasión y pensamos:

> *Estos seres sintientes tienen que experimentar los sufrimientos de las enfermedades en esta vida y en sus incontables vidas futuras sin cesar. ¡Qué maravilloso sería si se liberaran para siempre de las enfermedades! Que puedan conseguirlo. Voy a trabajar para lograrlo. Debo hacerlo.*

Pensamos de este modo e imaginamos que el sufrimiento de las enfermedades de todos los seres sintientes se acumula bajo el aspecto de humo negro, que se disuelve en la ignorancia del aferramiento propio y la estimación propia en nuestro corazón. A continuación pensamos con convicción que todos estos seres se liberan para siempre del sufrimiento de las enfermedades y que nuestra ignorancia del aferramiento propio y de la estimación propia queda totalmente destruida. Meditamos en esta creencia de manera convergente durante tanto tiempo como podamos.

Del mismo modo, podemos practicar la meditación de tomar concentrándonos en una persona o en un grupo en particular que estén experimentando otras clases de sufrimientos, como pobreza, guerra o hambre.

Cuando tenemos un problema determinado, como una enfermedad, falta de recursos económicos o emociones perturbadoras, podemos pensar en los innumerables seres que padecen dificultades similares, e imaginar con compasión que tomamos su sufrimiento. Esto nos ayudará a afrontar nuestro problema, y al purificar el karma negativo que lo hace perdurar es posible que incluso logremos eliminarlo. Por ejemplo, si sufrimos de un apego intenso, podemos pensar en todas las personas que padecen este engaño, generar compasión hacia ellas e imaginar que tomamos su apego y el sufrimiento que les causa. Este es un método muy poderoso para eliminar nuestro propio apego.

Tomar con compasión es una mente de inmensa pureza porque no está contaminada por la estimación propia. Cuando nuestra mente es pura, nuestras acciones también lo son y nos convertimos en un ser puro. Si morimos sintiendo una compasión intensa por todos los seres sintientes, renaceremos con toda seguridad en una tierra pura de Buda. Esto se debe a que la compasión que generamos cuando estamos muriendo hace madurar de manera directa el potencial de renacer en una tierra pura de Buda. Este es el efecto beneficioso de tener un buen corazón. Como resultado de mantener el buen corazón que desea con sinceridad liberar para siempre a todos los seres sintientes del sufrimiento, nosotros mismos experimentaremos la liberación permanente del sufrimiento al renacer en una tierra pura de Buda.

Para terminar la sesión de meditación, dedicamos nuestros méritos para que todos los seres sintientes se liberen de sus problemas y sufrimientos y reine una paz duradera en el mundo.

DAR CON AMOR

En este contexto, *dar* significa 'con una mente pura de amor desiderativo ofrecer nuestra felicidad a los demás por medio de la meditación'. Por lo general, en el ciclo de vidas impuras, el samsara, no existe la felicidad verdadera. Como ya se ha mencionado, la felicidad de que normalmente disfrutamos cuando comemos, bebemos, mantenemos relaciones sexuales y demás no es verdadera felicidad, sino una mera disminución de un problema anterior o de la insatisfacción que sentíamos antes.

¿Cómo meditamos en la práctica de dar? En la *Guía de las obras del Bodhisatva*, Shantideva dice [refiriéndose al cuerpo]:

«[...] para que todos los seres sintientes disfruten
de bienestar,
lo transformaré en una joya iluminada que colma
todos los deseos».

Debemos entender y creer que nuestro cuerpo que reside de manera continua, el cuerpo muy sutil, es la verdadera joya que colma todos los deseos; es nuestra naturaleza de Buda y con ella colmaremos nuestros deseos y los de todos los seres sintientes. A continuación, pensamos:

Todos los seres sintientes desean ser felices en todo momento, pero no saben cómo conseguirlo. Nunca disfrutan de verdadera felicidad porque, debido a su ignorancia, acaban con ella al generar engaños como el odio y cometer acciones perjudiciales. ¡Qué maravilloso sería si todos los seres sintientes disfrutaran de la felicidad pura e imperecedera de la iluminación! Que disfruten de esta felicidad. Ahora voy a ofrecer mi felicidad futura de la iluminación a todos y cada uno de los seres sintientes.

Pensando de este modo imaginamos que de nuestro cuerpo que reside de manera continua, ubicado en el corazón, irradiamos infinitos rayos de luz cuya naturaleza es nuestra felicidad futura de la iluminación. Estos rayos alcanzan a todos los seres sintientes de los seis reinos y creemos con firmeza que experimentan la felicidad pura e imperecedera de la iluminación. Meditamos en esta creencia de manera convergente durante tanto tiempo como podamos. Hemos de practicar esta meditación con perseverancia hasta que creamos de forma espontánea que ahora todos los seres sintientes han recibido realmente nuestra felicidad futura de la iluminación.

Si deseamos realizar la meditación de dar con amor de manera más extensa, podemos imaginar que los rayos de luz colman los deseos particulares de todos y cada uno de los seres sintientes. Los seres humanos encuentran entornos y disfrutes puros, un cuerpo y una mente puros y una vida llena de significado. Los animales reciben comida y un refugio seguro y cálido y quedan libres de ser utilizados por los seres humanos para su diversión o trabajo; los espíritus ávidos reciben bebida y alimentos, y se liberan de la pobreza; los seres de los infiernos calientes, reciben una brisa refrescante, y los de los infiernos fríos, cálidos rayos de sol. Los semidioses reciben paz y satisfacción, y se liberan de los problemas de los celos, y los dioses logran una felicidad no contaminada y sus vidas se llenan de significado. Al disfrutar de estos objetos de deseo, todos los seres sintientes quedan plenamente satisfechos y experimentan el gozo no contaminado de la iluminación.

Aunque esta práctica consiste principalmente en familiarizarnos con el deseo de dar, también podemos tomar y dar de manera práctica cuando se nos presente la oportunidad. A nuestro nivel, la concentración no será lo bastante poderosa como para tomar realmente el sufrimiento de los demás, pero a menudo podemos beneficiarlos de manera práctica. Podemos aliviar el dolor de los que padecen enfermedades cuidándolos debidamente y atender a las personas desvalidas que no son capaces de cuidarse a sí mismas. Aceptar las dificultades que surgen al ayudar a los demás es también una manera de dar. Además, podemos ofrecerles ayuda material, nuestro trabajo, habilidades, enseñanzas de Dharma o buenos consejos. Cuando nos encontremos con personas que estén deprimidas y necesiten ánimos, podemos dedicarles nuestro tiempo y amor.

También podemos practicar la generosidad con los animales. Rescatar insectos que se estén ahogando o retirar con suavidad gusanos del camino son ejemplos de dar protección. Incluso dejar a un ratoncillo rebuscar en la papelera de nuestra habitación sin enfadarnos es también una forma de dar. Los animales desean ser felices, igual que nosotros, y necesitan nuestra ayuda incluso más que los humanos. Por lo general, la mayoría de los seres humanos tienen capacidad para ayudarse a sí mismos, pero los animales están tan ofuscados por la ignorancia, que no pueden mejorar su situación. Así como nuestra vida es importante, debemos comprender que la vida de los animales, incluidos los insectos, es también importante. Por lo tanto, debemos dejar de matar insectos y no aplastarlos sin ninguna consideración por su sufrimiento ni respeto por su vida. Los animales han renacido en un estado de existencia inferior al nuestro, pero no por ello debemos pensar que sean menos importantes. Los Budas y Bodhisatvas tienen completa ecuanimidad y estiman a los seres humanos y a los animales por igual.

Al terminar la meditación de dar, dedicamos los méritos para que todos los seres sintientes logren la felicidad verdadera. También podemos hacer dedicaciones especiales, como rezar para que los enfermos recuperen la salud, los pobres obtengan riqueza, los parados encuentren buenos trabajos, los que no tienen éxito lo consigan, los que sufren ansiedad se tranquilicen, etcétera. Gracias al poder de nuestra motivación pura y de las bendiciones del Budadharma, no hay duda de que podemos ayudar a los demás con nuestras oraciones de dedicación, sobre todo si tenemos una fuerte relación kármica con ellos. Dedicar los méritos por el beneficio de los demás es también una forma de dar. Además, podemos practicar la generosidad mentalmente en nuestra vida diaria. Cuando veamos a personas enfermas, pobres, atemorizadas, fracasadas o deprimidas, o leamos sobre ellas en las noticias, debemos aumentar nuestro amor desiderativo y dedicar los méritos para que sean felices y se liberen del sufrimiento.

MONTAR LA PRÁCTICA DE TOMAR Y DAR SOBRE LA RESPIRACIÓN

Cuando nos hayamos familiarizado con las meditaciones de tomar y dar, podemos combinarlas y practicarlas con la respiración. Para ello, comenzamos meditando en el amor y la compasión hacia todos los seres sintientes y generamos la firme determinación de tomar su sufrimiento y darles felicidad pura. Con esta determinación, imaginamos que aspiramos por los orificios nasales el sufrimiento, los engaños y las acciones perjudiciales de todos los seres sintientes en forma de humo negro, que se disuelve en nuestro corazón y elimina por completo nuestra estimación propia. Al exhalar imaginamos que nuestra respiración bajo el aspecto de luz de sabiduría, cuya naturaleza es felicidad pura no contaminada, se propaga por todo el universo. Todos los seres sintientes reciben lo que necesitan y desean, en particular la dicha suprema de la paz interior permanente. Debemos practicar este ejercicio de respiración día y noche, tomando el sufrimiento de los seres sintientes y dándoles felicidad pura con cada respiración, hasta que logremos una experiencia profunda de esta práctica.

Cuando dominamos la meditación de montar tomar y dar sobre la respiración, la respiración se vuelve muy poderosa porque tiene una estrecha relación con la mente. La respiración está relacionada con los aires internos de energía que fluyen por los canales de nuestro cuerpo y sirven como vehículos o monturas para las diferentes clases de mentes. Si utilizamos la respiración para fines virtuosos, purificaremos los aires internos de energía, y cuando fluyan aires puros por nuestros canales, tendremos mentes puras de manera natural.

Numerosos practicantes meditan en la respiración, pero, por lo general, solo se concentran en la sensación que produce el aire al entrar y salir por los orificios nasales. Aunque esto nos ayuda a calmar la mente de manera temporal y a reducir las distracciones, no tiene el poder de transformarla de manera profunda y duradera. No obstante, si combinamos la meditación en la respiración con la práctica de tomar y dar, podremos transformar nuestra mente egocéntrica y depresiva en la mente gozosa y altruista de un Bodhisatva. Con esta práctica mejoramos nuestra concentración, fortalecemos el amor y la compasión, y acumulamos méritos en abundancia. De este modo, transformamos el simple acto de respirar en una poderosa práctica espiritual. Al principio, la realizamos solo en meditación, pero cuando logremos familiaridad con ella, podremos hacerlo en cualquier momento. Si nos familiarizamos en profundidad con esta práctica, nuestra mente terminará por transformarse en la compasión de un Buda.

Meditar en tomar y dar puede ser también muy eficaz para curar enfermedades. Si tomamos las dolencias y el sufrimiento de los demás con compasión, purificaremos el karma negativo que es la causa de que nuestra enfermedad continúe. Aunque siempre es recomendable buscar consejos médicos cuando estemos enfermos, en ciertas ocasiones, no podrán ayudarnos. En el Tíbet hay numerosas historias de personas que se sanaron ellas mismas de enfermedades incurables realizando con sinceridad la meditación de tomar y dar. Había un meditador llamado Kharak Gomchen que contrajo una enfermedad que los médicos no podían curar. Pensando que iba a morir, primero entregó todas sus posesiones como ofrendas a Avalokiteshvara, el Buda de la Compasión, y luego se retiró a un cementerio para aprovechar de manera significativa las pocas semanas que le quedaban de vida dedicándose a la práctica de tomar y dar. No obstante, gracias a esta práctica, purificó el karma que prolongaba su enfermedad y, ante la sorpresa de todos, regresó a su casa completamente sano. Esto nos muestra lo poderosa que puede ser la práctica de tomar y dar.

Si purificamos el karma negativo, podremos curar con facilidad hasta las enfermedades más graves. Mi madre me contó la historia de un monje que había contraído la lepra. Con la esperanza de purificar su enfermedad, hizo una peregrinación al monte Kailash, en el oeste del Tíbet, lugar considerado por los budistas como la tierra pura de Buda Heruka. El monje era muy pobre, y mi madre, al encontrárselo por el camino, le ofreció comida y alojamiento. Fue muy bondadosa con él, porque la mayoría de la gente evitaba el contacto con los leprosos por miedo al contagio. Durante seis meses vivió en las cercanías del monte Kailash, dando vueltas a su alrededor y haciendo postraciones como práctica de purificación. Después de cierto tiempo, cuando dormía cerca de un lago, soñó que muchos gusanos salían de su cuerpo y se sumergían en el agua. Al despertar, se encontró muy bien y luego descubrió que se había curado por completo. De regreso a su casa, visitó a mi madre y le contó lo que le había ocurrido.

Podemos contemplar que desde tiempo sin principio hemos tenido innumerables vidas e incontables cuerpos, pero los hemos desperdiciado todos en actividades sin sentido. Ahora tenemos la oportunidad de aprovechar el cuerpo que tenemos para extraer el máximo significado de nuestra vida utilizándolo para practicar el camino de la compasión y la sabiduría. ¡Qué maravilloso sería para el mundo si muchos practicantes en la actualidad pudieran emular a los meditadores de antaño en el adiestramiento de la mente y convertirse en verdaderos Bodhisatvas!

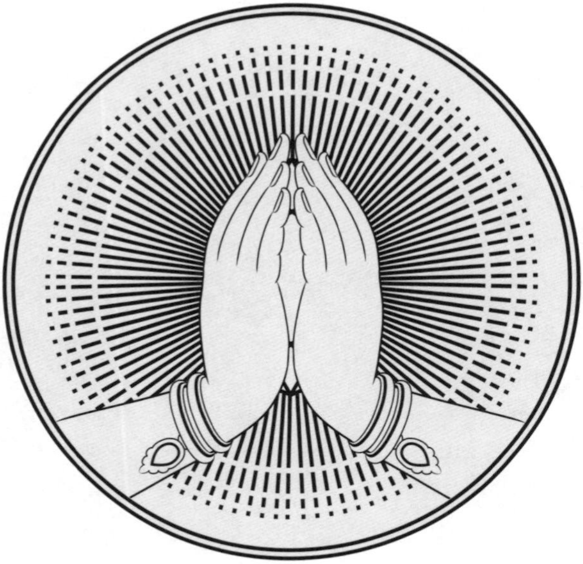

Las manos en postura de oración que sostienen una joya que colma todos los deseos simbolizan que si seguimos el camino espiritual, llegaremos a experimentar la mente completamente pura de la iluminación.

El buen corazón supremo

En este contexto, el buen corazón supremo es la bodhichita. *Bodhi* significa 'iluminación', y *chita*, 'mente'; por lo tanto, el significado literal de *bodhichita* es 'mente de la iluminación', y se define como «la mente motivada por la gran compasión que desea de manera espontánea alcanzar la iluminación para beneficiar a todos los seres sintientes». La bodhichita nace de la compasión, que a su vez surge del amor que estima a los demás. Este amor se puede comparar con un campo; la compasión, con las semillas; tomar y dar, con los métodos supremos para estimular su crecimiento, y la bodhichita, con la cosecha. El amor que estima a los demás que se genera con la práctica de cambiarnos por los demás es más profundo que el que se cultiva con otros métodos y, por lo tanto, la compasión y la bodhichita resultantes son también más profundas. Si tenemos compasión por todos los seres sintientes generada con la práctica de cambiarnos por los demás, la bodhichita surgirá de manera natural. La intensidad de nuestra bodhichita depende por completo de la de nuestra compasión.

De todas las realizaciones de Dharma, la bodhichita es la suprema. Esta mente profundamente compasiva constituye la esencia misma del adiestramiento del Bodhisatva. Generar y mantener el buen corazón de la bodhichita nos capacita para transformar todas las virtudes en el camino hacia la iluminación, solucionar todos nuestros problemas, cumplir nuestros deseos y adquirir el poder necesario para ayudar a los demás de la manera más apropiada y beneficiosa. La bodhichita es el mejor amigo que podemos tener y la cualidad más elevada que podemos generar. En el momento en que generamos la bodhichita nos convertimos en un Bodhisatva, un Hijo o Hija del Buda Vencedor.

Atisha tenía muchos maestros, pero por quién sentía mayor devoción era por Guru Serlingpa. Cada vez que oía su nombre, se postraba. Cuando los discípulos de Atisha le preguntaron por qué respetaba más a Serlingpa que a sus otros maestros, respondió: «Gracias a la bondad de Guru Serlingpa ahora tengo el buen corazón de la bodhichita». Gracias a su bodhichita, Atisha transmitía gran gozo y felicidad a cada persona con quien se encontraba, y todo lo que hacía beneficiaba a los demás.

¿De qué manera soluciona todos nuestros problemas y colma nuestros deseos la mente de bodhichita? Como ya se ha mencionado, los problemas no existen fuera de la mente; son sensaciones desagradables que solo pueden surgir de nuestra estimación propia. Si tuviéramos la compasiva mente de bodhichita, nuestra estimación propia no tendría poder para causarnos problemas. Con este buen corazón supremo seremos felices en todo momento. Además, con la suprema mente altruista de bodhichita, acumularemos méritos en abundancia porque realizaremos todas las acciones por el beneficio de los demás. Con esta acumulación de méritos o buena fortuna, colmaremos nuestros deseos con facilidad, adquiriremos una gran capacidad para beneficiar a los demás y tendremos éxito en todas nuestras actividades de Dharma.

Debemos contemplar los beneficios de la bodhichita hasta que nos sintamos profundamente inspirados y generemos el deseo de cultivar esta preciosa y extraordinaria mente. Para una descripción más extensa de estos beneficios véanse *El camino gozoso de buena fortuna* y *Tesoro de contemplación*.

Ahora tenemos una oportunidad excepcional de generar la mente de bodhichita. Sin embargo, no sabemos cuánto tiempo nos durará esta buena fortuna, y si desperdiciamos esta oportunidad, no volveremos a encontrar otra igual. Si perdiéramos una oportunidad de ganar dinero, conseguir un buen trabajo o una pareja atractiva, probablemente lo lamentaríamos mucho, pero, en realidad, no sería una gran pérdida. Estas circunstancias no son tan difíciles de encontrar, y cuando las conseguimos, no nos proporcionan verdadera felicidad. En cambio, si desperdiciamos la oportunidad excepcional de cultivar este buen corazón, será una pérdida irreparable. Los seres humanos disponen de las mejores condiciones para el crecimiento espiritual, y de las diferentes clases de renacimiento que podríamos haber obtenido, hemos nacido como un ser humano. En la actualidad, muy pocas personas tienen interés en el desarrollo espiritual y, de entre ellas, la mayoría no han encontrado el Budadharma. Si lo pensamos con detenimiento, comprenderemos lo afortunados que somos al tener esta preciosa oportunidad de alcanzar la felicidad suprema de la Budeidad.

CÓMO CULTIVAR LA BODHICHITA

Debemos comprender que por muy intenso que sea nuestro deseo de proteger a todos los seres sintientes, de momento no tenemos la capacidad de hacerlo. Al igual que una persona que se está ahogando no puede salvar a otra en su misma situación por mucho que quiera, nosotros tampoco podremos rescatar a los demás hasta que no nos hayamos liberado del sufrimiento y de las limitaciones de nuestra mente. Si nos preguntamos quién tiene la verdadera capacidad de proteger a todos los seres sintientes, nos daremos cuenta de que solo un Buda puede hacerlo. Solo un ser iluminado está libre de todas las faltas y limitaciones y posee sabiduría omnisciente y la destreza necesaria para ayudar a todos y cada uno de los seres sintientes según sus necesidades e inclinaciones. Solo un Buda ha alcanzado la orilla de la iluminación, y tiene la capacidad de liberar a todos los maternales seres del terrible océano del sufrimiento.

Cuando alcancemos la iluminación de un Buda, podremos beneficiar cada día a todos los seres sintientes concediéndoles bendiciones y a través de innumerables emanaciones. Si reflexionamos sobre ello en profundidad, la bodhichita surgirá de manera natural en nuestra mente. Realizamos la siguiente contemplación:

Deseo liberar a todos los seres sintientes del sufrimiento, pero en el estado en que me encuentro ahora, debido a mis limitaciones, no tengo la capacidad de hacerlo. Puesto que solo un Buda, un ser iluminado, posee esta capacidad, he de alcanzar la Budeidad lo antes posible.

Meditamos en esta determinación, que es bodhichita, de manera convergente una y otra vez hasta que generemos el deseo espontáneo de alcanzar la iluminación para beneficiar cada día a todos y cada uno de los seres sintientes.

Hemos de mantener la preciosa mente de bodhichita en el corazón. Es nuestro Guía Espiritual interno, que nos conduce de manera directa al estado de la felicidad suprema de la iluminación, y es la verdadera gema que colma todos los deseos, con ella podemos cumplir nuestros deseos y los de los demás. No hay intención más beneficiosa que la de esta preciosa mente.

Cuando queremos tomarnos un té, nuestro deseo principal es beberlo, pero para conseguirlo, generamos de manera natural otro deseo, el de encontrar una taza. Del mismo modo, el deseo principal de aquellos que tienen gran compasión es proteger a todos los seres sintientes del sufrimiento, pero para conseguirlo tienen que alcanzar primero la iluminación y, por lo tanto, de manera natural generan el deseo secundario de alcanzarla. Al igual que para tomarnos un té es necesario encontrar una taza, para lograr la meta última de beneficiar a todos los seres sintientes debemos alcanzar la iluminación.

Al principio, nuestra bodhichita será artificial o elaborada y solo surgirá cuando nos esforcemos por generarla. El mejor método para transformarla en la bodhichita espontánea es familiarizarnos con ella en profundidad por medio de una práctica continua. Puesto que la mayor parte del tiempo lo pasamos fuera de la meditación, es de vital importancia que aprovechemos cualquier oportunidad que se nos presente para mejorar nuestro adiestramiento en la bodhichita en la vida cotidiana. Debemos lograr que las sesiones de meditación formal y los descansos se complementen mutuamente. Es posible que durante las sesiones de meditación disfrutemos de mentes apacibles y generemos buenas intenciones, pero si las olvidamos en cuanto dejamos de meditar, no solucionaremos los problemas que nos causan el odio, el apego y la ignorancia, ni progresaremos en nuestro adiestramiento espiritual. Hemos de aprender a integrar la práctica espiritual en las actividades diarias para poder mantener en todo momento, día y noche, los estados mentales apacibles y las intenciones y las creencias puras que cultivamos durante la meditación.

De momento es posible que nuestra meditación y las actividades diarias vayan en direcciones opuestas. En las sesiones de meditación intentamos generar mentes virtuosas, pero como no logramos dejar de pensar en otras actividades, nuestra concentración es muy débil. Los sentimientos virtuosos que conseguimos generar desaparecen con rapidez en el ajetreo de la vida diaria, y regresamos al asiento de meditación cansados, tensos y con la mente llena de distracciones. Podremos solucionar este problema si transformamos nuestras actividades y experiencias cotidianas en el camino espiritual cultivando maneras de pensar especiales. Las actividades como cocinar, trabajar, conversar y relajarnos no son de por sí mundanas, solo lo son cuando las realizamos con una mente mundana. Si realizamos estas mismas acciones con una motivación espiritual, se convertirán en prácticas espirituales puras. Por ejemplo, cuando hablamos con nuestros amigos, por lo general, nuestra motivación está mezclada con la estimación propia, y decimos lo primero que se nos ocurre sin considerar si va a ser beneficioso o no. No obstante, podemos hablar a los demás con el único propósito de beneficiarlos, animarlos a cultivar actitudes positivas y procurar no decir nada que pudiera ofenderlos. En lugar de pensar en cómo impresionar a los demás, debemos pensar en cómo ayudarlos, recordando que están atrapados en el samsara y carecen de felicidad pura. De este modo, hablar con nuestros amigos se convertirá en un método para mejorar las mentes de amor, compasión y otras realizaciones. Si de este modo podemos transformar con destreza todas las actividades diarias, en lugar de estar cansados y sin energía cuando llegue el momento de sentarnos a meditar, nos sentiremos inspirados y dichosos, y nos resultará fácil generar una concentración pura.

Generar la mente de gran compasión, que abarca a todos los seres sintientes, es la causa principal o sustancial para generar la bodhichita, como su semilla. Para que germine esta semilla, debemos reunir además las condiciones favorables de acumular méritos, purificar el karma negativo y recibir bendiciones de los Budas y Bodhisatvas. Si reunimos todas estas causas y condiciones, no será difícil generar la bodhichita. Para colmar los deseos de nuestra mente compasiva de bodhichita, debemos realizar con sinceridad las prácticas de la generosidad, disciplina moral, paciencia, esfuerzo, concentración y sabiduría. Cuando realizamos estas prácticas con la motivación de la bodhichita reciben el nombre de las *seis perfecciones*. En particular, debemos poner mucho esfuerzo en adiestrarnos en la sabiduría que realiza la verdad última, la vacuidad. Hemos de saber que una realización directa de la vacuidad motivada por la bodhichita es la bodhichita última, cuya naturaleza es sabiduría. La bodhichita que se ha expuesto hasta ahora es la convencional y su naturaleza es compasión. Estas dos bodhichitas son como las dos alas de un pájaro y con ellas podemos volar hacia la tierra pura de la iluminación.

La bodhichita última

Cuando meditamos en la verdad última, la vacuidad, con la motivación de la bodhichita, nos estamos adiestrando en la bodhichita última. La verdadera bodhichita última es una sabiduría motivada por la bodhichita que realiza de manera directa la vacuidad. Se denomina *bodhichita última* porque su objeto es la verdad última, la vacuidad, y constituye uno de los caminos principales que conducen a la iluminación.

Si no comprendemos el significado de la vacuidad, carecemos de base para adiestrarnos en la bodhichita última, porque la vacuidad es su objeto. ¿Qué diferencia hay entre vacío y vacuidad? En el budismo, la vacuidad entraña un gran significado. Es la verdadera naturaleza de los fenómenos y es un objeto muy profundo y de gran trascendencia. Si comprendemos de manera directa la vacuidad, alcanzaremos la liberación permanente de todos los sufrimientos de esta vida y de las innumerables vidas futuras; no hay nada con mayor sentido. Por lo tanto, la vacuidad es un objeto que encierra un gran significado; en cambio, un vacío es mero vacío y no tiene especial relevancia. Hay un vacío de existencia inherente, pero no una vacuidad de la existencia inherente porque la existencia inherente no existe.

Yhe Tsongkhapa dijo:

«El conocimiento de la vacuidad es superior a todo
otro conocimiento,

el maestro que enseña la vacuidad sin errores
es superior a todo otro maestro
y la realización de la vacuidad es la esencia misma
del Budadharma».

Si no deseamos realmente tener problemas y sufrimiento, debemos comprender la vacuidad, la ausencia de la entidad propia de las personas y de los fenómenos. El guru de Milarepa, Marpa Lotsaua, dijo:

«En la parte oriental de la India, cerca del río Ganges,
me encontré con el venerable Maitripa y, gracias a su
gran bondad,
comprendí que las cosas que normalmente veo
no existen.
Gracias a ello, todas mis experiencias de problemas
y sufrimiento han cesado».

Hemos de saber que desde tiempo sin principio hemos identificado el yo de manera equívoca. Creemos que el yo que normalmente vemos es nuestro yo. Esta creencia es ignorancia porque el yo que normalmente vemos no existe. Las cosas que normalmente vemos no existen. Esto se explica a continuación de manera detallada. Debido a esta ignorancia generamos y experimentamos diversas clases de apariencias equívocas y, por ello, experimentamos sufrimientos y problemas de todo tipo a modo de alucinaciones a lo largo de esta vida, y de vida en vida, sin cesar. Por otro lado, si identificamos el yo como una mera apariencia que no es otra que la vacuidad de todos los fenómenos, la mera ausencia de todos los fenómenos que normalmente percibimos, nuestra apariencia equívoca se reducirá y finalmente cesará por completo. Entonces experimentaremos la felicidad suprema del nirvana o iluminación.

¿QUÉ ES LA VACUIDAD?

La vacuidad es la forma en que los fenómenos existen en realidad, que es contraria al modo en que los percibimos. De manera natural pensamos que los objetos que vemos a nuestro alrededor, como mesas, sillas, casas, etcétera, son reales porque creemos que existen exactamente del modo en que aparecen. No obstante, la manera en que nuestros sentidos perciben los fenómenos es engañosa y contraria por completo al modo en que existen en realidad. Los objetos parecen existir por su propio lado, sin depender de nuestra mente. Este libro que percibimos, por ejemplo, parece tener su propia existencia independiente y objetiva. Parece estar «fuera», mientras que nuestra mente parece estar «dentro». Tenemos la sensación de que el libro puede existir sin nuestra mente; no creemos que nuestra mente participe en modo alguno en su existencia. Para referirnos a esta clase de existencia independiente de la mente se utilizan varios términos: *existencia verdadera*, *existencia inherente*, *existencia por su propio lado* y *existencia por parte del objeto*.

Aunque los fenómenos aparecen directamente ante nuestros sentidos como si tuvieran existencia verdadera o inherente, en realidad carecen o son vacíos de este tipo de existencia. Este libro, nuestro cuerpo, nuestros amigos, nosotros mismos y todo el universo solo son, en realidad, apariencias mentales, como los objetos que vemos en sueños. Si soñamos con un elefante, este aparece de forma vívida y con todo detalle –podemos verlo, oírlo, olerlo y tocarlo–, pero cuando nos despertamos, nos damos cuenta de que no era más que una apariencia en nuestra mente. No nos preguntamos: «¿dónde está ahora el elefante?» porque sabemos que solo era una proyección de nuestra mente y no existía fuera de ella. Cuando la percepción onírica que aprehende el elefante cesa, este no se va a ningún lugar, sino que simplemente desaparece porque no era más que una apariencia en la mente y no existía fuera de ella. Buda dijo que lo mismo ocurre con todos los demás fenómenos, no son más que meras apariencias mentales que dependen por completo de las mentes que los perciben.

Tanto el mundo onírico como el del estado de vigilia son meras apariencias en la mente que surgen de nuestras concepciones equívocas. Si afirmamos que el mundo onírico es falso, debemos decir que el de la vigilia también lo es; y si afirmamos que este último es verdadero, tenemos que decir que el onírico también lo es. La única diferencia entre ellos es que el mundo onírico es una apariencia en nuestra mente sutil del sueño, mientras que el de la vigilia es una apariencia en nuestra mente burda del estado de vigilia. El mundo onírico solo existe mientras se manifiestan las mentes del sueño en las que aparece, y el del estado de vigilia, mientras se manifiestan las mentes de este estado. Buda dijo: «Debes saber que todos los fenómenos son como sueños». Cuando morimos, nuestras mentes burdas del estado de vigilia se disuelven en nuestra mente muy sutil y el mundo que percibimos cuando estábamos vivos desaparece. El mundo que perciben los demás continúa, pero el nuestro personal desaparece de forma tan rotunda y definitiva como el mundo del sueño de la noche pasada.

Buda también dijo que todos los fenómenos son como ilusiones. Existen diferentes clases de ilusiones, como los espejismos, los arcoíris o las alucinaciones causadas por las drogas. En el pasado había magos que hechizaban a la audiencia y les hacían ver un objeto cualquiera, como un trozo de madera, como algo diferente, por ejemplo, un tigre. Los afectados por el hechizo veían un tigre de verdad y sentían miedo, pero aquellos que llegaban después solo veían un trozo de madera. La característica que comparten todas las ilusiones es que lo que parecen ser no se corresponde con lo que son. Buda comparó todos los fenómenos con ilusiones porque, debido al poder de las impresiones de la ignorancia del aferramiento propio que hemos acumulado desde tiempo sin principio, cualquier objeto que aparece en nuestra mente, de manera natural parece tener existencia verdadera y de modo instintivo aceptamos esta apariencia, cuando en realidad todo es vacío por completo de existencia verdadera. Al igual que un espejismo parece ser agua, pero en realidad no lo es, todos los fenómenos tienen una apariencia engañosa. Al no entender su verdadera naturaleza, nos dejamos engañar por las apariencias y nos aferramos a los objetos, como libros, mesas, cuerpos y mundos, como si tuvieran existencia verdadera. El resultado de aferrarnos a los fenómenos de este modo es que generamos estimación propia, apego, odio, celos y otras perturbaciones mentales, nuestra mente se altera y desequilibra y perdemos la paz mental. Somos como un viajero en el desierto que persigue espejismos hasta extenuarse o como aquel que al anochecer confunde la sombra de los árboles con criminales o animales salvajes que esperan al acecho para atacarle.

LA VACUIDAD DE NUESTRO CUERPO

Para comprender que los fenómenos son vacíos de existencia verdadera o inherente, debemos analizar nuestro propio cuerpo. Cuando nos hayamos convencido de que nuestro cuerpo carece de existencia verdadera, podremos aplicar con facilidad los mismos razonamientos a los demás fenómenos.

En su *Guía de las obras del Bodhisatva*, Shantideva dice:

«Por lo tanto, no hay ningún cuerpo,
pero debido a la ignorancia percibimos un cuerpo
en las manos y demás partes,
al igual que una mente aprehende de manera equívoca
una persona
al mirar hacia un montón de piedras apiladas
al anochecer».

En cierto sentido conocemos bien nuestro cuerpo –sabemos cuándo está sano y cuándo está enfermo, si es atractivo o desagradable, etcétera–. Sin embargo, nunca lo examinamos en profundidad con preguntas como: «¿Qué es en realidad mi cuerpo?, ¿dónde está?, ¿cuál es su verdadera naturaleza?». Si analizamos nuestro cuerpo de este modo, no podremos encontrarlo; en lugar de ello, como resultado de esta búsqueda, nuestro cuerpo desaparecerá. El significado de la primera parte del verso de Shantideva *Por lo tanto, no hay ningún cuerpo* es que si buscamos nuestro cuerpo «verdadero», no hay ningún cuerpo. Nuestro cuerpo solo existe mientras no busquemos un cuerpo verdadero tras su mera apariencia.

Hay dos maneras de buscar un objeto. Un ejemplo de la primera, que podemos denominar *búsqueda convencional*, sería buscar nuestro coche en un aparcamiento. El resultado de esta clase de búsqueda es que lo encontramos en el sentido de que vemos el objeto que todos aceptan que es nuestro coche. Sin embargo, después de haberlo localizado en el aparcamiento, supongamos que todavía no estamos satisfechos con su mera apariencia y decidimos averiguar qué es el coche con exactitud. Entonces, es posible que emprendamos lo que podemos denominar una *búsqueda última* del coche, con la cual intentamos encontrar algo en este objeto que sea el propio objeto. Para ello, nos preguntamos: «¿Es el coche alguna de sus partes individuales?, ¿son las ruedas el coche?, ¿es el motor?, ¿es el chasis?», etcétera. Cuando realizamos una búsqueda última de nuestro coche, no nos conformamos con señalar el capó, las ruedas, etcétera, y decir: «Coche», sino que queremos saber qué es en realidad el coche. En lugar de utilizar solo la palabra *coche* como solemos hacer, queremos saber a qué objeto se refiere esta palabra. Queremos separarlo mentalmente de todo lo que no es el coche para poder decir: «Esto es el coche de verdad». Queremos encontrar un coche, pero en realidad no hay ningún coche; no podemos encontrar nada. En el *Sutra conciso de la perfección de la sabiduría*, Buda dice: «Si buscas tu cuerpo con sabiduría, no podrás encontrarlo». Esto también es cierto con respecto a nuestro coche, nuestra casa y todos los demás fenómenos.

En su *Guía de las obras del Bodhisatva*, Shantideva dice:

«Al analizarlo de este modo,
¿quién vive y quién es el que muere?
¿Qué es el futuro y qué es el pasado?
¿Quiénes son nuestros amigos y quiénes son nuestros
familiares?

A ti que eres como yo, te ruego, por favor,
que comprendas que todos los fenómenos son vacíos
como el espacio».

El significado esencial de estos versos es que cuando buscamos cualquier objeto con sabiduría, no hay ninguna persona que viva o muera, no hay pasado ni futuro, ni tampoco presente, como nuestros amigos y familiares del presente. Debemos saber que todos los fenómenos son vacíos, como el espacio, lo cual significa que hemos de comprender que no son más que vacuidad.

Para comprender la afirmación de Shantideva de que en realidad no hay cuerpo, hemos de realizar una búsqueda última del mismo. Si somos seres ordinarios, percibiremos todos los fenómenos, incluido nuestro cuerpo, como si existieran de manera inherente. Como ya se ha mencionado, los objetos parecen ser independientes de nuestra mente y de otros fenómenos. El universo parece consistir en diferentes objetos que tienen existencia propia. Estos objetos parecen existir por sí mismos en forma de estrellas, planetas, montañas, personas, etcétera, «esperando» a ser percibidos por los seres conscientes. Por lo general, no se nos ocurre pensar que participamos de algún modo en la existencia de estos fenómenos. Por ejemplo, sentimos que nuestro cuerpo existe por su propio lado y que su existencia no depende ni de nuestra mente ni de la de ninguna otra persona. No obstante, si nuestro cuerpo existiera del modo en que lo percibimos de manera instintiva, como un objeto externo en lugar de como una mera proyección de la mente, deberíamos poder señalar hacia él sin apuntar a ningún otro fenómeno y encontrarlo entre sus partes o fuera de ellas. Puesto que no hay una tercera posibilidad, si no podemos hacerlo, debemos concluir que el cuerpo que normalmente percibimos no existe.

No es difícil comprender que ninguna de las partes individuales de nuestro cuerpo es el cuerpo –es absurdo afirmar que la espalda, las piernas o la cabeza son nuestro cuerpo–. Si una de sus partes, por ejemplo, la espalda, fuera nuestro cuerpo, las demás partes también lo serían, lo cual implicaría que tenemos numerosos cuerpos. Además, la espalda, las piernas, etcétera, no pueden ser nuestro cuerpo porque son sus partes. El cuerpo es el poseedor de las partes, y la espalda, las piernas, etcétera, son las partes que posee; y el poseedor y lo poseído no pueden ser lo mismo.

Algunas personas creen que aunque ninguna de las partes individuales del cuerpo es el cuerpo, el conjunto de todas ellas acopladas convenientemente sí lo es. Según estas personas, es posible encontrar nuestro cuerpo por medio de una búsqueda analítica porque consideran que es el conjunto de sus partes. Sin embargo, esta afirmación puede refutarse con numerosas razones válidas. Quizás no comprendamos estos argumentos de inmediato, pero si los contemplamos con detenimiento y una mente calmada y receptiva, nos daremos cuenta de su validez.

Puesto que nuestro cuerpo no es ninguna de sus partes individuales, ¿cómo es posible que sea el conjunto de todas ellas? Por ejemplo, un grupo de perros no puede ser un ser humano porque ninguno de ellos lo es. Puesto que cada uno de los miembros es un «no humano», ¿cómo es posible que este grupo de no humanos se convierta mágicamente en un ser humano? Del mismo modo, el conjunto de las partes del cuerpo no puede ser nuestro cuerpo porque es un conjunto de objetos que no son nuestro cuerpo. Al igual que un grupo de perros sigue siendo solo perros, el conjunto de todas las partes de nuestro cuerpo sigue siendo solo partes del cuerpo; no se convierte por arte de magia en su poseedor, el cuerpo.

Es posible que nos resulte difícil comprender este razonamiento, pero si reflexionamos sobre él durante mucho tiempo con una mente calmada y receptiva, y lo analizamos con otros practicantes que tengan más experiencia, poco a poco lo entenderemos con claridad. También podemos consultar libros de autoridad sobre el tema, como *Nuevo corazón de la sabiduría* y *Océano de néctar*.

Hay otra manera de comprender que nuestro cuerpo no es el conjunto de sus partes. Si pudiéramos señalar al conjunto de las partes del cuerpo y decir que esto, en sí mismo, es nuestro cuerpo, este conjunto sería independiente de los demás fenómenos que no son nuestro cuerpo. Esto implicaría que el conjunto de las partes del cuerpo existe de manera independiente de las mismas, lo cual es claramente absurdo porque entonces podríamos eliminar todas las partes del cuerpo y el conjunto seguiría existiendo. Por lo tanto, podemos concluir que nuestro cuerpo no es el conjunto de sus partes.

Puesto que no podemos encontrar el cuerpo en sus partes, ni como una de ellas ni como el conjunto, la única posibilidad que queda es que sea algo separado de sus partes. En este caso, debería ser posible eliminar física o mentalmente las partes y que el cuerpo siguiera existiendo. Sin embargo, si eliminamos los brazos, las piernas, la cabeza, el tronco y las demás partes del cuerpo, no quedará cuerpo alguno. Esto demuestra que no existe ningún cuerpo separado de sus partes. Debido a la ignorancia, cuando señalamos a nuestro cuerpo lo hacemos solo a una de sus partes, la cual no es nuestro cuerpo.

Hemos agotado todas las posibilidades y no hemos podido encontrar nuestro cuerpo ni entre sus partes ni en ningún otro lugar. No podemos encontrar nada que se corresponda con el cuerpo que normalmente percibimos de forma tan vívida. No nos queda más remedio que darle la razón a Shantideva cuando dice que al buscar nuestro cuerpo, no hay ningún cuerpo que podamos encontrar. Esto demuestra con claridad que el cuerpo que normalmente percibimos no existe. Es casi como si no existiera en absoluto. En realidad, solo podemos decir que nuestro cuerpo existe si estamos satisfechos con su mero nombre *cuerpo*, sin esperar encontrar uno verdadero más allá de esta designación. Si intentamos buscar o señalar el cuerpo verdadero al que se refiere el nombre *cuerpo*, no encontraremos nada en absoluto. En lugar de encontrar un cuerpo con existencia verdadera, percibiremos la mera ausencia del cuerpo que normalmente percibimos. Esta mera ausencia es el modo verdadero en que existe nuestro cuerpo. Comprenderemos que el cuerpo que normalmente percibimos, al que nos aferramos y estimamos, no existe en absoluto. Esta inexistencia del cuerpo que normalmente aprehendemos es la vacuidad de nuestro cuerpo, la verdadera naturaleza de nuestro cuerpo.

El término *naturaleza verdadera* encierra un gran significado. Insatisfechos con la mera apariencia de nuestro cuerpo y con su mero nombre *cuerpo*, lo hemos examinado para descubrir su naturaleza verdadera. El resultado de este análisis es una imposibilidad definitiva de encontrarlo. Donde esperábamos encontrar un cuerpo con existencia verdadera, descubrimos su total ausencia. Esta inexistencia o vacuidad es la naturaleza verdadera de nuestro cuerpo. Aparte de la mera ausencia de un cuerpo con existencia verdadera, nuestro cuerpo no tiene otra naturaleza verdadera, sus otras características forman parte de su naturaleza engañosa o ilusoria. Por lo tanto, ¿por qué pasamos tanto tiempo fijándonos en la naturaleza ilusoria de nuestro cuerpo? Hasta ahora hemos ignorado la naturaleza verdadera de nuestro cuerpo y de los demás fenómenos, y nos hemos concentrado solo en su naturaleza ilusoria; pero el resultado de pensar todo el tiempo en objetos engañosos es que sufrimos perturbaciones mentales y seguimos atrapados en la miserable vida del samsara. Si deseamos disfrutar de felicidad pura, debemos familiarizar nuestra mente con la verdad. En lugar de desperdiciar nuestra energía pensando solo en objetos engañosos y sin sentido, debemos concentrarnos en la naturaleza verdadera de los fenómenos.

Aunque es imposible encontrar nuestro cuerpo al buscarlo mediante una investigación, cuando no lo analizamos, aparece con mucha claridad. ¿Por qué? Shantideva dice que debido a la ignorancia, percibimos nuestro cuerpo en las manos y demás partes del mismo. En realidad, nuestro cuerpo no existe en sus partes. Al igual que al anochecer podríamos ver a un hombre donde hay solo un montón de piedras, a pesar de que allí no haya nadie, nuestra mente ignorante percibe un cuerpo en el conjunto de los brazos, las piernas, etcétera, aunque no haya ninguno. El cuerpo que vemos en el conjunto de los brazos, las piernas, etcétera, no es más que una alucinación de nuestra mente ignorante. No obstante, al no darnos cuenta de ello, nos aferramos a él con intensidad, lo estimamos e intentamos protegerlo de toda incomodidad hasta quedar exhaustos.

Para familiarizar nuestra mente con la naturaleza verdadera del cuerpo debemos aplicar el razonamiento descrito para buscarlo en todos los lugares posibles y, al no encontrarlo, nos concentramos en la vacuidad semejante al espacio que es la mera ausencia del cuerpo que normalmente percibimos. Esta vacuidad semejante al espacio es la naturaleza verdadera de nuestro cuerpo. Aunque es similar al espacio vacío, esta vacuidad encierra un gran significado, que es la total inexistencia del cuerpo que normalmente percibimos, al que nos aferramos con tanta intensidad y hemos estimado durante toda la vida.

Si nos familiarizamos con la experiencia de la naturaleza última, semejante al espacio, de nuestro cuerpo, reduciremos el aferramiento que le tenemos. Como resultado, experimentaremos menos sufrimiento, ansiedad y frustración en relación con nuestro cuerpo. Disminuirán nuestras tensiones físicas, mejorará nuestra salud y, aunque caigamos enfermos, el malestar físico no alterará nuestra mente. Aquellos que poseen una experiencia directa de la vacuidad no sienten dolor aunque los golpeen o reciban un disparo. Puesto que comprenden que la naturaleza verdadera de su cuerpo es como el espacio, si alguien los golpea o dispara, es como si lo hiciera al espacio. Además, las circunstancias externas, sean favorables o desfavorables, ya no los alteran porque comprenden que son como las ilusiones creadas por un mago y no existen fuera de la mente. En lugar de estar dominados por las circunstancias cambiantes como si fueran marionetas, sus mentes permanecen libres y serenas al comprender la naturaleza última e inalterable que comparten todos los fenómenos por igual. De este modo, la persona que realiza directamente la vacuidad, la naturaleza verdadera de los fenómenos, disfruta de paz y felicidad día y noche, vida tras vida.

Es preciso distinguir entre el cuerpo convencional, que sí existe, y el cuerpo con existencia inherente, que no existe; pero no debemos dejarnos engañar por las palabras y pensar que el cuerpo que existe de manera convencional es algo más que una mera apariencia en la mente. Quizá sea más claro decir simplemente que para la mente que percibe de manera directa la verdad, la vacuidad, no hay cuerpo. Este solo existe para la mente ordinaria en la que aparece.

Shantideva nos aconseja que, a menos que deseemos comprender la vacuidad, no analicemos las verdades convencionales, como nuestro cuerpo, posesiones, lugares y amigos, sino que nos sintamos satisfechos con sus meros nombres, como lo hacen las personas corrientes. Cuando una persona corriente conoce el nombre de un objeto y su función, se siente satisfecha y no investiga más. Nosotros debemos hacer lo mismo, a menos que queramos meditar en la vacuidad. Sin embargo, hemos de recordar que si examinamos cualquier fenómeno con detenimiento, no lo encontraremos, puesto que desaparecerá, como un espejismo cuando nos acercamos a él.

Podemos aplicar a los demás fenómenos el mismo razonamiento que hemos utilizado para demostrar la ausencia de existencia verdadera de nuestro cuerpo. Este libro, por ejemplo, parece existir por su propio lado, en algún lugar en sus partes; pero cuando lo analizamos con más detenimiento, descubrimos que no es ninguna de sus páginas ni el conjunto de ellas, aunque sin ellas tampoco habría ningún libro. En lugar de encontrar un libro con existencia verdadera, percibimos una vacuidad que es la ausencia o inexistencia del libro que antes creíamos que existía. Debido a la ignorancia, el libro parece existir separado de nuestra mente, como si la mente estuviera dentro de nosotros, y el libro, fuera, pero al analizar este último, descubrimos que esta apariencia es completamente falsa. No hay ningún libro fuera de la mente. No existe ningún libro «ahí fuera», en las páginas. La única manera en que existe el libro es como una mera apariencia en la mente, una mera proyección suya.

Todos los fenómenos existen por convención, nada existe de manera inherente. Esto ocurre con la mente, con Buda e incluso con la vacuidad misma. Todo es una mera designación de la mente. Todos los fenómenos tienen partes –los físicos tienen partes físicas, y los inmateriales, diversas partes o atributos que se pueden distinguir con el pensamiento–. Si utilizamos el razonamiento anterior, comprenderemos que ningún objeto puede ser una de sus partes, ni el conjunto de ellas ni algo separado de ellas. De este modo podemos comprender la vacuidad de todos los fenómenos, la mera ausencia de todos los fenómenos que normalmente vemos o percibimos.

En particular, resulta muy útil meditar en la vacuidad de los objetos que nos hacen generar fuertes perturbaciones mentales, como el odio o el apego. Por medio de un análisis correcto comprenderemos que ni los objetos que deseamos ni los que nos desagradan existen por su propio lado. Su belleza o fealdad, e incluso su existencia misma, son designadas por la mente. Si pensamos de esta manera, descubriremos que no hay ningún fundamento para sentir odio o apego.

LA VACUIDAD DE NUESTRA MENTE

En su *Adiestramiento de la mente en siete puntos*, después de enseñarnos cómo realizar la meditación analítica sobre la vacuidad de existencia inherente de los fenómenos externos, como nuestro cuerpo, Gueshe Chekhaua nos aconseja que analicemos nuestra propia mente para comprender que también carece de existencia inherente.

Nuestra mente no es una entidad independiente, sino un continuo en constante cambio que depende de numerosos factores, como sus momentos anteriores, los objetos que percibe y los aires internos de energía sobre los que monta. Al igual que los demás fenómenos, nuestra mente es designada sobre un conjunto de numerosos factores y, por lo tanto, carece de existencia inherente. Por ejemplo, una mente primaria o consciencia posee cinco partes o factores mentales: la sensación, el discernimiento, la intención, el contacto y la atención, pero no es ninguno de ellos ni tampoco su conjunto, porque son factores mentales y, por lo tanto, partes de ella. No obstante, tampoco hay ninguna mente primaria que exista separada de estos factores mentales. La mente primaria no es más que una mera designación sobre los factores mentales, que son sus bases de designación y, por lo tanto, no existe por su propio lado.

Cuando hayamos identificado la naturaleza de nuestra mente primaria, es decir, que es un vacío semejante al espacio que percibe o comprende objetos, debemos buscarla entre sus partes –la sensación, el discernimiento, la intención, el contacto y la atención–, hasta que comprendamos que no es posible encontrarla. Esta imposibilidad de encontrar nuestra mente es su naturaleza última o vacuidad. Entonces pensamos:

Todos los fenómenos que aparecen en mi mente tienen la misma naturaleza que la propia mente. La naturaleza de mi mente es vacuidad.

De este modo sentimos que todo se disuelve en la vacuidad. Solo percibimos la vacuidad de todos los fenómenos y meditamos en ella. Esta manera de meditar en la vacuidad es más profunda que la meditación en la vacuidad de nuestro cuerpo. Poco a poco percibiremos la vacuidad con mayor claridad hasta que finalmente alcancemos la sabiduría inmaculada que realiza la vacuidad de todos los fenómenos de manera directa.

LA VACUIDAD DE NUESTRO YO

El objeto al que nos aferramos con más intensidad es nuestro yo. Debido a las impresiones de la ignorancia del aferramiento propio que hemos acumulado desde tiempo sin principio, nuestro yo nos aparece como si tuviera existencia inherente, y la mente de aferramiento propio lo aprehende automáticamente de este modo. Aunque nos aferramos en todo momento al yo con existencia inherente, incluso cuando dormimos, no es fácil reconocer cómo aparece en nuestra mente. Para identificarlo con claridad, comenzamos dejando que se manifieste con intensidad, contemplando situaciones en las que tenemos un sentido exagerado del yo, como cuando nos sentimos abochornados, avergonzados, atemorizados o indignados. Recordamos o imaginamos una situación así sin analizarla ni juzgarla, e intentamos percibir con claridad la imagen mental del yo que aparece de manera espontánea y natural en tales circunstancias. Hemos de tener paciencia porque es posible que necesitemos muchas sesiones de meditación antes de conseguir percibirla con claridad. Llegará un momento en que nos daremos cuenta de que el yo parece ser algo concreto y real, que existe por su propio lado sin depender del cuerpo ni de la mente. Este yo que aparece tan vívido es el yo con existencia inherente al que tanto estimamos. Es el yo que defendemos cuando nos critican y del cual nos enorgullecemos cuando nos alaban.

Cuando tengamos una imagen mental del yo tal y como surge en estas situaciones extremas, intentamos identificar cómo se manifiesta normalmente, en situaciones menos intensas. Por ejemplo, podemos observar el yo que ahora está leyendo este libro e intentar descubrir cómo aparece en la mente. Finalmente comprobaremos que aunque en este caso no sentimos el yo de manera tan intensa, aún lo percibimos como si existiera de forma inherente, por su propio lado y sin depender del cuerpo ni de la mente. Cuando tengamos la imagen de este yo con existencia inherente, nos concentramos en él de manera convergente durante un tiempo. A continuación, seguimos con la siguiente etapa de la meditación, que consiste en contemplar razonamientos válidos que demuestren que el yo con existencia inherente al que nos estamos aferrando, en realidad, no existe. El yo con existencia inherente y el yo que normalmente percibimos es el mismo; hemos de saber que ninguno de los dos existe, y ambos son el objeto que la vacuidad niega.

Si el yo existe tal y como lo percibimos, ha de hacerlo de una de estas cuatro formas: debe ser el cuerpo o la mente o el conjunto del cuerpo y la mente o algo separado de estos dos; no cabe ninguna otra posibilidad. Reflexionamos sobre ello con detenimiento hasta que nos hayamos convencido de que es así. Entonces, examinamos cada una de las cuatro posibilidades:

1) Si el yo fuera el cuerpo, no tendría sentido decir: «Mi cuerpo» porque el poseedor y lo poseído serían lo mismo.

   Si el yo fuera el cuerpo, no habría renacimientos futuros porque dejaría de existir cuando este perece.

   Si el yo y el cuerpo fueran lo mismo, puesto que podemos tener fe, soñar, resolver problemas matemáticos, etcétera, se deduciría que la carne, la sangre y los huesos también podrían hacerlo.

   Puesto que no se cumple ninguna de estas consecuencias, queda claro que el yo no es el cuerpo.

2) Si el yo fuera la mente, no tendría sentido decir: «Mi mente» porque el poseedor y lo poseído serían lo mismo; pero, por lo general, cuando pensamos en nuestra mente, decimos: «Mi mente», lo cual indica con claridad que el yo no es la mente.

   Si el yo fuera la mente, puesto que tenemos numerosos tipos de mentes, como las seis consciencias, mentes conceptuales y mentes no conceptuales, podría deducirse que poseemos tantos yoes como mentes; como esto es absurdo, podemos concluir que el yo no es la mente.

3) Puesto que ni el cuerpo ni la mente son el yo, el conjunto del cuerpo y la mente tampoco puede serlo. Si el conjunto del cuerpo y la mente es un grupo de objetos que no son el yo, ¿cómo puede el conjunto en sí ser el yo? Por ejemplo, en un

rebaño de ovejas no hay ningún animal que sea una vaca y, por consiguiente, el rebaño en sí no es una vaca. De la misma manera, ninguno de los dos elementos que forman el conjunto del cuerpo y la mente es el yo, por lo que el conjunto en sí tampoco puede serlo.

4) Si el yo no es el cuerpo ni la mente ni el conjunto de ambos, la única posibilidad que queda es que sea algo separado del cuerpo y de la mente. En ese caso, deberíamos poder aprehender el yo sin percibir el cuerpo ni la mente; pero si imaginamos que estos dos desaparecen por completo, no quedaría nada que pudiera denominarse *yo*. Por lo tanto, se deduce que el yo no existe separado del cuerpo y la mente.

   Imaginemos que nuestro cuerpo se disuelve de manera gradual en el aire. Luego nuestra mente se desvanece, los pensamientos se los lleva el viento y los sentimientos, los deseos y la consciencia también desaparecen en la nada. ¿Queda algo que sea el yo? Nada en absoluto. De este modo, queda claro que el yo no es algo separado del cuerpo y la mente.

Tras haber examinado las cuatro posibilidades, no hemos conseguido encontrar el yo o entidad de nuestra persona. Puesto que anteriormente concluimos que no había una quinta posibilidad, llegamos a la conclusión de que el yo al que normalmente nos aferramos y estimamos no existe en absoluto. En lugar de percibir el yo con existencia inherente, ahora solo aparece su ausencia. Esta ausencia del yo con existencia inherente es una vacuidad, una verdad última.

Realizamos esta contemplación hasta que aparezca la imagen mental o genérica de la ausencia del yo que normalmente percibimos. Esta imagen es el objeto de la meditación de emplazamiento. Hemos de procurar familiarizarnos por completo con ella, para lo cual debemos meditar continuamente en ella de manera convergente durante tanto tiempo como podamos.

Debido a que desde tiempo sin principio nos hemos aferrado a un yo con existencia inherente y lo hemos querido más que a ninguna otra cosa, la experiencia de no poder encontrarlo en meditación puede resultarnos bastante desconcertante al principio. Algunas personas se asustan creyendo que dejan de existir por completo y otras se llenan de alegría al sentir como si la causa de todos sus problemas se hubiera desvanecido. Ambas reacciones son señales de que nuestra meditación va por buen camino. Al cabo de un tiempo, estas reacciones iniciales disminuirán y nuestra meditación será más estable. Entonces, podremos meditar en la vacuidad de nuestro yo con calma y control.

Debemos dejar que la mente se absorba en el espacio de la vacuidad durante tanto tiempo como podamos. Es importante recordar que el objeto de meditación es la vacuidad, la mera ausencia del yo que normalmente percibimos y no una mera nada. De vez en cuando hemos de observar nuestra meditación con la vigilancia mental. Si la mente se desvía hacia otro objeto o si olvidamos el significado de la vacuidad y nos concentramos en una mera nada, debemos repetir las contemplaciones anteriores para percibir de nuevo la vacuidad del yo con claridad.

Quizás nos preguntemos: «Si el yo que normalmente percibo no existe, entonces, ¿quién está meditando?, ¿quién surgirá de la meditación, hablará con otras personas y contestará cuando pronuncien mi nombre?». Aunque el yo que normalmente percibimos no existe, no significa que el yo no exista en absoluto. Existimos como un mero nombre. Mientras estemos satisfechos con el mero nombre *yo*, no hay ningún problema y podemos pensar: «Yo existo», «Me voy a dar un paseo», etcétera. El problema surge cuando buscamos el yo como algo distinto de su mero nombre. Nuestra mente se aferra a un yo que existe a nivel último, independiente de la designación conceptual, como si hubiera un verdadero yo tras esa denominación. Si ese yo existiera, deberíamos poder encontrarlo, pero ya hemos comprobado por medio de una investigación que no es posible. La conclusión definitiva de esta búsqueda es que no es posible encontrar el yo. Esta imposibilidad de encontrarlo es la vacuidad del yo, su naturaleza última, y el yo que es un mero nombre es el yo que existe. De igual manera, los fenómenos que son mero nombre o mera designación son los fenómenos que existen. No hay yo ni ningún otro fenómeno existente aparte de la mera designación. En verdad, el yo y los demás fenómenos que existen como mera designación son la naturaleza última, no la convencional, del yo y de los demás fenómenos. Al principio resulta difícil comprender estas explicaciones, pero, por favor, sé paciente. Hemos de poner esfuerzo en recibir las poderosas bendiciones del Buda de la Sabiduría Yhe Tsongkhapa con la práctica sincera de la *Gema del corazón*.

Cuando realizamos por primera vez la vacuidad, lo hacemos de manera conceptual, por medio de una imagen genérica. Si seguimos meditando en la vacuidad repetidas veces, la imagen genérica se volverá cada vez más transparente hasta desaparecer por completo y entonces percibiremos directamente la vacuidad. Esta realización directa de la vacuidad será nuestra primera percepción inequívoca o mente no contaminada. Hasta que no realicemos la vacuidad de manera directa, todas nuestras mentes serán percepciones equívocas porque, debido a las impresiones de la ignorancia del aferramiento propio o aferramiento a la existencia verdadera, sus objetos aparecerán como si tuvieran existencia inherente.

La mayoría de las personas se inclinan hacia el extremo de la existencia, pensando que si algo existe, debe hacerlo de manera inherente. Así exageran el modo en que existen los objetos, al no sentirse satisfechos con que sean meros nombres. Otras se inclinan hacia el extremo de la inexistencia, pensando que si los fenómenos no existen de manera inherente, no existen en absoluto, y así exageran su ausencia de existencia inherente. Debemos comprender que aunque los fenómenos carecen por completo de existencia propia, existen de manera convencional como meras apariencias en una mente válida.

Las mentes conceptuales que se aferran al yo y a los demás fenómenos como si tuvieran existencia verdadera son percepciones erróneas y, por lo tanto, hemos de abandonarlas, pero con esto no estoy diciendo que todos los pensamientos conceptuales sean percepciones erróneas y que, por lo tanto, también debamos abandonarlos. Hay muchas mentes conceptuales correctas que resultan útiles en la vida diaria, como las que recuerdan lo que hemos hecho el día anterior o las que saben lo que vamos a hacer mañana. También hay numerosas mentes conceptuales que debemos cultivar en el camino espiritual. Por ejemplo, la bodhichita convencional en el continuo mental de un Bodhisatva es una mente conceptual porque aprehende su objeto, la gran iluminación, por medio de una imagen genérica. Además, para realizar la vacuidad de manera directa con una mente no conceptual, primero hemos de comprenderla por medio de un conocedor válido subsiguiente, que es una mente conceptual. Si contemplamos los razonamientos que refutan la existencia inherente, aparecerá en nuestra mente la imagen genérica de la ausencia o el vacío de esta clase de existencia. Este es el único modo de lograr que la vacuidad aparezca en nuestra mente por primera vez. Luego, debemos meditar en esta imagen con una concentración cada vez más intensa hasta que finalmente percibamos la vacuidad de manera directa.

Algunas personas afirman que meditar en la vacuidad consiste solo en vaciar la mente de todo pensamiento conceptual, y utilizan el argumento de que al igual que las nubes blancas oscurecen el sol tanto como las negras, los pensamientos conceptuales virtuosos oscurecen la mente tanto como los perjudiciales. Este punto de vista es totalmente incorrecto porque si no nos esforzamos en comprender la vacuidad con una mente conceptual, y en lugar de ello intentamos suprimir todos los pensamientos conceptuales, la verdadera vacuidad nunca aparecerá en nuestra mente. Es posible que logremos una experiencia vívida de un vacío semejante al espacio, pero esto solo es una ausencia de pensamientos conceptuales y no la vacuidad, la naturaleza verdadera de los fenómenos. La meditación en este vacío puede calmar la mente de manera temporal, pero nunca eliminará nuestras perturbaciones mentales ni nos liberará del samsara y sus sufrimientos.

LA VACUIDAD DE LOS FENÓMENOS

Todos los fenómenos están incluidos en ocho categorías: producción, desintegración, impermanencia, permanencia, ir, venir, singularidad y pluralidad. Hemos de saber que estos ocho fenómenos que normalmente vemos no existen en realidad porque si los buscamos con sabiduría, desaparecen.

No obstante, estos fenómenos aparecen con claridad debido a otras causas y condiciones. Por ejemplo, las nubes aparecen cuando se reúnen las causas y condiciones atmosféricas apropiadas, y sin estas últimas, no pueden aparecer. El que aparezcan las nubes depende por completo de causas y condiciones sin las cuales no es posible que aparezcan. Lo mismo ocurre con la apariencia de las montañas, los planetas, los cuerpos, las mentes y todos los demás fenómenos. Debido a que su apariencia depende de factores externos a ellos mismos para existir, son vacíos de existencia inherente o independiente y no son más que meras designaciones de la mente.

Para comprenderlo, podemos contemplar las enseñanzas sobre el karma –las acciones y sus efectos–. ¿De dónde proceden nuestras experiencias, tanto agradables como desagradables? En realidad son el resultado de las acciones positivas o negativas que hayamos creado en el pasado. Como resultado de nuestras acciones positivas, aparecen personas amables y atractivas en nuestras vidas, disponemos de buenas condiciones materiales y vivimos en un hermoso lugar; pero debido a nuestras acciones negativas, nos encontramos con personas y situaciones desagradables. Este mundo es el resultado de las acciones creadas de manera colectiva por los seres que habitan en él. Debido a que las acciones tienen su origen en la mente, en particular, en nuestras acciones mentales, podemos deducir que el mundo surge de ella. Esto es similar al modo en que surgen las apariencias que tenemos en sueños. Todos los objetos que percibimos cuando soñamos son el resultado de la maduración de potenciales kármicos en nuestra mente y no existen fuera de ella. Cuando nuestra mente está serena y es pura, maduran impresiones kármicas virtuosas y tenemos apariencias agradables en los sueños, pero cuando está agitada y es impura, se activan las perjudiciales y tenemos pesadillas. Del mismo modo, las apariencias que tenemos mientras estamos despiertos no son más que la maduración de impresiones kármicas virtuosas, perjudiciales o neutras en nuestra mente.

Cuando hayamos comprendido que los objetos funcionales surgen a partir de sus causas y condiciones internas y externas, y que carecen de existencia independiente, con solo percibir la producción de los fenómenos o pensar en ella, recordaremos su vacuidad. Entonces, en lugar de aumentar nuestra sensación de solidez y objetividad de los fenómenos funcionales, comenzaremos a percibirlos como manifestaciones de su vacuidad, con una existencia tan poco concreta como la de un arcoíris que surge del cielo vacío.

Al igual que la producción de los objetos funcionales depende de causas y condiciones, lo mismo ocurre con su cesación. Por lo tanto, ni la producción ni la cesación tienen existencia verdadera. Por ejemplo, si se destruyera nuestro coche nuevo, nos sentiríamos mal porque nos aferramos a él y a su cesación como si tuvieran existencia verdadera; pero si comprendiéramos que nuestro coche no es más que una mera apariencia en la mente, como el coche que aparece en un sueño, su destrucción no nos molestaría. Lo mismo ocurre con todos los objetos de nuestro apego: si comprendemos que tanto estos objetos como sus cesaciones carecen de existencia verdadera, no habrá base alguna para disgustarnos cuando nos separemos de ellos.

Todos los fenómenos funcionales, como el entorno, los disfrutes, el cuerpo, la mente y el yo, cambian momento a momento. Son impermanentes en el sentido de que no duran un segundo momento. Por ejemplo, el libro que lees en este momento no es el mismo que el que leías hace un instante, y puede existir gracias a que este último ha cesado. Cuando comprendamos la impermanencia sutil, es decir, que el cuerpo, la mente, el yo, etcétera, no duran un segundo momento, nos resultará fácil entender que son vacíos de existencia inherente.

Aunque puede que aceptemos que los fenómenos impermanentes carecen de existencia inherente, es posible que pensemos que los permanentes sí que existen de este modo porque no cambian ni surgen de causas y condiciones. No obstante, incluso los fenómenos permanentes, como la vacuidad y el espacio no producido –la mera ausencia de obstrucción física–, son objetos de relación dependiente porque dependen de sus partes, de sus bases [de designación] y de las mentes que los designan y, por lo tanto, no existen de manera inherente. Aunque la vacuidad es una realidad última, no tiene existencia independiente o inherente porque también depende de sus partes, de sus bases [de designación] y de las mentes que la designan. Al igual que una moneda de oro no existe separada del oro del que está hecha, la vacuidad de nuestro cuerpo tampoco existe separada del cuerpo porque es simplemente su ausencia de existencia inherente.

Cuando vamos a algún lugar, pensamos: «Voy» y nos aferramos a la acción de ir como si tuviera existencia inherente. Del mismo modo, cuando alguien nos visita, pensamos: «Viene» y nos aferramos a la acción de venir como si tuviera existencia inherente. Estas dos concepciones son aferramiento propio y percepciones erróneas. Cuando alguien se marcha, sentimos que una persona con existencia verdadera se va realmente, y cuando vuelve, pensamos que una persona con existencia verdadera vuelve realmente. Sin embargo, el ir y el venir de las personas es como la aparición y desaparición de un arcoíris en el cielo. Cuando se reúnen las causas y condiciones para que aparezca un arcoíris, este aparece, y cuando cesan las causas y condiciones para que continúe, desaparece; no obstante, el arcoíris no viene de ningún sitio ni se va a ningún lugar.

Cuando observamos un objeto, como el yo, sentimos con intensidad que es una entidad singular e indivisible, y que su singularidad tiene existencia inherente. Sin embargo, en realidad el yo tiene muchas partes, como las que observan, escuchan, caminan y piensan, o las que son, por ejemplo, una maestra, una madre, una hija o una esposa. El yo es designado sobre el conjunto de todas estas partes. Como en el caso de cada fenómeno individual, es una singularidad, pero esta no es más que una mera designación, al igual que un ejército es meramente designado sobre una colectividad de soldados o un bosque lo es sobre un grupo de árboles.

Cuando percibimos más de un objeto, pensamos que su pluralidad también tiene existencia inherente. No obstante, al igual que la singularidad, la pluralidad no es más que una mera designación de la mente y tampoco existe por parte del objeto. Por ejemplo, en lugar de percibir un grupo de soldados o de árboles de manera individual, podemos considerarlos como un ejército o un bosque, es decir, como un todo o agrupación singular, en cuyo caso estaríamos percibiendo una singularidad en lugar de una pluralidad.

En resumen, la singularidad no existe por su propio lado porque no es más que una mera designación sobre una pluralidad, sus partes. Del mismo modo, la pluralidad no existe por su propio lado porque no es más que una mera designación sobre una singularidad, el conjunto de sus partes. Por lo tanto, la singularidad y la pluralidad no son más que meras designaciones de la mente conceptual y carecen de existencia verdadera. Si comprendemos esto con claridad, no tendremos ningún fundamento para generar odio ni apego hacia los objetos, ya sean singulares o plurales. Normalmente tendemos a generalizar los defectos o cualidades de algunos individuos sobre colectivos más amplios y luego generamos odio o apego en base a, por ejemplo, su raza, religión o país de origen. Contemplar la vacuidad de la singularidad y de la pluralidad nos puede ayudar a reducir este tipo de odio y apego.

Aunque la producción, la cesación, etcétera, existen, no lo hacen de manera inherente. Son nuestras mentes conceptuales de ignorancia del aferramiento propio las que se aferran a su existencia inherente. Estas concepciones se aferran a los ocho extremos: la existencia inherente de la producción, la cesación, la impermanencia, la permanencia, el ir, el venir, la singularidad y la pluralidad. Estos extremos no existen porque son extremos, algo que ha sido creado y exagerado por una creencia equívoca. La mente que cree y se aferra a la producción, la cesación, etcétera, con existencia inherente, es una creencia extrema. Desde tiempo sin principio, vida tras vida, debido a que hemos sostenido esta creencia extrema, hemos experimentado inmensos problemas y sufrimiento sin cesar. Ahora es el momento de acabar con todos estos problemas y sufrimiento para siempre, mediante la comprensión directa de que la producción, la cesación, la impermanencia, la permanencia, el ir, el venir, la singularidad y la pluralidad que normalmente percibimos no existen. Aunque estos extremos no existen, siempre nos aferramos a ellos debido a nuestra ignorancia. Las concepciones que se aferran a estos extremos son la raíz de todas las demás perturbaciones mentales o engaños y, debido a que los engaños nos inducen a realizar acciones contaminadas que nos mantienen atrapados en la prisión del samsara, son también la raíz del samsara, el ciclo de vidas impuras.

La producción con existencia inherente es lo mismo que la producción que normalmente percibimos, y debemos saber que en realidad ninguna de las dos existe. Lo mismo ocurre con los otros siete extremos. Por ejemplo, la destrucción y la cesación con existencia inherente y la destrucción y la cesación que normalmente percibimos son lo mismo, y debemos saber que ninguna de ellas existe. Las mentes que se aferran a estos ocho extremos son nuestro aferramiento propio a los fenómenos. Puesto que es nuestra ignorancia del aferramiento propio la que nos causa problemas y sufrimiento sin fin, cuando la eliminemos de manera permanente por medio de la meditación en la vacuidad de todos los fenómenos, todo el sufrimiento de esta vida y de las vidas futuras cesará para siempre y realizaremos el verdadero significado de la existencia humana.

El tema de los ocho extremos es profundo y requiere aclaraciones detalladas y un amplio estudio. Buda lo expone con detalle en los *Sutras de la perfección de la sabiduría*, y Nagaryhuna, en su comentario a estos sutras titulado *Sabiduría fundamental*, también utiliza numerosos razonamientos profundos y poderosos para establecer que los ocho extremos no existen demostrando que todos los fenómenos carecen de existencia inherente. Por medio de un análisis de las verdades convencionales, establece su naturaleza última y muestra la necesidad de comprender tanto la naturaleza convencional como la última de un objeto para conocerlo por completo.

LA VERDAD CONVENCIONAL Y LA VERDAD ÚLTIMA

Por lo general, todos los fenómenos que existen son o bien una verdad convencional o bien una verdad última, y puesto que la verdad última se refiere solo a la vacuidad, todo lo demás son verdades convencionales. Por ejemplo, objetos como casas, coches y mesas, son verdades convencionales.

Las verdades convencionales son objetos falsos porque la manera en que parecen existir no se corresponde con el modo en que existen. Si una persona se muestra cordial y amable con nosotros, pero su verdadera intención es ganarse nuestra confianza para robarnos, diríamos que es falsa o engañosa porque su verdadera naturaleza es muy distinta de lo que aparenta. Del mismo modo, los fenómenos, como las formas y los sonidos, son falsos porque parecen tener existencia inherente, cuando en realidad carecen por completo de ella. Debido a que la manera en que aparecen no se corresponde con el modo en que existen, se dice que las verdades convencionales son *fenómenos engañosos*. Una taza, por ejemplo, parece existir independiente de sus partes, de sus causas y de la mente que la aprehende, pero en realidad depende por completo de ellas. Debido a que la manera en que aparece en nuestra mente no se corresponde con el modo en que existe, la taza es un objeto falso.

Aunque las verdades convencionales son objetos falsos, existen, porque la mente que percibe de manera directa una verdad convencional es válida –totalmente fidedigna–. Por ejemplo, la consciencia visual que percibe de manera directa una taza sobre una mesa es una mente válida porque no nos engaña –si nos acercamos para tocar la taza, la encontraremos en el lugar donde la vemos–. En este sentido, la consciencia visual que percibe una taza sobre una mesa es diferente de la que confunde el reflejo de una taza en un espejo con una real o la que ve agua cuando se trata de un espejismo. Aunque la taza es un objeto falso, a efectos prácticos, la consciencia visual que la percibe de manera directa es una mente válida y fidedigna. Sin embargo, aunque es una mente válida, es una percepción equívoca en cuanto a que la taza aparece ante ella como si tuviera existencia verdadera. Es válida y fidedigna con respecto a las características convencionales de la taza –su posición, tamaño, color, etcétera–, pero equívoca con respecto a su apariencia.

En resumen, los objetos convencionales son falsos porque aunque parecen existir por su propio lado, en realidad son meras apariencias en la mente, como las cosas que percibimos en sueños. No obstante, cuando soñamos, los objetos oníricos tienen una validez relativa y esto los distingue de los que no existen en absoluto. Supongamos que en un sueño robamos un diamante y luego alguien nos pregunta si lo hicimos nosotros. Aunque el sueño no es más que una creación de nuestra mente, si decimos que sí, estaremos diciendo la verdad, y si lo negamos, estaremos mintiendo. Del mismo modo, aunque, en realidad, el universo entero no es más que una apariencia en la mente, en el contexto de las experiencias de los seres ordinarios podemos distinguir entre verdades relativas y falsedades relativas.

Las verdades convencionales pueden ser burdas o sutiles. Para comprender que todos los fenómenos poseen estos dos niveles de verdad convencional, tomemos el ejemplo de un coche. El propio coche, el coche como fenómeno que depende de sus causas y el coche como fenómeno que depende de sus partes son verdades convencionales burdas del coche. Se dice que son *burdas* porque pueden comprenderse con relativa facilidad. El coche como fenómeno que depende de sus bases de designación es bastante sutil y resulta más difícil de comprender, pero sigue siendo una verdad convencional burda. Las bases de designación del coche son sus partes. Para aprehender un coche, han de aparecer sus partes en nuestra mente o, de lo contrario, no podríamos pensar: «Coche». Por esta razón, las partes constituyen las bases de designación del coche. Decimos: «Veo un coche», pero en realidad lo único que vemos son partes del mismo. Sin embargo, cuando pensamos: «Coche» al ver sus partes, vemos el coche. No hay ningún coche que exista separado de sus partes, y lo mismo ocurre con el cuerpo y demás fenómenos. El coche que existe como una mera designación de la mente es la verdad convencional sutil del coche. Habremos comprendido esta verdad cuando nos demos cuenta de que el coche no es más que una mera designación de una mente válida. No podemos entender las verdades convencionales sutiles sin haber comprendido antes la vacuidad. Cuando comprendamos por completo la verdad convencional sutil, habremos realizado las dos verdades, la convencional y la última.

Si hablamos con rigor, los términos *verdad*, *verdad última* y *vacuidad* son sinónimos porque las verdades convencionales no son verdades reales, sino objetos falsos. Son verdad solo para las mentes de aquellos que no han realizado la vacuidad. La única verdad es la vacuidad porque solo ella existe tal y como aparece. Cuando la mente de un ser sintiente percibe de manera directa verdades convencionales, como objetos materiales, aparecen como si existieran por su propio lado. No obstante, cuando la mente de un Ser Superior, aquel que ha comprendido de manera directa la vacuidad, percibe directamente la vacuidad, no aparece nada más que la vacuidad; esta mente está mezclada por completo con la mera ausencia de fenómenos con existencia inherente. El modo en que la vacuidad aparece en la mente que es un perceptor directo no conceptual se corresponde exactamente con el modo en que existe.

Es importante señalar que aunque la vacuidad es una verdad última, no existe de manera inherente. La vacuidad no es una realidad separada que exista tras las apariencias convencionales, sino la naturaleza verdadera de las mismas. No podemos hablar de la vacuidad por sí sola porque es siempre la mera ausencia de existencia inherente de algo. Por ejemplo, la vacuidad de nuestro cuerpo es la ausencia de existencia inherente de nuestro cuerpo, y sin él como su base, esta vacuidad no podría existir. Debido a que la vacuidad depende siempre de una base, carece de existencia inherente.

En su *Guía de las obras del Bodhisatva*, Shantideva define la *verdad última* como «el fenómeno que es verdad para la mente no contaminada de un Ser Superior». La mente no contaminada es la que realiza la vacuidad de manera directa. Esta mente es la única percepción inequívoca y solo los Seres Superiores la poseen. Debido a que las mentes no contaminadas son totalmente inequívocas, todo lo que perciben de manera directa como verdad es necesariamente una verdad última. En cambio, todo lo que la mente de un ser ordinario, aquel que no ha comprendido la vacuidad de manera directa, percibe directamente como verdadero, no puede ser una verdad última, porque los seres ordinarios solo tienen mentes equívocas, y estas mentes no pueden percibir la verdad de manera directa.

Debido a las impresiones de los pensamientos conceptuales que se aferran a los ocho extremos, todo lo que aparece en las mentes de los seres ordinarios lo hace como si tuviera existencia inherente. Solo la sabiduría de la meditación estabilizada que realiza la vacuidad de manera directa está limpia de las impresiones o máculas de estos pensamientos conceptuales. Esta es la única sabiduría libre de apariencias equívocas.

Cuando un Bodhisatva Superior, aquel Bodhisatva que ha comprendido de manera directa la vacuidad, medita en la vacuidad, su mente se mezcla por completo con ella y no tiene ninguna apariencia de existencia inherente. Adquiere una sabiduría no contaminada, completamente pura, que es la bodhichita última. Sin embargo, cuando surge de la meditación estabilizada, debido a las impresiones del aferramiento propio, los fenómenos convencionales aparecen de nuevo en su mente como si tuvieran existencia inherente, y su sabiduría no contaminada deja de manifestarse de manera temporal. Solo un Buda puede manifestar su sabiduría no contaminada al mismo tiempo que percibe de manera directa las verdades convencionales. Una cualidad exclusiva de los Budas es que su mente realiza en todo momento las dos verdades, la convencional y la última, de manera directa y simultánea. La bodhichita última tiene muchos niveles. Por ejemplo, la que se alcanza con la práctica tántrica es más profunda que la que se logra solo con el camino del sutra, y la que posee un Buda es la suprema.

Cuando por medio de razonamientos correctos comprendamos la vacuidad que es el vacío del primer extremo, el de la producción, nos resultará fácil entender la de los otros siete. Cuando comprendamos la vacuidad que es el vacío de los ocho extremos, habremos entendido la de todos los fenómenos. Después de alcanzar esta realización, hemos de continuar con la contemplación y meditación de la vacuidad de los fenómenos producidos, etcétera, y a medida que nuestra meditación sea más profunda, sentiremos que todos los objetos se disuelven en la vacuidad. Entonces podremos mantener una concentración convergente en la vacuidad de todos los fenómenos.

Para meditar en la vacuidad de los fenómenos producidos, podemos pensar lo siguiente:

> *Mi yo, que nació como un ser humano como resultado de determinadas causas y condiciones, no lo puedo encontrar cuando lo busco con sabiduría en mi cuerpo y mi mente o*

fuera de ellos. Esto demuestra que el yo que normalmente percibo no existe en absoluto.

Después de realizar esta contemplación sentimos que el yo que normalmente aprehendemos desaparece y percibimos una vacuidad semejante al espacio que es la mera ausencia del yo que normalmente vemos. Sentimos que nuestra mente entra en esta vacuidad semejante al espacio y permanece en ella de manera convergente. Esta meditación se denomina *meditación estabilizada en la vacuidad semejante al espacio*.

Al igual que las águilas planean majestuosamente por la inmensidad del cielo sin encontrar obstáculos y mantienen su vuelo con el mínimo esfuerzo, los meditadores avanzados pueden concentrarse en la vacuidad durante mucho tiempo sin apenas esforzarse. Sus mentes planean por la vacuidad semejante al espacio sin que ningún fenómeno los distraiga. Cuando meditemos en la vacuidad debemos emular a estos meditadores. Una vez que hayamos encontrado el objeto de meditación, la mera ausencia del yo que normalmente percibimos, hemos de abandonar el análisis y simplemente dejar que la mente repose en la experiencia de esta vacuidad. De vez en cuando debemos comprobar que no hayamos perdido la apariencia clara de la vacuidad ni el reconocimiento de su significado, pero hemos de hacerlo con cuidado, sin forzar demasiado, para no interrumpir la concentración. Nuestra meditación no debe ser como el vuelo de un pequeño pájaro, que nunca deja de agitar las alas y cambia de dirección sin cesar, sino como el de un águila, que planea con suavidad y solo ajusta la inclinación de las alas de vez en cuando. Si meditamos de este modo, sentiremos que nuestra mente se disuelve en la vacuidad y se funde con ella.

Si lo hacemos bien, el aferramiento propio dejará de manifestarse durante la meditación. En cambio, si dedicamos todo el tiempo a la reflexión y al análisis, sin dejar que la mente se relaje en el espacio de la vacuidad, nunca adquiriremos esta experiencia y la meditación no nos servirá para reducir el aferramiento propio.

Por lo general, hemos de mejorar nuestra comprensión de la vacuidad con un amplio estudio, abordarlo desde diversos ángulos y aplicar diferentes razonamientos. También es importante que nos familiaricemos en profundidad con una meditación completa sobre la vacuidad por medio de una contemplación continua, tras haber comprendido con precisión cómo aplicar los razonamientos que nos conducen a generar la experiencia de la vacuidad. Entonces nos concentramos en la vacuidad de manera convergente e intentamos que nuestra mente se mezcle con ella, como agua vertida en agua.

LA UNIÓN DE LAS DOS VERDADES

En rigor, cuando se habla de la *unión de la verdad convencional y de la verdad última*, en este contexto, la verdad convencional hace referencia solo a la verdad convencional sutil, que las cosas existen como meras apariencias. Esta verdad convencional sutil y la verdad última están en unión, es decir, que son no duales, son un solo objeto. Así pues, la verdad convencional sutil no es en realidad verdad convencional, sino verdad última, un objeto no engañoso. Desde el punto de vista de la verdad, las verdades convencionales no existen; son objetos falsos creados por la mente ignorante de aferramiento propio. Sin embargo, las verdades convencionales existen para los seres ordinarios, que no comprenden la vacuidad, pero no para los Seres Superiores, que la realizan de manera directa.

La instrucción de la unión de las dos verdades –la unión de la apariencia y la vacuidad– es la visión y la intención última de Buda. Cuando recibimos la cuarta iniciación del tantra del yoga supremo, se nos imparte las instrucciones orales de esta unión. Por medio del adiestramiento continuo en esta unión, cuando comprendamos de manera directa la unión de las dos verdades –la unión de la apariencia y la vacuidad–, nos convertiremos en un Buda, un ser iluminado que está completamente libre de las apariencias equívocas sutiles y que tiene la capacidad de beneficiar a todos y cada uno de los seres sintientes cada día a través de sus innumerables emanaciones.

Cuando percibimos algo, como nuestro cuerpo, tanto este como su existencia inherente aparecen de manera simultánea. Esto es una apariencia dual, una apariencia equívoca sutil. Solo los Budas se han liberado de estas apariencias equívocas. El propósito principal de comprender la unión de las dos verdades y de meditar en ella es evitar las apariencias duales, es decir, las apariencias de existencia inherente que surgen en la mente que medita en la vacuidad, y así permitir que nuestra mente se disuelva en ella. Cuando lo consigamos, nuestra meditación en la vacuidad tendrá mucha fuerza para eliminar las perturbaciones mentales. Si identificamos de manera correcta el cuerpo con existencia inherente –el que normalmente percibimos–, lo negamos y meditamos en su mera ausencia con fuerte concentración, sentiremos que se disuelve en la vacuidad. Entonces comprenderemos que la naturaleza verdadera de nuestro cuerpo es vacuidad y que no es más que una manifestación de la misma.

La vacuidad se puede comparar con el cielo, y nuestro cuerpo, con su color azul. Al igual que el color azul es una manifestación del cielo y no puede separarse de él, nuestro cuerpo no es más que una manifestación de su vacuidad y no puede separarse de ella. Si lo comprendemos, cuando nos fijemos en la vacuidad de nuestro cuerpo, sentiremos que este se disuelve en su naturaleza última. De este modo podremos eliminar con facilidad la apariencia convencional de nuestro cuerpo durante la meditación y nuestra mente se fundirá con la vacuidad de manera natural.

En el *Sutra del corazón*, Avalokiteshvara dice: «La forma no es otra que la vacuidad». Esto significa que los fenómenos convencionales, como nuestro cuerpo, no existen separados de su vacuidad. Si meditamos en la vacuidad de nuestro cuerpo con este entendimiento, sabremos que la vacuidad que aparece en nuestra mente es la naturaleza misma de nuestro cuerpo y que aparte de ella no hay ningún cuerpo. Si meditamos de este modo, reduciremos mucho el aferramiento propio. Si adquirimos la firme convicción de que la naturaleza de nuestro cuerpo y la de su vacuidad es la misma, es seguro que nuestro aferramiento propio se debilitará.

Aunque podemos clasificar la vacuidad desde el punto de vista de sus bases y hablar de la vacuidad del cuerpo, la del yo, etcétera, en realidad, la naturaleza de todas las vacuidades es la misma. Si observamos diez botellas, podremos distinguir un espacio diferente dentro de cada una de ellas, pero en realidad, la naturaleza de todos los espacios es la misma, y si rompemos las botellas, no será posible distinguirlos. Del mismo modo, aunque podemos hablar de la vacuidad del cuerpo, la de la mente, la del yo, etcétera, la naturaleza de todas ellas es la misma y no se pueden diferenciar. La única manera de distinguirlas es por sus bases convencionales.

Al comprender que la naturaleza de todas las vacuidades es la misma, obtendremos dos beneficios principales: durante las sesiones de meditación nuestra mente se fundirá con la vacuidad con mayor facilidad, y en los descansos podremos percibir que todas las apariencias son por igual manifestaciones de su vacuidad.

Mientras sintamos que nuestra mente y la vacuidad están separadas, que nuestra mente está «aquí», y la vacuidad, «allí», no conseguiremos que se fundan. La comprensión de que todas las vacuidades tienen una misma naturaleza, nos ayudará a reducir esta distancia. En la vida diaria experimentamos muchos objetos diferentes –buenos, malos, agradables, desagradables–, que nos producen diferentes sensaciones. Debido a que nos parece que las diferencias entre ellos existen por parte del objeto, nuestra mente no es ecuánime y generamos apego hacia los objetos agradables, aversión hacia los desagradables e indiferencia hacia los neutros. Es muy difícil fundir una mente tan desequilibrada con la vacuidad. Para ello, debemos comprender que aunque los fenómenos aparecen con muchos aspectos diferentes, en esencia todos son vacíos. Las diferencias que vemos no son más que percepciones de las mentes equívocas; desde el punto de vista de la verdad última, todos los fenómenos son iguales en la vacuidad. Para un meditador cualificado que se concentra de manera convergente en la vacuidad, no hay diferencia entre la producción y la cesación, la impermanencia y la permanencia, el ir y el venir, la singularidad y la pluralidad; todo es igual en la vacuidad, y los problemas causados por el apego, el odio y la ignorancia del aferramiento propio desaparecen. Para aquel que disfruta de esta experiencia, todo es apacible y cómodo, equilibrado y armonioso, gozoso y maravilloso. No hay calor ni frío, ni alto ni bajo, ni aquí ni allí, ni yo ni los demás, y tampoco hay samsara, todo es igual en la paz de la vacuidad. Esta realización se denomina *yoga de igualar el samsara y el nirvana*, y se describe con detalle tanto en los sutras como en los tantras.

Puesto que la naturaleza de todas las vacuidades es la misma, la naturaleza última de la mente que medita en la vacuidad es la misma que la de su objeto. Al principio, cuando meditamos en la vacuidad, esta aparece como un fenómeno separado de nuestra mente, pero cuando comprendemos que la naturaleza de todas las vacuidades es la misma, sabemos que esta sensación de separación no es más que la experiencia de una mente equívoca. En realidad, nuestra mente y la vacuidad, a nivel último, tienen el mismo sabor. Si aplicamos este conocimiento en las meditaciones, nos resultará más fácil eliminar la apariencia de la naturaleza convencional de nuestra mente y dejar que la mente se disuelva en la vacuidad.

Después de fundir nuestra mente con la vacuidad, al surgir de la meditación percibiremos que todos los fenómenos son por igual manifestaciones de su vacuidad. En lugar de pensar que los objetos agradables, desagradables y neutros que percibimos tienen diferencias inherentes, comprenderemos que en esencia su naturaleza es la misma. Del mismo modo que las olas del mar, tanto las más grandes como las más pequeñas, están compuestas por igual de agua, las formas atractivas y repulsivas son manifestaciones por igual de la vacuidad. Al comprenderlo, disfrutaremos de una mente equilibrada y apacible. Reconoceremos todas las apariencias convencionales como el juego mágico de la mente y no nos aferraremos con tanta intensidad a sus aparentes diferencias.

En cierta ocasión, cuando Milarepa impartía enseñanzas sobre la vacuidad a una mujer, comparó la verdad última con el cielo, y las verdades convencionales, con las nubes, y le dijo que meditase en el cielo. La mujer siguió sus instrucciones con mucho éxito, pero le surgió un problema: cuando meditaba en el cielo de la vacuidad, todo desaparecía y no podía entender cómo los fenómenos pueden existir a nivel convencional. Entonces, le dijo a Milarepa: «Me resulta fácil meditar en el cielo, pero no consigo entender cómo existen las nubes; por favor, enséñame a meditar en ellas». Milarepa respondió: «Si puedes meditar en el cielo de manera correcta, las nubes no serán un problema, porque simplemente aparecen en el cielo, de él surgen y en él se disuelven. A medida que mejores tu experiencia del cielo, irás comprendiendo las nubes de manera natural».

En tibetano, la palabra *namkha* significa 'cielo' y también 'espacio', aunque estos dos objetos no sean lo mismo. Hay dos clases de espacio: producido y no producido. El espacio producido es aquel que podemos ver, por ejemplo, en una habitación o en el cielo. Este espacio se vuelve oscuro por la noche y luminoso durante el día y, puesto que está sometido a cambios de este modo, es un fenómeno impermanente. La característica principal del espacio producido es que no obstruye objetos físicos. Por ejemplo, si hay espacio en una habitación, podemos colocar objetos en ella sin obstrucción. Del mismo modo, los pájaros pueden volar por el espacio del cielo porque carece de obstrucción, mientras que no pueden hacerlo a través de una montaña. Por lo tanto, el espacio producido carece o es vacío de contacto obstructor. Esta mera ausencia o mero vacío de contacto obstructor es el espacio no producido.

Debido a que el espacio no producido es la mera ausencia de contacto obstructor, no cambia momento a momento y, por lo tanto, es un fenómeno permanente. Mientras que el espacio producido es visible y resulta bastante fácil de comprender, el no producido es una mera ausencia de contacto obstructor y es más sutil. Sin embargo, cuando hayamos comprendido el espacio no producido nos resultará más fácil entender la vacuidad.

La única diferencia entre la vacuidad y el espacio no

producido es su objeto de negación. El objeto de negación del espacio no producido es el contacto obstructor, mientras que el de la vacuidad es la existencia inherente. Puesto que el espacio no producido es la mejor analogía para comprender la vacuidad, se utiliza a menudo en los Sutras y en muchas otras escrituras. El espacio no producido es un fenómeno negativo no afirmante, es decir, un fenómeno que la mente comprende con la mera eliminación de un objeto de negación sin aprehender ningún fenómeno positivo. El espacio producido es un fenómeno afirmante o positivo, es decir, un fenómeno que la mente comprende sin eliminar de manera explícita un objeto de negación. Para una descripción más detallada de estas dos clases de fenómenos véanse *Nuevo corazón de la sabiduría* y *Océano de néctar*.

LA PRÁCTICA DE LA VACUIDAD EN NUESTRAS ACTIVIDADES DIARIAS

En los Sutras, Buda dice que todos los fenómenos son como ilusiones. En este contexto, *todos los fenómenos* significa 'todos los fenómenos que normalmente vemos o percibimos'. Así pues, el verdadero significado del Sutra es que hemos de saber que todos los fenómenos que normalmente vemos o percibimos son como ilusiones. Aunque las ilusiones creadas por un mago aparecen con claridad, en realidad no existen. Del mismo modo, aunque los fenómenos que normalmente vemos o percibimos aparecen con claridad, en realidad no existen. Aunque percibamos todos los objetos como si tuvieran existencia inherente, hemos de recordar que estas apariencias son engañosas y que, en realidad, los fenómenos que normalmente percibimos no existen. En el *Sutra rey de las concentraciones*, Buda dice:

«Las creaciones de un mago,
como caballos, elefantes y demás objetos,
en realidad no existen,
has de entender todos los objetos del mismo modo».

Los dos últimos versos de esta estrofa significan que al igual que sabemos que los caballos y elefantes creados por el mago no existen, debemos saber que todos los fenómenos que normalmente percibimos, tampoco existen en realidad. En este capítulo «La bodhichita última», se ha expuesto con detalle que todos los fenómenos que normalmente percibimos no existen.

Cuando un mago crea un caballo ilusorio, aparece con claridad en su mente, pero el mago sabe que no es más que una ilusión. De hecho, la apariencia misma del caballo le recuerda que en realidad frente a él no hay ningún caballo. Del mismo modo, cuando tengamos mucha familiaridad con la vacuidad, el hecho mismo de que los objetos parezcan tener existencia inherente nos recordará que no es así. Por lo tanto, hemos de reconocer que todo lo que percibimos en la vida diaria es como una ilusión y carece de existencia inherente. De este modo, nuestra sabiduría aumentará día a día y nuestra ignorancia del aferramiento propio y demás perturbaciones mentales irán disminuyendo de manera natural.

Durante los descansos de la meditación debemos ser como un actor. Cuando un actor interpreta el papel de un rey, se viste, habla y actúa como un rey, pero sabe en todo momento que, en realidad, no lo es. Del mismo modo, hemos de vivir y actuar en el mundo convencional, pero debemos recordar siempre que nosotros mismos, las personas que nos rodean y el entorno que normalmente percibimos no existen en absoluto.

Si pensamos de este modo, podremos vivir en el mundo

convencional sin aferrarnos a él. No daremos tanta importancia a las cosas y tendremos flexibilidad mental para responder de manera constructiva en todas las situaciones. Si sabemos que todo lo que percibimos es una mera apariencia, cuando veamos objetos atractivos, no nos aferraremos a ellos ni sentiremos apego, y cuando nos encontremos con objetos desagradables, tampoco nos aferraremos a ellos ni sentiremos odio o aversión.

En el texto *Adiestramiento de la mente en siete puntos*, Gueshe Chekhaua dice: «Considera que todos los fenómenos son como sueños». Algunos de los objetos que percibimos en sueños son agradables, y otros, desagradables, pero todos son meras apariencias en nuestra mente del sueño. No existen por su propio lado y son vacíos de existencia inherente. Lo mismo ocurre con los objetos que percibimos cuando estamos despiertos, también son meras apariencias en la mente y carecen de existencia inherente.

Todos los fenómenos carecen de existencia inherente. Cuando vemos un arcoíris, parece que ocupa un determinado lugar en el espacio y que si nos acercamos a él, lo encontraremos donde toca el suelo. Sin embargo, sabemos que, por mucho que busquemos, nunca encontraremos el principio del arcoíris, ya que al llegar al lugar donde vimos que tocaba el suelo, desaparece. Si no lo buscamos, el arcoíris aparece con claridad, pero cuando lo hacemos, desaparece. Todos los fenómenos son así. Si no los analizamos, aparecen con claridad, pero cuando los buscamos mediante un análisis, tratando de aislarlos de todo lo demás, no están ahí.

Si un fenómeno existiera de manera inherente, al analizarlo e intentar separarlo de los demás, podríamos encontrarlo. No obstante, todos los fenómenos son como el arcoíris, si los buscamos, nunca los encontraremos. Al principio es normal que esta manera de pensar nos parezca desconcertante y difícil de aceptar, pero si nos familiarizamos con ella, nos irá pareciendo más razonable y finalmente entenderemos que es verdad.

Es importante comprender que la vacuidad no es lo mismo que la nada. Aunque los objetos no existen por su propio lado, independientes de la mente, sí que existen en el sentido de que son percibidos por una mente válida. El mundo que experimentamos en el estado de vigilia es similar al que percibimos durante el sueño. No podemos decir que los objetos de los sueños no existan, pero si creemos que son algo más que meras apariencias de la mente, es decir, que existen «ahí fuera», nos estaremos equivocando y nos daremos cuenta de ello cuando despertemos.

Como se ha mencionado con anterioridad, no hay mejor método para disfrutar de paz interior y felicidad que comprender la vacuidad y meditar en ella. Puesto que el aferramiento propio nos mantiene atrapados en la prisión del samsara y es la causa de todo nuestro sufrimiento, la meditación en la vacuidad es la solución universal a todos nuestros problemas. Es la medicina que cura todas las enfermedades físicas y mentales, y el néctar que nos proporciona la felicidad imperecedera del nirvana y la iluminación.

UN ADIESTRAMIENTO SENCILLO EN LA BODHICHITA ÚLTIMA

Comenzamos pensando lo siguiente:

Debo alcanzar la iluminación para beneficiar a todos y cada uno de los seres sintientes cada día. Para ello he de alcanzar una realización directa del modo en que los fenómenos existen en realidad.

Con esta motivación de bodhichita realizamos la siguiente contemplación:

Por lo general, veo mi cuerpo en sus partes –las manos, la espalda, etcétera–, pero ninguna de estas partes individuales ni el conjunto de ellas son mi cuerpo porque son partes del cuerpo y no el cuerpo en sí. Sin embargo, no hay ningún cuerpo separado de sus partes. Al buscar mi cuerpo con sabiduría de este modo, comprendo que es imposible encontrarlo. Esta es una razón válida para demostrar que mi cuerpo que normalmente percibo no existe en absoluto.

Por medio de esta contemplación intentamos percibir la mera ausencia del cuerpo que normalmente percibimos. Esta mera ausencia es la vacuidad de nuestro cuerpo y meditamos en ella de manera convergente durante tanto tiempo como podamos.

Hemos de practicar esta contemplación y meditación con perseverancia, y luego avanzar a la siguiente etapa, la meditación en la vacuidad del yo. Para realizar la contemplación pensamos de este modo:

Por lo general, percibo el yo en mi cuerpo y mi mente, pero ninguno de los dos ni el conjunto de ambos son el yo porque son mis posesiones y yo soy el poseedor; y el poseedor y lo poseído no pueden ser lo mismo. Sin embargo, no hay un yo separado de mi cuerpo y mente. Al buscar el yo con sabiduría de este modo, comprendo que es imposible encontrarlo. Esta es una razón válida para demostrar que el yo que normalmente veo no existe en absoluto.

Por medio de esta contemplación intentamos percibir la mera ausencia del yo que normalmente vemos. Esta mera ausencia es la vacuidad del yo y meditamos en ella de manera convergente durante tanto tiempo como podamos.

Hemos de practicar esta contemplación y meditación con perseverancia, y luego avanzar a la siguiente etapa, la meditación en la vacuidad de todos los fenómenos. Para realizar la contemplación pensamos de este modo:

> *Al igual que ocurre con mi cuerpo y el yo, también es imposible encontrar los demás fenómenos cuando los busco con sabiduría. Esta es una razón válida para demostrar que los fenómenos que normalmente veo o percibo no existen en absoluto.*

Por medio de esta contemplación intentamos percibir la mera ausencia de todos los fenómenos que normalmente vemos o percibimos. Esta mera ausencia es la vacuidad de todos los fenómenos y hemos de meditar una y otra vez en ella de manera convergente con la motivación de bodhichita hasta que logremos mantener nuestra concentración con claridad durante un minuto cada vez que meditemos en ella. La concentración que posee esta capacidad se denomina *concentración del emplazamiento de la mente.*

En la segunda etapa, con la concentración del emplazamiento de la mente hemos de meditar con perseverancia en la vacuidad de todos los fenómenos hasta que podamos mantener la concentración con claridad durante cinco minutos cada vez que meditemos en ella. La concentración que posee esta capacidad se denomina *concentración del emplazamiento continuo.* En la tercera etapa, con la concentración del emplazamiento continuo hemos de meditar repetidas veces en la vacuidad de todos los fenómenos hasta que podamos recordar de inmediato el objeto de concentración, la mera ausencia de todos los fenómenos que normalmente vemos o percibimos, cada vez que lo perdamos en meditación. La concentración que posee esta capacidad se denomina *concentración del reemplazamiento.* En la cuarta etapa, con la concentración del reemplazamiento hemos de meditar con perseverancia en la vacuidad de todos los fenómenos hasta que podamos mantener la concentración con claridad sin olvidarla en ningún momento de la sesión de meditación. La concentración que posee esta capacidad se denomina *concentración del emplazamiento cercano.* En esta etapa tenemos una concentración muy clara y estable enfocada en la vacuidad de todos los fenómenos.

Luego, con la concentración del emplazamiento cercano hemos de meditar con perseverancia en la vacuidad de todos los fenómenos hasta que finalmente alcancemos la concentración de la permanencia apacible enfocada en la vacuidad, la cual nos produce un gozo y una flexibilidad física y mental especiales. Con esta concentración de la permanencia apacible generaremos una sabiduría especial que realiza la vacuidad de todos los fenómenos con mucha claridad. Esta sabiduría se denomina *visión superior.* Si meditamos con perseverancia en la concentración de la permanencia apacible asociada a la visión superior, nuestra sabiduría de la visión superior se transformará en la sabiduría que realiza la vacuidad de todos los fenómenos de manera directa. Esta realización directa de la vacuidad es la verdadera bodhichita última. En el momento en que alcanzamos la sabiduría de la bodhichita última nos convertimos en un Bodhisatva Superior. Como ya se ha mencionado, la naturaleza de la bodhichita convencional es compasión, y la de la bodhichita última, sabiduría. Estas dos bodhichitas son como las dos alas de un pájaro con las que podemos volar y alcanzar con rapidez el reino de la iluminación.

En *Consejos de corazón*, Atisha dice:

> «Amigos míos, hasta que alcancéis la iluminación, el Maestro Espiritual es indispensable; por lo tanto, confiad en vuestro sagrado Guía Espiritual».

Hasta que alcancemos la iluminación necesitamos apoyarnos en nuestro Guía Espiritual. La razón de ello es muy sencilla. La meta última de la vida humana es alcanzar la iluminación, y para ello necesitamos recibir continuas bendiciones especiales de Buda a través de nuestro Guía Espiritual. Buda alcanzó la iluminación con la única intención de guiar a todos los seres sintientes por las etapas del camino a la iluminación con sus emanaciones. ¿Quién es esta emanación que nos guía por las etapas del camino a la iluminación? Está claro que es nuestro maestro espiritual que ahora nos guía correctamente y con sinceridad por los caminos de la renuncia, la bodhichita y la visión correcta de la vacuidad al impartirnos estas enseñanzas y mostrar un ejemplo práctico de alguien que se adiestra en ellas de corazón. Con esta comprensión debemos creer con firmeza que nuestro Guía Espiritual es una emanación de Buda y generar y mantener fe profunda en él o ella.

Atisha también dijo:

> «Hasta que realicéis la verdad última, la escucha es indispensable; por lo tanto, escuchad las instrucciones de vuestro Guía Espiritual».

Aunque por error viéramos dos lunas en el cielo, esta percepción incorrecta nos recordaría que en realidad solo hay una. Del mismo modo, cuando aparecen las cosas que normalmente vemos, su misma apariencia nos recuerda que no existen. Gracias a este entendimiento, dejaremos de aferrarnos a ellas. Si somos capaces de hacerlo, es una clara indicación de que nuestra comprensión de la vacuidad es cualificada. Hasta que nuestro entendimiento de la vacuidad sea cualificado, y para evitar que generemos aferramiento propio, hemos de escuchar, leer y practicar las instrucciones de nuestro Guía Espiritual.

Si practicamos con fuerte retentiva y vigilancia mental las instrucciones descritas sobre cómo dejar de aferrarnos a los objetos que normalmente vemos, es seguro que disminuirá nuestro aferramiento propio. Como resultado, con toda certeza se reducirán los problemas cotidianos y finalmente nuestro aferramiento propio cesará para siempre. Todos los problemas y sufrimientos de esta vida y de nuestras incontables vidas futuras cesarán para siempre. Mientras dispongamos de esta preciosa vida humana, tendremos la oportunidad de lograr este objetivo. Nunca deberíamos permitirnos desperdiciar esta preciosa oportunidad.

Las contemplaciones y meditaciones que se presentan en este libro deben practicarse junto con las prácticas preliminares para la meditación presentadas en el apéndice 1: *Oración liberadora* y *Oraciones para meditar*. Con estas prácticas preliminares podremos purificar nuestra mente, acumular méritos y recibir bendiciones de los seres iluminados, y así nos aseguraremos de que nuestra práctica de meditación produzca buenos resultados. Para una exposición más detallada sobre cómo confiar en nuestro Guía Espiritual, véase *El camino gozoso de buena fortuna.*

Dedicación

Que gracias a las virtudes que he acumulado al escribir este libro, todos los seres sean felices y se liberen del sufrimiento. Que tengan la oportunidad de practicar las enseñanzas contenidas en *Cómo transformar tu vida* y que alcancen la paz interior suprema de la iluminación.

Apéndice 1:

Oración liberadora

ALABANZA A BUDA SHAKYAMUNI

y

Oraciones para meditar

BREVES ORACIONES PREPARATORIAS
PARA LA MEDITACIÓN

Oración liberadora

ALABANZA A BUDA SHAKYAMUNI

¡Oh, Ser Bienaventurado, Shakyamuni Buda!,
precioso tesoro de compasión,
que concedes la paz interior suprema.

Tú, que amas a todos los seres sin excepción,
eres la fuente de toda felicidad y bondad,
y nos guías por el camino liberador.

Tu cuerpo es una gema que colma todos los deseos,
tu palabra, el néctar purificador supremo,
y tu mente, el refugio de todos los seres sintientes.

Con las manos juntas en señal de respeto, a ti me dirijo,
amigo supremo y fiel,
y te suplico desde lo más profundo de mi corazón:

Por favor, concédeme la luz de tu sabiduría
para disipar la oscuridad de mi mente
y sanar mi continuo mental.

Aliméntame con tu bondad
para que pueda ofrecer a los demás
un banquete de continuos deleites.

Gracias a tu compasiva intención,
tus bendiciones y obras virtuosas,
y mi sincero deseo de confiar en ti,

que todo el sufrimiento desaparezca de inmediato,
que disfrutemos de alegría y felicidad,
y el Dharma sagrado florezca sin cesar.

Colofón: Esta oración ha sido compuesta por el venerable Gueshe Kelsang Gyatso Rimpoché y traducida bajo su compasiva guía. Se recita antes de comenzar cualquier enseñanza, meditación u oración en los centros de budismo kadampa de todo el mundo.

Oraciones para meditar

BREVES ORACIONES PREPARATORIAS
PARA LA MEDITACIÓN

Refugio

Yo y todos los seres sintientes nos refugiamos en Buda,
el Dharma y la Sangha
hasta que alcancemos la iluminación. (x3, x7, x100 o más)

Generación de bodhichita

Que por los méritos que acumule con la práctica de la
generosidad y otras perfecciones,
alcance el estado de Buda para poder beneficiar a todos los
seres sintientes. (x3)

Generación de los cuatro deseos inconmensurables

Que todos los seres sean felices,
que todos los seres se liberen del sufrimiento,
que nadie sea desposeído de su felicidad,
que todos los seres logren ecuanimidad, libres de odio
y de apego.

Visualización del campo de méritos

Al igual que la luna llena está circundada de estrellas,
ante mí en el espacio se halla Buda Shakyamuni rodeado
de todos los Budas y Bodhisatvas.

Oración de las siete ramas

Respetuosamente me postro con cuerpo, palabra y mente,
os presento ofrendas materiales e imaginadas,
confieso mis malas acciones del pasado,
y me regocijo de las virtudes de los Seres Superiores y
ordinarios.
Por favor, permaneced junto a nosotros hasta el fin del
samsara,
y girad la Rueda del Dharma a los seres migratorios.
Dedico todas las virtudes para la gran iluminación.

Ofrecimiento del mandala

Os ofrezco esta base con flores y ungida de incienso,
con el Monte Meru, los cuatro continentes, el sol y la luna,
percibida como una tierra pura de Buda.
Que todos los seres puedan disfrutar de una tierra pura.

Aceptad, por favor, los objetos de mi apego, odio e
ignorancia,
mi amigo, enemigo y desconocido, así como mi cuerpo
y posesiones,
que sin sentimiento de pérdida os ofrezco.
Y bendecidme para que me libere de los tres venenos
mentales.

IDAM GURU RATNA MANDALAKAM NIRIATAYAMI

Oración de las etapas del camino

Bendecidme para que comprenda
que generar fe sincera en el bondadoso maestro espiritual,
fuente de toda virtud, es la raíz del camino,
y así le siga siempre con gran devoción.

Bendecidme para que comprenda
que este excelente renacimiento humano dotado de libertad
es muy valioso y difícil de conseguir,
y así dedique el día y la noche a extraer su esencia.

Mi cuerpo es frágil como una burbuja en el agua,
rápidamente decae y se destruye.
Y así como la sombra siempre sigue al cuerpo,
el resultado de mis acciones proseguirá a la muerte.

Con este entendimiento firme en la memoria
bendecidme para que, con extrema cautela,
evite siempre la mínima acción indebida
y acumule virtud en abundancia.

Los placeres del samsara son ilusorios,
no producen satisfacción sino tormentos.
Por ello, bendecidme para que solo me esfuerce
en lograr el gozo sublime de la liberación.

Bendecidme para que, con gran cuidado y atención,
inducido por este pensamiento puro,
mantenga el *pratimoksha*, la raíz de la doctrina,
como mi práctica esencial.

Al igual que yo, todos los maternales seres
están hundidos en el océano del samsara.
Bendecidme para que me adiestre en la bodhichita
y pueda liberar pronto a todos los seres.

Pero si solo cultivo esta mente
sin aplicarme en las tres moralidades,
no alcanzaré la iluminación.
Por ello, bendecidme para que guarde los votos
del Bodhisatva.

Pacificando mis distracciones
e investigando el significado real,
bendecidme para que logre la unión
de la permanencia apacible y la visión superior.

Bendecidme para que, a través del camino común,
me convierta en un recipiente puro
y entre en el camino de los seres afortunados,
el *vajrayana*, el camino supremo.

Las dos realizaciones dependen
de mis sagrados votos y promesas.
Bendecidme para que lo entienda con claridad,
y siempre los mantenga aunque mi vida peligre.

Realizando a diario las cuatro sesiones
tal como indican los maestros sagrados,
bendecidme para que pronto alcance
las dos etapas del camino del tantra.

Que los Guías que me muestran el buen camino
y las amistades que me ayudan tengan larga vida,
y bendecidme para que pacifique por completo
todos los obstáculos, externos e internos.

Que siempre encuentre maestros perfectos
y disfrute del Dharma sagrado,
y que realizando las etapas del camino
pronto alcance el estado de Vajradhara.

Bendiciones y purificación

De los corazones de todos los seres sagrados fluye un torrente de luz y néctar, que nos bendice y purifica.

Puedes realizar ahora la contemplación y la meditación. Al final de la meditación dedica los méritos con la siguiente oración:

Dedicación

Que gracias a las virtudes que he acumulado
practicando las etapas del camino,
tengan también los demás seres sintientes
la oportunidad de realizar esta práctica.

Que todos los seres sintientes disfruten
de los gozos divinos y humanos,
y pronto alcancen la felicidad última,
cesando toda existencia en el samsara.

Oraciones de la tradición virtuosa

Para que la tradición de Yhe Tsongkhapa,
el Rey del Dharma, pueda florecer,
que todos los obstáculos sean pacificados
y que abunden las condiciones favorables.

Que gracias a las dos acumulaciones, mías y de otros,
reunidas durante los tres tiempos,
pueda la doctrina del Vencedor Losang Dragpa
brillar para siempre.

Oración de nueve versos de *Migtsema*

Tsongkhapa, corona de los eruditos de la Tierra
de las Nieves,
eres Buda Shakyamuni y Vajradhara, fuente de todas
las realizaciones,
Avalokiteshvara, tesoro de compasión inconcebible,
Manyhushri, suprema sabiduría inmaculada,
y Vajrapani, destructor de la multitud de maras.
¡Oh, venerable Guru Buda!, síntesis de las Tres Joyas,
con respeto, con mi cuerpo, palabra y mente, te suplico;
bendícenos a mí y a los demás seres para que nos liberemos
y realicemos,
y concédenos las realizaciones comunes y supremas. (x3)

Colofón: Estas oraciones han sido recopiladas a partir de fuentes tradicionales por el venerable Gueshe Kelsang Gyatso Rimpoché y traducidas bajo su compasiva guía.

Apéndice 2:
¿Qué es la meditación?

¿Qué es la meditación?

La meditación es la mente que se enfoca de manera convergente en un objeto virtuoso, y cuya función es hacer que la mente esté tranquila y en paz. Cada vez que meditamos estamos realizando una acción mental que nos hará experimentar paz interior en el futuro. Normalmente tenemos perturbaciones mentales, lo opuesto a la paz interior, día y noche durante toda la vida. No obstante, en ocasiones gozamos de paz interior de forma natural. Esto se debe a que en vidas pasadas nos concentramos en objetos virtuosos. Un objeto virtuoso es aquel que apacigua nuestra mente cuando lo analizamos y nos concentramos en él. Si como resultado de concentrarnos en un objeto generamos una mente desapacible, como el enfado o el apego, significa que este objeto es perjudicial para nosotros. También hay muchos objetos neutros que no son virtuosos ni perjudiciales.

La meditación puede ser de dos tipos: analítica o de emplazamiento. La meditación analítica consiste en contemplar el significado de cualquier enseñanza espiritual que hayamos leído o escuchado. La contemplación profunda de esta enseñanza nos conducirá a una conclusión definitiva o a generar un determinado estado mental virtuoso. Esta conclusión o estado mental virtuoso será el objeto de la meditación de emplazamiento. Entonces, nos concentramos de manera convergente en esta conclusión o estado virtuoso sin distracciones durante tanto tiempo como podamos para familiarizarnos profundamente con él. Esta concentración convergente es la meditación de emplazamiento. El término *contemplación* suele utilizarse para referirse a la meditación analítica, y *meditación*, a la meditación de emplazamiento. La meditación de emplazamiento depende de la meditación analítica, y esta, de la escucha o lectura de las enseñanzas espirituales.

BENEFICIOS DE LA MEDITACIÓN

El propósito de la meditación es pacificar y calmar la mente. Como ya se ha mencionado, cuando nuestra mente está serena, dejamos de tener preocupaciones y aflicciones, y por ello disfrutamos de verdadera felicidad; pero si nuestra mente no está tranquila, por muy agradables que sean las condiciones externas que nos rodean, no podremos ser felices. Si nos adiestramos en la meditación, iremos descubriendo mayor paz en nuestro interior y disfrutaremos de una felicidad cada vez más pura. Finalmente, gozaremos de felicidad en todo momento, aunque tengamos que enfrentarnos con las circunstancias más adversas.

Por lo general, nos resulta difícil controlar nuestra mente. Es inestable y vulnerable a las circunstancias externas, como un globo a merced de los caprichos del viento. Cuando las cosas marchan bien, nos ponemos contentos, pero en caso contrario enseguida nos sentimos mal. Por ejemplo, si conseguimos lo que queremos, como nuevas posesiones, un mejor puesto de trabajo o una pareja, nos entusiasmamos y nos aferramos a ello con intensidad. Sin embargo, como no es posible cumplir todos nuestros deseos y es inevitable que algún día tengamos que separarnos de nuestras posesiones y amigos y perder nuestro prestigio social, esta adherencia mental o apego solo nos causa sufrimiento. Por otro lado, cuando no logramos lo que deseamos o perdemos algo que nos gusta, nos desanimamos o nos sentimos molestos. Por ejemplo, si nos vemos obligados a trabajar con una persona que nos resulta desagradable, es probable que nos pongamos de mal humor y nos sintamos disgustados; en consecuencia, no somos eficientes y el trabajo nos produce estrés e insatisfacción.

Sufrimos estos cambios en nuestro estado de ánimo porque nos involucramos demasiado en las situaciones externas. Somos como niños que se emocionan al construir un castillo de arena en la playa, pero se ponen a llorar cuando las olas lo destruyen. Al practicar la meditación, creamos un espacio en nuestro interior y una claridad mental que nos permiten controlar nuestra mente sean cuales sean las circunstancias externas. De manera gradual adquirimos una estabilidad mental que nos permite estar siempre felices en lugar de oscilar entre los extremos de la euforia y el desaliento.

Si practicamos la meditación con regularidad, finalmente lograremos eliminar las perturbaciones mentales, la causa de todos nuestros problemas y sufrimiento. De este modo, disfrutaremos de la paz interna suprema y permanente del nirvana. A partir de entonces, día y noche, vida tras vida, solo experimentaremos paz y felicidad.

Al principio, aunque nos parezca que no avanzamos en la meditación, debemos recordar que solo con poner esfuerzo en practicarla estamos creando el karma mental para disfrutar de paz interior en el futuro. La felicidad de esta vida y de las futuras depende de nuestra experiencia de paz interior, que a su vez lo hace de la acción mental de la meditación. Puesto que la paz interior es la fuente de toda felicidad, la práctica de la meditación es muy importante.

CÓMO COMENZAR A MEDITAR

La primera etapa de la meditación consiste en disipar las distracciones y lograr más claridad y lucidez mentales, lo cual se puede conseguir con un ejercicio sencillo de respiración. Primero elegimos un lugar tranquilo para meditar y nos sentamos en una postura cómoda. Podemos sentarnos en la postura tradicional, con las piernas cruzadas, o en cualquier otra posición que nos resulte confortable. Si lo preferimos, nos podemos sentar en una silla. Lo más importante es mantener la espalda recta para evitar caer en un estado de sopor o somnolencia.

Mantenemos los ojos entreabiertos y enfocamos nuestra atención en la respiración. Respiramos con naturalidad, preferiblemente a través de los orificios nasales, sin pretender controlar este proceso, e intentamos ser conscientes de la sensación que produce el aire al entrar y salir por la nariz. Esta sensación es el objeto de meditación. Nos concentramos en ella e intentamos olvidar todo lo demás.

Al principio, descubriremos que nuestra mente está muy ocupada y es posible que pensemos que la meditación la agita todavía más, pero, en realidad, lo que ocurre es que empezamos a ser conscientes del estado mental en que nos encontramos. Además, tendremos una gran tentación de seguir los diferentes pensamientos que vayan surgiendo, pero hemos de resistirla y concentrarnos en la sensación que se produce al respirar. Si descubrimos que nuestra mente se distrae con pensamientos e ideas, hemos de volver de inmediato a la respiración. Repetimos este ejercicio tantas veces como sea necesario hasta que la mente se concentre en la respiración.

Si practicamos de este modo con paciencia, las distracciones irán disminuyendo y experimentaremos una sensación de serenidad y relajación. Nuestra mente se volverá lúcida y espaciosa, y nos sentiremos restablecidos. Cuando el mar está encrespado, el sedimento del fondo se agita y el agua se enturbia; pero cuando el viento cesa, el lodo se deposita en el fondo de manera gradual y el agua se vuelve transparente. Del mismo modo, cuando por medio de la concentración en la respiración logramos calmar el flujo incesante de las distracciones, nuestra mente se vuelve especialmente lúcida y clara. Entonces, intentamos permanecer en ese estado de calma mental durante un tiempo.

Aunque este ejercicio de respiración no es más que una etapa preliminar de la meditación, resulta muy eficaz. Esta práctica es una prueba de que podemos experimentar paz interior y satisfacción con solo controlar la mente, sin tener que depender de las condiciones externas. Cuando la turbulencia de las distracciones disminuye y la mente se calma, surge de forma natural en nuestro interior un sentimiento profundo de felicidad y satisfacción que nos ayuda a hacer frente al ajetreo y las dificultades de la vida diaria. Gran parte de las tensiones o el estrés que sufrimos tienen su origen en la mente, y muchos de nuestros problemas, incluida la mala salud, son provocados o agravados por el estrés. Con solo practicar la meditación en la respiración durante diez o quince minutos al día, podremos reducir nuestro estrés. Entonces, experimentaremos una gran sensación de tranquilidad, y muchos de nuestros problemas cotidianos se desvanecerán. Sabremos manejar mejor las situaciones difíciles, nos sentiremos más cerca de los demás, seremos más atentos con ellos y nuestras relaciones mejorarán de manera gradual.

Hemos de adiestrarnos en esta meditación preliminar hasta reducir las distracciones burdas, y luego podemos practicar las meditaciones propiamente dichas que se exponen en el presente libro. Para realizar estas meditaciones, comenzamos calmando la mente con este ejercicio de respiración, y continuamos con las meditaciones analítica y de emplazamiento siguiendo las instrucciones que correspondan en cada caso.

Apéndice 3:
El modo de vida kadampa

LA PRÁCTICA ESENCIAL DEL LAMRIM KADAM

Introducción

Esta práctica esencial del Lamrim kadam, conocida como *El modo de vida kadampa*, contiene dos textos: *Consejos de corazón de Atisha*, de Atisha, y *Los tres aspectos principales del camino hacia la iluminación*, de Yhe Tsongkhapa. El primero resume el modo de vida de los antiguos practicantes kadampas, cuyo ejemplo de pureza y sinceridad deberíamos intentar emular. El segundo es una profunda guía de meditación sobre las etapas del camino, Lamrim, que compuso Yhe Tsongkhapa basándose en las instrucciones que recibió directamente de Manyhushri, el Buda de la Sabiduría.

Si intentamos poner en práctica los consejos de Atisha con sinceridad y meditamos en el Lamrim según las instrucciones de Yhe Tsongkhapa, disfrutaremos de una mente pura y feliz, y avanzaremos de manera gradual hacia la paz última de la iluminación total. Como el Bodhisatva Shantideva dice:

> «Utilizando la nave de nuestra forma humana,
> podemos cruzar el gran océano del sufrimiento.
> Puesto que en el futuro será muy difícil encontrar una
> embarcación así,
> ¡no seas necio y no te quedes dormido!».

Practicar de este modo es la verdadera esencia del modo de vida kadampa.

Gueshe Kelsang Gyatso,
1994.

Consejos de corazón de Atisha

Cuando el venerable Atisha llegó al Tíbet, primero visitó la ciudad de Ngari. Allí residió durante dos años e impartió numerosas enseñanzas a los discípulos de Yhang Chub O. Transcurrido este tiempo decidió regresar a la India, pero antes de partir, Yhang Chub O le rogó que ofreciera una última enseñanza de despedida. Atisha contestó que ya les había dado todos los consejos que necesitaban, pero en respuesta a sus insistentes ruegos, accedió y dio los siguientes consejos:

¡Qué maravilla!

Amigos, puesto que vosotros ya poseéis un gran conocimiento y un entendimiento claro, mientras que yo no soy más que un ser sin importancia y con poca sabiduría, no es adecuado que me pidáis consejo. A pesar de todo, ya que vosotros, mis queridos amigos, a quienes estimo de todo corazón, me lo habéis rogado, os daré estos consejos esenciales con mi mente inferior e infantil.

Amigos míos, hasta que alcancéis la iluminación, el Maestro Espiritual es indispensable; por lo tanto, confiad en vuestro sagrado Guía Espiritual.

Hasta que realicéis la verdad última, la escucha es indispensable; por lo tanto, escuchad las instrucciones de vuestro Guía Espiritual.

Puesto que no alcanzaréis el estado de Buda con un mero conocimiento del Dharma, esforzaos en la práctica con entendimiento.

Evitad aquellos lugares que perturben vuestra mente, y permaneced siempre donde vuestra virtud se incremente.

Hasta que logréis realizaciones estables, las diversiones mundanas son perjudiciales; por lo tanto, morad en un lugar donde no haya tales distracciones.

Evitad los amigos que os hagan aumentar vuestras perturbaciones mentales y confiad en los que os ayuden a incrementar vuestra virtud. Guardad este consejo en vuestro corazón.

Puesto que las actividades mundanas nunca se acaban, limitad vuestras actividades.

Dedicad vuestras virtudes durante el día y la noche, y vigilad siempre vuestra mente.

Puesto que habéis recibido consejos, practicad durante el descanso de la meditación lo que vuestro Guía Espiritual os haya indicado.

Si os adiestráis con gran devoción, recibiréis los frutos de inmediato sin tener que esperar mucho tiempo.

Si practicáis de todo corazón de acuerdo con el Dharma, seréis provistos de alimentos y demás necesidades de forma natural.

Amigos míos, los objetos que deseáis no dan más satisfacción que beber agua salada; por lo tanto, aprended a permanecer satisfechos.

Evitad las mentes altivas, engreídas, orgullosas y arrogantes, y permaneced tranquilos y sumisos.

Evitad las actividades que, aun considerándose meritorias, en realidad, son obstáculos para el Dharma.

La ganancia y el respeto son lazos que tienden los maras; por lo tanto, echadlos a un lado como si fueran piedras en vuestro camino.

Las palabras de alabanza y celebridad solo sirven para engañarnos; por lo tanto, libraos de ellas como si os sonarais la nariz.

Puesto que son efímeros, dejad atrás la felicidad, el placer y los amigos que se logran en esta vida.

Puesto que las vidas futuras durarán mucho tiempo, acumulad la riqueza que os asista en el futuro.

Tendréis que marchar dejándolo todo atrás; por lo tanto, no os apeguéis a nada.

Sentid compasión por los seres más sencillos y, sobre todo, evitad despreciarlos o humillarlos.

No sintáis apego por el amigo ni odio por el enemigo.

En lugar de tener celos de las buenas cualidades de los demás, emuladlas con admiración.

En lugar de fijaros en las faltas de los demás, fijaos en las vuestras y purgadlas como si fueran mala sangre.

No contempléis vuestras buenas cualidades, sino las de los demás, y respetad a todos como lo haría un sirviente.

Considerad que todos los seres son vuestros padres y madres, y amadlos como si fuerais su hijo.

Mantened siempre un rostro sonriente y una mente amorosa, y hablad con sinceridad y sin malicia.

Si habláis demasiado y sin sentido, cometeréis errores; por lo tanto, hablad con moderación y solo cuando sea necesario.

Si os involucráis en muchas actividades sin sentido, vuestras actividades virtuosas degenerarán; por lo tanto, abandonad las tareas que no sean espirituales.

Es una gran necedad esforzarse por realizar actividades que carecen de sentido.

Si no conseguís los objetos que deseáis, es por el karma que creasteis en el pasado; por lo tanto, mantened una mente feliz y relajada.

Tened cuidado, ofender a los seres sagrados es peor que la muerte; por lo tanto, sed sinceros y honrados.

Puesto que toda la felicidad y el sufrimiento de esta vida son el resultado de acciones del pasado, no culpéis a los demás.

Toda la felicidad proviene de las bendiciones de vuestro Guía Espiritual; por lo tanto, corresponded siempre a su bondad.

Puesto que no podéis adiestrar las mentes de los demás mientras no hayáis controlado la vuestra, comenzad por dominar vuestra propia mente.

Puesto que, sin lugar a dudas, tendréis que partir sin las riquezas que hayáis acumulado, no cometáis acciones perjudiciales para conseguir riqueza.

Las diversiones que distraen carecen de esencia; por lo tanto, practicad la generosidad con sinceridad.

Guardad siempre una disciplina moral pura, porque gracias a ella obtendréis belleza en esta vida y felicidad en las futuras.

Puesto que el odio abunda en estos tiempos impuros, poneos la armadura de la paciencia, libre del odio.

Seguís confinados en el samsara debido al poder de la pereza; por lo tanto, encended el fuego del esfuerzo de la aplicación.

Puesto que esta existencia humana se malgasta si nos dejamos llevar por las distracciones, ahora es el momento de practicar la concentración.

Bajo la influencia de las creencias erróneas no comprendéis la naturaleza última de los fenómenos; por lo tanto, analizad los significados correctos.

Amigos míos, en esta ciénaga del samsara no existe la felicidad; por lo tanto, trasladaos a la tierra firme de la liberación.

Meditad siguiendo el consejo de vuestro Guía Espiritual y desecad el río del sufrimiento del samsara.

Contemplad lo que os digo con detenimiento, porque no son solo palabras que surgen de mi boca, sino consejos sinceros que os doy de corazón.

Si practicáis de este modo, me complaceréis, seréis felices y haréis felices también a los demás.

Yo, que soy un ignorante, os suplico que practiquéis estos consejos de todo corazón.

Estos son los consejos que el sagrado ser, el venerable Atisha, dio al honorable Yhang Chub O.

Los tres aspectos principales del camino hacia la iluminación

por Yhe Tsongkhapa

Homenaje al venerable Guía Espiritual

Voy a explicar lo mejor que pueda
el significado esencial de las enseñanzas de todos los Budas
    [renuncia],
el camino principal de los Bodhisatvas, que tienen
    compasión por todos los seres sintientes [bodhichita]
y el camino último de los seres afortunados que buscan la
    liberación [la visión correcta de la vacuidad].

No debes apegarte a los disfrutes mundanos,
sino esforzarte por extraer el verdadero sentido de la vida
    humana,
por medio de la escucha y la práctica de las instrucciones
    que aquí se exponen,
que todos los Budas del pasado practicaron con deleite.

El apego a satisfacer tus propios deseos
es la causa principal de tus problemas y sufrimiento,
y no hay ningún método para abandonarlo sin haber
    generado primero la renuncia.
Así pues, aplícate con gran esfuerzo para generar
    y mantener una renuncia pura.

Por medio del adiestramiento diario, cuando generes
de manera espontánea los pensamientos:
«Es posible que me muera hoy» y «Una preciosa vida
humana es tan difícil de encontrar»,
y te adiestres en la meditación sobre la verdad del karma
y los sufrimientos del ciclo de vidas impuras,
tu apego a los disfrutes mundanos cesará.

De este modo, cuando el deseo por el disfrute mundano,
no surja ni siquiera por un instante,
sino que día y noche aflore el intenso anhelo que aspira
a la liberación, el nirvana,
en ese momento has generado la renuncia pura.

No obstante, si esta renuncia no se mantiene
con la mente compasiva de bodhichita,
no será causa de la felicidad insuperable, la iluminación;
por lo tanto, aplícate con esfuerzo en generar la preciosa
mente de bodhichita.

Arrastrados por la corriente de los cuatro ríos poderosos
[el nacimiento, la vejez, las enfermedades y la muerte],
atados con fuerza por las cadenas del karma, tan difíciles
de romper,
atrapados en la férrea malla del aferramiento propio,
velados totalmente por la oscuridad de la ignorancia,

sometidos a un renacimiento tras otro en el samsara sin
límites
y atormentados sin cesar por los tres sufrimientos
[las sensaciones dolorosas, el sufrimiento del cambio
y el sufrimiento subyacente]:

al contemplar la situación de tus madres, todos los seres
sintientes, en circunstancias como estas,
genera la mente suprema, la bodhichita.

Pero, aunque te familiarices con la renuncia y la bodhichita,
si no posees la sabiduría que comprende el modo en que
realmente existen los fenómenos,
no serás capaz de cortar la raíz del samsara;
por lo tanto, esfuérzate por aplicar los métodos para
comprender la relación dependiente [que los
fenómenos existen en dependencia de un mero nombre].

Quien niegue el objeto concebido por el aferramiento
propio [las cosas que normalmente vemos]
y además perciba la infalibilidad de la causa y el efecto
de todos los fenómenos del samsara y del nirvana,
ha entrado en el camino de la visión correcta de la
vacuidad, y así complace a todos los Budas.

Los fenómenos que existen como mera apariencia
es la apariencia,
y la vacuidad de los fenómenos es el vacío;
si percibes estos dos, apariencia y vacío, como duales,
aún no has comprendido la intención de Buda.

Cuando surjan como uno, no alternando, sino de manera
simultánea,
si con solo ver que los fenómenos existen en dependencia
de una mera apariencia,
tu aferramiento propio a las personas y los fenómenos
se destruye,
en ese momento, habrás completado tu comprensión

de la vacuidad [la mera ausencia de todos los
fenómenos que normalmente vemos o percibimos].

Además, si niegas el extremo de la existencia
con solo comprender que los fenómenos son solo mera
apariencia,
y si niegas el extremo de la inexistencia
con solo comprender que todos los fenómenos que
normalmente vemos o percibimos no existen,

y si sabes cómo la vacuidad de causa y efecto
se percibe como causa y efecto,
puesto que no hay causa ni efecto otros que la vacuidad,
las creencias extremas no te perjudicarán.

Cuando, de este modo, hayas comprendido correctamente
los significados esenciales
de los tres aspectos principales del camino,
querido mío, retírate en soledad, genera mucho esfuerzo
y alcanza con rapidez la meta final.

Colofón: *Consejos de corazón de Atisha* ha sido traducido bajo la compasiva guía del venerable Gueshe Kelsang Gyatso Rimpoché y *Los tres aspectos principales del camino hacia la iluminación* ha sido traducido por el venerable Gueshe Kelsang Gyatso Rimpoché en el día de Heruka, el 25 de enero del 2017.

Glosario de términos

Adiestramiento de la mente *Loyong* en tibetano. Instrucciones para cultivar la mente de bodhichita con el método especial de igualarse uno mismo con los demás y cambiarse por ellos combinado con las prácticas de tomar y dar. El origen de estas enseñanzas se remonta a Buda Shakyamuni, quien las transmitió a Manyhushri y este a Shantideva. De él fueron pasando a través de un linaje ininterrumpido de maestros realizados, como Serlingpa, Atisha, Dromtompa, etcétera, hasta llegar a los maestros de nuestros días. Véanse *Compasión universal* y *Nuevo ocho pasos hacia la felicidad*.

Adiestramiento de la mente en siete puntos Comentario al *Adiestramiento de la mente en ocho estrofas*, compuesto por Gueshe Chekhaua. Para un comentario más completo, véase *Compasión universal*.

Aires internos Aires de energía interna relacionados con la mente, que fluyen por los canales del cuerpo. Sin ellos, el cuerpo y la mente no podrían funcionar. Véanse *Budismo moderno, La luz clara del gozo* y *Mahamudra del tantra*.

Agregado Por lo general, todo objeto funcional es un agregado porque está compuesto de varias partes. En particular, los seres de los reinos del deseo y de la forma poseen los cinco agregados siguientes: forma, sensación, discernimiento, factores productores y consciencia. Los seres del reino inmaterial carecen del agregado de la forma, pero poseen los otros cuatro. El agregado de la forma de una persona es su cuerpo y los cuatro restantes son aspectos de su mente. Véase *Nuevo corazón de la sabiduría*.

Apego Factor mental perturbador que observa un objeto contaminado, lo considera como una causa de felicidad y lo desea. Véanse *Cómo comprender la mente* y *El camino gozoso de buena fortuna*.

Aryadeva Erudito y maestro de meditación budista indio del siglo III que fue discípulo de Nagaryhuna.

Asanga Gran yogui y erudito budista indio del siglo V, autor del famoso texto titulado *Compendio de fenomenología* (sáns. *Abhidharmasamucaya*). Véanse *Nuevo corazón de la sabiduría* y *Una vida con significado, una muerte gozosa.*

Atención Factor mental cuya función es enfocar la mente en una característica particular de un objeto. Véase *Cómo comprender la mente.*

Atisha (982-1054) Famoso erudito budista indio y maestro de meditación. Fue abad del gran monasterio budista de Vikramashila en una época en que el budismo mahayana florecía en la India. Posteriormente, en respuesta a una invitación, viajó al Tíbet donde restableció el Dharma puro. Autor del primer texto sobre las etapas del camino o *Lamrim* en tibetano, *La lámpara del camino.* Su tradición fue conocida más tarde como la *tradición kadampa.* Véanse *Budismo moderno* y *El camino gozoso de buena fortuna.* Véanse también KADAMPA, BUDISMO KADAMPA y TRADICIÓN KADAMPA.

Bases de designación Todos los fenómenos son designados sobre sus partes; por lo tanto, cada una de las partes de un fenómeno o el conjunto de todas ellas son sus bases de designación. Para que la mente designe un objeto, ha de percibir sus bases de designación. Véase *Nuevo corazón de la sabiduría.*

Bendición Proceso de transformación de la mente de un estado negativo a uno virtuoso, de uno de infelicidad a uno de felicidad, o de uno de debilidad a uno de fortaleza, que se produce como resultado de recibir la inspiración de seres sagrados, como nuestro Guía Espiritual, los Budas o los Bodhisatvas.

Budismo kadampa Escuela de budismo mahayana fundada por el gran maestro indio Atisha (982-1054).

Canales Conductos internos sutiles del cuerpo a través de los cuales fluyen las gotas sutiles desplazadas por los aires internos. Véanse *Budismo moderno, La luz clara del gozo* y *Mahamudra del tantra.*

Chakra Palabra sánscrita que literalmente significa 'rueda de canales'. Centro focal del canal central desde donde se ramifican los canales secundarios. La meditación en estos puntos causa que los aires internos penetren en el canal central. Véanse *Budismo moderno*, *Mahamudra del tantra* y *La luz clara del gozo*.

Chekaua, Gueshe (1102-1176) Gran Bodhisatva kadampa que compuso el texto *Adiestramiento de la mente en siete puntos*, comentario al *Adiestramiento de la mente en ocho estrofas*, de Gueshe Langri Tangpa. Difundió el estudio y la práctica del adiestramiento de la mente por todo el Tíbet. Véase *Compasión universal*.

Compromisos Promesas que se hacen para realizar ciertas prácticas espirituales.

Concentración Factor mental gracias al cual la mente primaria permanece fija en el objeto de manera convergente. Véanse *El camino gozoso de buena fortuna* y *Tesoro de contemplación*.

Conocedor válido Conocedor que no es engañoso con respecto a su objeto conectado. Puede ser de dos clases: conocedor válido subsiguiente y conocedor válido directo. Véanse *Cómo comprender la mente* y *Nuevo corazón de la sabiduría*.

Conocedor válido subsiguiente / conocedor válido inferencial Conocedor completamente fidedigno que realiza su objeto como resultado directo de comprender una razón concluyente. Véase *Cómo comprender la mente*.

Contacto Factor mental cuya función es percibir que su objeto es agradable, desagradable o neutro. Véase *Cómo comprender la mente*.

Continuo mental El continuo de la mente de una persona, que no tiene principio ni fin.

Cuerpo de la Forma El Cuerpo de Deleite y el Cuerpo de Emanación de un Buda. Véase también CUERPOS DE BUDA.

Cuerpo de la Verdad *Dharmakaya* en sánscrito. El Cuerpo de Entidad o Naturaleza y el Cuerpo de la Sabiduría de la Verdad de un Buda. Véase también CUERPOS DE BUDA.

Cuerpos de Buda Un Buda posee cuatro cuerpos –el Cuerpo de la Sabiduría de la Verdad, el Cuerpo de Entidad, el Cuerpo de Deleite y el Cuerpo de Emanación–. El primero es la mente omnisciente de un Buda; el segundo, la vacuidad o naturaleza última de su mente; el tercero, su Cuerpo sutil de la Forma, y el cuarto incluye todos los Cuerpos burdos de la Forma, que los seres ordinarios pueden ver y de los que cada Buda manifiesta un número ilimitado. El Cuerpo de la Sabiduría de la Verdad y el Cuerpo de Entidad forman el Cuerpo de la Verdad, y el Cuerpo de Deleite y el Cuerpo de Emanación, el Cuerpo de la Forma. Véanse *El camino gozoso de buena fortuna* y *Océano de néctar*.

Deidad *Yidam* en tibetano. Un ser tántrico iluminado.

Demonio Véase también MARA.

Dharma Las enseñanzas de Buda y las realizaciones espirituales que se alcanzan al ponerlas en práctica. *Dharma* es una palabra sánscrita que significa 'protección'. Al practicar las enseñanzas de Buda nos protegemos del sufrimiento y los problemas.

Discernimiento Factor mental cuya función es aprehender la característica distintiva de un objeto. Véase *Cómo comprender la mente*.

Elementos, cuatro Tierra, agua, fuego y aire. Estos elementos no se refieren a la tierra de un campo, el agua de un río, etcétera, sino en general a las características de solidez, fluidez, calor y movimiento, respectivamente.

Emanación Objeto animado o inanimado manifestado por Budas o por Bodhisatvas con elevadas realizaciones para beneficiar a los demás.

Etapas del camino Véase LAMRIM.

Factor mental Conocedor que aprehende principalmente una característica específica de un objeto. Existen cincuenta y un factores mentales diferentes. Cada momento de una mente consta de la mente primaria y de varios factores mentales. Véase *Cómo comprender la mente*.

Gueshe Título concedido por los monasterios kadampas a los eruditos budistas con ciertas cualificaciones. Contracción en tibetano de las palabras *gue güei she ñien*, que literalmente significan 'amigo virtuoso'.

Gueshe kadampa Véase GUESHE.

Guía de las obras del Bodhisatva Texto clásico mahayana compuesto por el gran yogui budista indio e ilustre erudito Shantideva en el que se presenta el adiestramiento completo del Bodhisatva, desde la generación inicial de la bodhichita hasta la práctica completa de las seis perfecciones. Véanse su traducción *Guía de las obras del Bodhisatva* y su comentario *Tesoro de contemplación*.

Guía Espiritual *Guru* en sánscrito, *Lama* en tibetano. Maestro que nos guía por el camino espiritual. Véanse *El camino gozoso de buena fortuna* y *Gran tesoro de méritos*.

Gungtang Gungtang Konchog Tenpai Dronme (1762-1823), erudito y meditador guelugpa reconocido por sus poemas espirituales y escritos filosóficos.

Guru Véase GUÍA ESPIRITUAL.

Heruka Una de las principales Deidades del tantra de la Madre que personifica el gozo y la vacuidad inseparables. Véanse *Budismo moderno* y *Esencia del vajrayana*.

Hinayana Palabra sánscrita que significa 'pequeño vehículo'. La meta del practicante hinayana es eliminar sus perturbaciones mentales por completo para alcanzar la liberación personal del sufrimiento. Véase *El camino gozoso de buena fortuna*.

Imagen genérica El objeto aparente de una mente conceptual. La imagen genérica o imagen mental de un objeto es como un reflejo del mismo. Las mentes conceptuales no conocen su objeto de manera directa sino a través de la apariencia de una imagen genérica del mismo. Véanse *Cómo comprender la mente* y *Nuevo corazón de la sabiduría*.

Impermanencia Los fenómenos pueden ser permanentes o impermanentes. *Impermanente* significa 'transitorio', por lo que un fenómeno impermanente es aquel que es producido y se desintegra momento a momento. *Fenómeno impermanente*, *objeto funcional* y *producto* son términos sinónimos. Hay dos clases de impermanencia: burda y sutil. La primera es la que se percibe a través de la percepción sensorial ordinaria –por ejemplo, el envejecimiento y la muerte de un ser sintiente–, y la segunda, la desintegración momento a momento de todo objeto funcional. Véase *Nuevo corazón de la sabiduría*.

Impermanencia sutil Véase IMPERMANENCIA.

Intención Factor mental cuya función es desplazar su mente primaria hacia un objeto. La función principal de la intención es crear karma. De los tres tipos de karmas o acciones –físicas, verbales y mentales–, la intención es una acción mental. No obstante, también es la causa de las acciones físicas y verbales porque todas ellas van siempre precedidas por acciones mentales. Véase *Cómo comprender la mente*.

Kadampa Palabra tibetana. *Ka* significa 'palabra' y se refiere a todas las enseñanzas de Buda; *dam*, a la presentación especial del Lamrim que Atisha enseñó, conocida como *Etapas del camino hacia la iluminación*, y *pa*, a los seguidores del budismo kadampa, que integran todas las enseñanzas de Buda que conocen en su práctica del Lamrim.

Lama Véase GUÍA ESPIRITUAL.

Lamrim Palabra tibetana que significa literalmente 'etapas del camino'. Presentación especial de todas las enseñanzas de Buda fácil de comprender y de poner en práctica. Revela todas las etapas del camino hacia la iluminación. Para un comentario completo, véanse *El camino gozoso de buena fortuna* y *Nuevo manual de meditación*.

Langri Tangpa, Gueshe (1054-1123 d.C.) Gran maestro kadampa y Bodhisatva famoso por su realización de cambiarse uno mismo por los demás. Es el autor del pequeño texto *Adiestramiento de la mente en ocho estrofas*. Véase *Nuevo ocho pasos hacia la felicidad*.

Linaje Herencia de instrucciones transmitida de Guía Espiritual a discípulo en la que cada maestro en la sucesión ha logrado una experiencia personal de dichas enseñanzas antes de transmitirlas a otros.

Loyong Véase ADIESTRAMIENTO DE LA MENTE.

Luz clara La mente muy sutil manifiesta que percibe una apariencia como un espacio claro y vacío. Véanse *Budismo moderno*, *La luz clara del gozo* y *Mahamudra del tantra*.

Mahamudra Palabra sánscrita que literalmente significa 'Gran Sello'. Según el sutra se refiere a la profunda visión de la vacuidad. Puesto que esta es la naturaleza de todos los fenómenos, se denomina *sello*, y como una realización directa de la vacuidad nos capacita para lograr el gran objetivo –la liberación completa de los sufrimientos del samsara– se dice que es el *gran* sello. Según el mantra secreto, el Mahamudra es la unión del gran gozo espontáneo y la vacuidad. Véanse *Las instrucciones orales del Mahamudra*, *La luz clara del gozo* y *Mahamudra del tantra*.

Mahayana Término sánscrito que significa 'gran vehículo', el camino espiritual que conduce a la gran iluminación. El objetivo del camino mahayana es alcanzar la Budeidad por el beneficio de todos los seres sintientes abandonando por completo las perturbaciones mentales y sus impresiones. Véase *El camino gozoso de buena fortuna*.

Maitreya Personificación del amor afectivo de todos los Budas. En tiempos de Buda Shakyamuni se manifestó como uno de sus discípulos Bodhisatvas para mostrar a los demás cómo ser un discípulo mahayana perfecto. En el futuro se manifestará como el quinto Buda fundador.

Mala Rosario utilizado para contar recitaciones de oraciones o mantras; normalmente tiene ciento ocho cuentas.

Mantra Palabra sánscrita que significa 'protección de la mente'. El mantra protege la mente de apariencias y concepciones ordinarias. Véase *Caminos y planos tántricos*.

Mantra secreto Término sinónimo de *tantra*. Las enseñanzas del mantra secreto se diferencian de las del sutra en que contienen métodos para el adiestramiento de la mente con los que se trae el resultado futuro o Budeidad al camino presente. El mantra secreto es el camino supremo hacia la iluminación total. El término *mantra* indica que contiene instrucciones especiales que Buda reveló para proteger la mente de apariencias y concepciones ordinarias. El practicante del mantra secreto se protege de ellas visualizando su cuerpo, sus disfrutes, su entorno y sus acciones como los de un Buda. El término *secreto* indica que los yogas del tantra han de realizarse en privado y que solo pueden practicarlos los que han recibido una iniciación tántrica. Véanse *Budismo moderno*, *Caminos y planos tántricos*, *La luz clara del gozo* y *Mahamudra del tantra*.

Manyhushri Personificación de la sabiduría de todos los Budas. Véanse *Gema del corazón* y *Gran tesoro de méritos*.

Mara/demonio Palabra sánscrita que significa 'demonio'. Se refiere a todo aquello que obstaculiza el logro de la liberación o de la iluminación. Hay cuatro clases principales de maras: el mara de las perturbaciones mentales, el de los agregados contaminados, el de la muerte sin control y los maras Devaputra. De ellos, solo los últimos son seres sintientes. Véase *Nuevo corazón de la sabiduría*.

Mente / Pensamiento conceptual Pensamiento que aprehende su objeto por medio de una imagen mental o genérica. Véase *Cómo comprender la mente*.

Mente muy sutil Existen tres niveles de mente: burda, sutil y muy sutil. Las mentes sutiles se manifiestan cuando los aires internos se reúnen y disuelven en el canal central. Véase *La luz clara del gozo* y *Mahamudra del tantra*.

Mente primaria Conocedor que aprehende principalmente la mera entidad de un objeto. Es sinónimo de *consciencia*. Hay seis clases de mentes primarias: visual, auditiva, olfativa, gustativa, corporal y mental. Cada momento de la mente consta de una mente primaria y varios factores mentales. Estos dos son una misma entidad, pero tienen diferentes funciones. Véase *Cómo comprender la mente*.

Mente raíz Mente muy sutil situada en el centro de la rueda de canales del corazón. Se denomina *mente raíz* porque todas las demás mentes surgen de ella y se disuelven también en ella. Véase *Mahamudra del tantra*.

Mera apariencia Todos los fenómenos son meras apariencias porque son designados por la mente al percibir unas bases apropiadas para su designación. La palabra *mera* excluye toda posibilidad de existencia inherente. Véase *Cómo comprender la mente* y *Océano de néctar*.

Méritos Buena fortuna que se acumula al realizar acciones virtuosas. Es el poder potencial de aumentar nuestras buenas cualidades y ser felices.

Milarepa (1040-1123) Gran meditador budista tibetano,

discípulo de Marpa y célebre por sus hermosas canciones de realización.

Nagaryhuna Gran erudito budista indio y maestro de meditación que restableció las instrucciones mahayanas en el siglo I sacando a la luz las enseñanzas de los *Sutras de la perfección de la sabiduría*. Véanse *Nuevo corazón de la sabiduría* y *Océano de néctar*.

Objeto de negación El que es negado de manera explícita por la mente que realiza un fenómeno negativo. En el caso de la meditación sobre la vacuidad o ausencia de existencia inherente, el objeto de negación es la existencia inherente. También se conoce como *objeto negado*.

Objeto funcional Fenómeno que puede realizar una función. Los objetos funcionales son producidos y se desintegran en un momento. Es sinónimo de *fenómeno impermanente* y de *producto*. Véase IMPERMANENCIA.

Objeto observado Objeto en que se enfoca la mente. Véase *Cómo comprender la mente*.

Obstrucciones a la liberación Obstáculos que impiden el logro de la liberación. Todas las perturbaciones mentales, como la ignorancia, el apego, el odio, y sus semillas, constituyen las obstrucciones a la liberación. También se denominan *obstrucciones de las perturbaciones mentales*.

Obstrucciones a la omnisciencia Las impresiones de las perturbaciones mentales, que impiden el conocimiento simultáneo y directo de todos los fenómenos. También se conocen como *obstrucciones a la iluminación*. Solo los Budas las han eliminado.

Ocho preocupaciones mundanas Los objetos de las preocupaciones mundanas son la felicidad y el sufrimiento, la riqueza y la pobreza, las alabanzas y las críticas, y la buena o la mala reputación. Se denominan de este modo porque las personas mundanas se preocupan por ellos en todo momento, deseando unos y tratando de evitar otros. También se conocen como los *ocho dharmas mundanos*. Véanse *Compasión universal* y *El camino gozoso de buena fortuna*.

Perceptor directo Conocedor que aprehende un objeto de manera correcta y directa. Véase *Cómo comprender la mente*.

Purificación Por lo general, toda práctica que ayude a lograr un cuerpo, una palabra y una mente puros. En particular, las prácticas que sirven para purificar el karma perjudicial por medio de los cuatro poderes oponentes. Véanse *El camino gozoso de buena fortuna* y *El voto del Bodhisatva*.

Realización Experiencia estable e inequívoca de un objeto virtuoso que nos protege de manera directa del sufrimiento.

Refugio La verdadera protección del sufrimiento. Refugiarnos en las Tres Joyas –Buda, Dharma y Sangha– significa tener fe y confiar en ellas para protegernos de todos nuestros temores y sufrimientos. Véanse *Budismo moderno, El camino gozoso de buena fortuna* y *Tesoro de contemplación*.

Reino de la forma Lugar donde habitan los dioses que poseen forma. Estos dioses son superiores a los del reino del deseo. Se llama *reino de la forma* porque el cuerpo de los dioses que habitan en él es una forma sutil. Véase *Océano de néctar*.

Reino del deseo Lugar donde habitan los seres de los infiernos, espíritus ávidos, animales, humanos, semidioses y los dioses que disfrutan de los cinco objetos de deseo.

Reino inmaterial Lugar donde habitan los dioses que carecen de forma. Véase *Océano de néctar*.

Retentiva mental / Memoria Factor mental cuya función es no olvidar el objeto realizado por la mente primaria. Véanse *Cómo comprender la mente* y *Tesoro de contemplación*.

Rueda de canales Véase CHAKRA.

Sabiduría Mente virtuosa e inteligente gracias a la cual la mente primaria realiza un objeto significativo. La sabiduría es un camino espiritual cuya función es liberar nuestra mente de las perturbaciones mentales y de sus impresiones. Un ejemplo de sabiduría es la visión correcta de la vacuidad.

Satisfacción Estar contentos con nuestras circunstancias externas e internas motivados por una intención virtuosa.

Sensación Factor mental cuya función es experimentar objetos agradables, desagradables o neutros. Véase *Cómo comprender la mente*.

Señor de la Muerte Aunque el mara de la muerte sin control no es un ser sintiente, se suele personificar como el Señor de la Muerte o *Yama* en sánscrito. El Señor de la Muerte aparece en el diagrama de la rueda de la vida agarrando la rueda entre sus garras y dientes. Véase también MARA. Véase *El camino gozoso de buena fortuna.*

Ser ordinario Aquel que no ha realizado directamente la vacuidad.

Ser sagrado Aquel digno de devoción.

Ser sintiente Ser cuya mente está contaminada por las perturbaciones mentales o sus impresiones. El término *ser sintiente* se utiliza para distinguir a aquellos seres cuyas mentes están ofuscadas por cualquiera de las dos obstrucciones, de los Budas, cuyas mentes están libres por completo de ellas.

Ser Superior *Arya* en sánscrito. Aquel que posee una realización directa de la vacuidad. Hay Seres Superiores hinayanas y mahayanas.

Shantideva (687-763) Gran erudito budista indio y maestro de meditación, autor de la *Guía de las obras del Bodhisatva.* Véanse *Guía de las obras del Bodhisatva* y *Tesoro de contemplación.*

Sufrimiento verdadero Objeto contaminado producido por los engaños y el karma. Véanse *Cómo solucionar nuestros problemas humanos* y *El camino gozoso de buena fortuna.*

Sutra Enseñanzas de Buda que pueden practicarse sin necesidad de haber recibido una iniciación. Incluyen las instrucciones que Buda enseñó durante los tres giros de la rueda del Dharma.

Sutra del corazón Uno de los *Sutras de la perfección de la sabiduría* que Buda enseñó. Aunque es mucho más corto que los otros, contiene de manera explícita o implícita su significado completo. Para una traducción y un comentario completo véase *Nuevo corazón de la sabiduría.*

Sutras de la perfección de la sabiduría Sutras que Buda enseñó durante el segundo giro de la rueda del Dharma en los que se revela su visión final acerca de la naturaleza última de todos los fenómenos –la vacuidad de existencia inherente–. Véanse *Nuevo corazón de la sabiduría* y *Océano de néctar.*

Sutras del vinaya Sutras en los que Buda muestra principalmente la práctica de la disciplina moral, en particular la del pratimoksha.

Tantra Véase MANTRA SECRETO.

Tiempo sin principio Según la visión budista del mundo, la mente no tiene principio y, por lo tanto, el tiempo tampoco lo tiene. De ello se deduce que todos los seres sintientes han renacido innumerables veces.

Tiempos de degeneración Período caracterizado por el declive de las actividades espirituales.

Tierra pura Entorno puro donde no hay sufrimientos verdaderos. Existen numerosas tierras puras. Por ejemplo, Tushita es la tierra pura de Buda Maitreya, Sukhavati es la de Buda Amitabha y la Tierra de las Dakinis, o Keajra, es la de Buda Heruka y Buda Vajrayoguini. Véase *Una vida con significado, una muerte gozosa.*

Tradición kadampa Tradición pura de budismo fundada por Atisha. A los seguidores de esta tradición anteriores a Yhe Tsongkhapa se los conoce como *antiguos kadampas*, y a los posteriores a él, como *nuevos kadampas*.

Vajrayoguini Deidad femenina del tantra del yoga supremo que personifica el gozo y la vacuidad inseparables. Su naturaleza es la misma que la de Heruka. Véase *Nueva guía del Paraíso de las Dakinis.*

Verdad del sufrimiento Todo objeto contaminado producido por las perturbaciones mentales y el karma. Véanse *Cómo solucionar nuestros problemas humanos* y *El camino gozoso de buena fortuna.*

Vigilancia mental Factor mental que es una clase de sabiduría que examina las actividades de nuestro cuerpo, palabra y mente, y detecta si se generan faltas o no. Véase *Cómo comprender la mente.*

Visión superior Sabiduría especial que percibe su objeto con claridad y es mantenida por la permanencia apacible y la flexibilidad especial inducida por la investigación. Véase *El camino gozoso de buena fortuna.*

Voto Promesa virtuosa de abstenerse de cometer determinadas acciones perjudiciales que se hace por medio de un ritual tradicional. Hay tres clases de votos: los pratimoksha o de liberación individual, los del Bodhisatva y los del mantra secreto o tántricos. Véanse *Caminos y planos tántricos* y *El voto del Bodhisatva*.

Yhe Tsongkhapa (1357-1419) Emanación de Manyhushri, el Buda de la Sabiduría. Tal y como predijo Buda Shakyamuni, se manifestó como un monje y sostenedor de la visión y obras puras en el Tíbet en el siglo XIV. Difundió el Budadharma puro por todo el Tíbet, mostrando cómo combinar las prácticas del sutra y el tantra, y cómo practicar puramente el Dharma en tiempos de degeneración. Posteriormente, su tradición se conoció como *tradición ganden* o *guelug*. Véanse *Gema del corazón* y *Gran tesoro de méritos*.

Yogui o yoguini Palabra sánscrita en masculino y femenino, respectivamente, que se utiliza, por lo general, para referirse al meditador que ha alcanzado la unión de la permanencia apacible y la visión superior.

Lecturas recomendadas

El venerable Gueshe Kelsang Gyatso Rimpoché es un gran maestro de meditación e ilustre erudito de la tradición de budismo mahayana fundada por Yhe Tsongkhapa. Desde que llegó al Occidente en 1977, el venerable Gueshe Kelsang ha trabajado de manera infatigable para establecer el Budadharma puro por todo el mundo. Durante este tiempo ha impartido extensas enseñanzas sobre las principales escrituras mahayanas. Estas enseñanzas se han publicado en inglés y traducido a numerosas lenguas y constituyen una exposición completa de las prácticas esenciales del sutra y el tantra del budismo mahayana.

Libros

Títulos disponibles publicados por Editorial Tharpa:

Budismo moderno El camino de la compasión y la sabiduría.

Caminos y planos tántricos Cómo entrar en el camino vajrayana, recorrerlo y completarlo.

Cómo comprender la mente La naturaleza y el poder de la mente.

Cómo solucionar nuestros problemas humanos Las cuatro nobles verdades.

Cómo transformar tu vida Un viaje gozoso.

Compasión universal Soluciones inspiradoras para tiempos difíciles.

El camino gozoso de buena fortuna El sendero budista completo hacia la iluminación.

El espejo del Dharma Cómo dar un gran sentido a tu vida.

El voto del Bodhisatva Guía práctica para ayudar a los demás.

Esencia del vajrayana La práctica del tantra del yoga supremo del mandala corporal de Heruka.

Gema del corazón Las prácticas esenciales del budismo kadampa.

Guía de las obras del Bodhisatva Cómo disfrutar de una vida altruista y llena de significado. Traducción de la célebre obra maestra de Shantideva.

Introducción al budismo Una presentación del modo de vida budista.

Las instrucciones orales del Mahamudra La esencia de las enseñanzas de Buda sobre el sutra y el tantra.

Mahamudra del tantra Néctar supremo de la gema del corazón.

***Nueva guía del Paraíso de las Dakin*is La práctica del tantra del yoga supremo de Buda Vajrayoguini.

Nuevo corazón de la sabiduría Profundas enseñanzas del corazón de Buda (una exposición del *Sutra del corazón*).

Nuevo manual de meditación Meditaciones para una vida feliz y llena de significado.

Nuevo ocho pasos hacia la felicidad El modo budista de amar.

Tesoro de contemplación El modo de vida del Bodhisatva.

Una vida con significado, una muerte gozosa La profunda práctica de la transferencia de consciencia.

En proceso de traducción

Gran tesoro de méritos Cómo confiar en el Guía Espiritual.

La luz clara del gozo Manual de meditación tántrica.

Océano de néctar La verdadera naturaleza de todos los fenómenos.

Sadhanas y otros textos

Gueshe Kelsang Rimpoché ha supervisado personalmente la traducción de una colección esencial de sadhanas y otros textos.

1. ***Adiestramiento de la mente en ocho estrofas*** Texto raíz del adiestramiento de la mente.

2. ***Asamblea de buena fortuna*** Práctica del tsog del mandala corporal de Heruka.
3. ***Ceremonia de poua*** Transferencia de consciencia para los difuntos.
4. ***Ceremonia del refugio mahayana y Ceremonia del voto del Bodhisatva*** Ceremonias rituales para acumular méritos para el beneficio de todos los seres.
5. ***Cientos de Deidades de la Tierra Gozosa según el tantra del yoga supremo*** El yoga del Guru Yhe Tsongkhapa como práctica preliminar del Mahamudra.
6. ***Cómo rellenar y bendecir estatuas*** Instrucciones para rellenar y bendecir las estatuas de Budas.
7. ***Confesión de las caídas morales del Bodhisatva*** Práctica de purificación del *Sutra mahayana de los tres cúmulos superiores.*
8. ***Destreza para enseñar*** Programa especial de formación de maestros de budismo kadampa.
9. ***El budismo kadampa en la actualidad***
10. ***El camino de la compasión para el difunto*** Sadhana de poua por el beneficio del difunto.
11. ***El camino de la compasión para el moribundo*** Sadhana de poua por el beneficio del moribundo.
12. ***El camino gozoso*** Sadhana concisa de la autogeneración como Vajrayoguini.
13. ***El camino hacia la tierra pura*** Sadhana para el adiestramiento en la práctica de poua.
14. ***El camino rápido al gran gozo*** Sadhana para realizar la autogeneración como Vajrayoguini.
15. ***El cielo de Keajra*** Comentario esencial a la práctica de *El yoga inconcebible extraordinario.*
16. ***El melodioso tambor que vence en todas las direcciones*** El ritual extenso de cumplimiento y renovación de nuestro compromiso con el Protector del Dharma, el gran rey Doryhe Shugden, junto con Mahakala, Kalarupa, Kalindevi y otros Protectores del Dharma.

17. ***El modo de vida kadampa*** Prácticas esenciales del Lamrim kadam: Consejos de corazón de Atisha y Los tres aspectos principales del camino de Yhe Tsongkhapa.
18. ***El Tantra raíz de Heruka y Vajrayoguini*** Capítulos uno y cincuenta y uno del *Tantra raíz conciso de Heruka.*
19. ***El yoga de Arya Tara, la Madre Iluminada*** Sadhana de autogeneración.
20. ***El yoga de Avalokiteshvara de mil brazos*** Sadhana de autogeneración.
21. ***El yoga de Buda Amitayus*** Método especial para lograr longevidad e incrementar méritos y sabiduría.
22. ***El yoga de Buda Heruka*** Sadhana esencial de la autogeneración del mandala corporal de Heruka y yoga conciso de las seis sesiones.
23. ***El yoga de Buda Maitreya*** Sadhana de autogeneración.
24. ***El yoga de Buda Vajrapani*** Sadhana de autogeneración.
25. ***El yoga de la Gran Madre Prajnaparamita*** Sadhana de autogeneración.
26. ***El yoga de Tara Blanca, el Buda de Larga Vida*** Práctica con Tara Blanca, Deidad femenina iluminada para obtener larga vida, sabiduría y buena fortuna.
27. ***El yoga inconcebible extraordinario*** Instrucción especial para alcanzar la tierra pura de Keajra con el presente cuerpo humano.
28. ***Esencia de buena fortuna*** Oraciones de las seis prácticas preparatorias para la meditación de las etapas del camino hacia la iluminación.
29. ***Esencia del vajrayana*** Sadhana de autogeneración del mandala corporal de Heruka según el sistema del *Mahasidha* Ghantapa.
30. ***Esencia del vajrayana concisa*** Sadhana concisa de la autogeneración del mandala corporal de Heruka.
31. ***Gema del corazón*** Yoga del Guru Yhe Tsongkhapa en combinación con la sadhana abreviada del Protector Doryhe Shugden.

32. ***Gota de esencia de néctar*** Práctica especial de ayuno y práctica de purificación con Buda Avalokiteshvara de once rostros.
33. ***Joya preliminar para el retiro del mandala corporal de Heruka***
34. ***La fiesta del gran gozo*** Sadhana para realizar la autoiniciación de Vajrayoguini.
35. ***La gema que colma todos los deseos*** Práctica del yoga del Guru Yhe Tsongkhapa en combinación con la sadhana mediana del Protector Doryhe Shugden.
36. ***La gran liberación de la Madre*** Oraciones preliminares para la meditación del Mahamudra en combinación con la práctica de Vajrayoguini.
37. ***La gran liberación del Padre*** Oraciones preliminares para la meditación del Mahamudra en combinación con la práctica de Heruka.
38. ***La Gran Madre*** Método para eliminar obstáculos e interferencias con la recitación del *Sutra de la esencia de la sabiduría* (*Sutra del corazón*).
39. ***La guía*** Guía práctica para presentar las enseñanzas del Dharma kadam en áreas urbanas.
40. ***La joya preliminar*** Preliminares concisas para el retiro de Vajrayoguini.
41. ***La nueva esencia del vajrayana*** Práctica de autogeneración del mandala corporal de Heruka, una instrucción del linaje oral de Ganden.
42. ***Liberación del dolor*** Alabanzas y súplicas a las veintiuna Taras.
43. ***Los votos y compromisos del budismo kadampa***
44. ***Manual para la práctica diaria de los votos del Bodhisatva y los votos tántricos***
45. ***Meditación y recitación del Vajrasatva Solitario*** Práctica de purificación.
46. ***Nuevo manual de ordenación*** Nuevo manual de ordenación de la tradición kadampa.

47. ***Ofrenda al Guía Espiritual (Lama Chopa)*** Un modo especial de confiar en el Guía Espiritual.
48. ***Oración del Buda de la Medicina*** Un método para beneficiar a los demás.
49. ***Oraciones para meditar*** Breves oraciones preparatorias para la meditación.
50. ***Oraciones por la paz en el mundo***
51. ***Oraciones sinceras*** Funeral para cremaciones y entierros.
52. ***Poua concisa***
53. ***Práctica concisa de Buda Amitayus***
54. ***Preliminares para el retiro de Vajrayoguini***
55. ***Rey del Dharma*** Método para realizar la autogeneración como Yhe Tsongkhapa.
56. ***Sadhana de Avalokiteshvara*** Oraciones y súplicas al Buda de la Compasión.
57. ***Sadhana de Samayavajra***
58. ***Sadhana del Buda de la Medicina*** Un método para alcanzar las realizaciones del Buda de la Medicina.
59. ***Sadhana de la ofrenda de fuego de Vajradaka*** Práctica para purificar las faltas e impurezas.
60. ***Sadhana de la ofrenda de fuego de Vajrayoguini***
61. ***Sadhana de la ofrenda de fuego del mandala corporal de Heruka***
62. ***Súplica al sagrado Guía Espiritual venerable Gueshe Kelsang Gyatso de sus fieles discípulos***
63. ***Tesoro de sabiduría*** Sadhana del venerable Manyhushri.
64. ***Un viaje gozoso*** Cómo realizar el retiro de aproximación del mandala corporal de Heruka.
65. ***Una vida pura*** Práctica para recibir y mantener los ocho preceptos mahayanas.
66. ***Unión de No Más Aprendizaje*** Sadhana de la autoiniciación del mandala corporal de Heruka.
67. ***Yoga de la Dakini*** Seis sesiones del yoga del Guru en combinación con la autogeneración de Vajrayoguini.

68. ***Yoga del Héroe Vajra*** Práctica breve de la autogeneración del mandala corporal de Heruka.

Para realizar un pedido de estas publicaciones o solicitar un catálogo, visite www.tharpa.com o póngase en contacto con la oficina de Editorial Tharpa más próxima (véase el listado de oficinas en la página 338).

Oficinas de Tharpa en el mundo

Los libros de Tharpa se publican en español, alemán, chino, francés, griego, inglés británico y estadounidense, italiano, japonés, portugués y vietnamita. En las oficinas de Tharpa podrá encontrar libros en estas lenguas.

Oficina en España
Editorial Tharpa España
C/ Fábrica, 8
28221, Majadahonda
Madrid, España
Tel.: (+34) 91 1124914
info.es@tharpa.com
www.tharpa.com/es

Oficina en México
Enrique Rébsamen nº 406
Col. Narvarte Poniente, C.P. 03020
México D.F., México
Tels.: (+52/01) 55 56 39 61 80/86
tharpa@kadampa.org.mx
www.tharpa.com/mx

Oficina en Alemania
Tharpa Verlag Deutschland,
Sommerswalde 8
16727 Oberkrämer, Alemania
Tel: +49 (0) 33055 222135
Fax : +49 (0) 33055 222139
info.de@tharpa.com
www.tharpa.com/de

Oficina en Asia
Tharpa Asia
Zhong Zheng E Rd, Sec 2,
Lane 143, Alley 10, No 7, Tamsui District,
NEW TAIPEI CITY, 25159, TAIWAN
Tel: +886-(02)-8809-4313
info.asia@tharpa.com
www.tharpa.com

Oficina en Australia
Tharpa Publications Australia
25 McCarthy Road (PO Box 63)
Monbulk, Vic 3793, Australia
Tel: +61 (3) 9752-0377
info.au@tharpa.com
www.tharpa.com/au

Oficina en Brasil
Editora Tharpa Brasil
Rua Fradique Coutinho 701
Vila Madalena 05416-011 São Paulo - SP, Brasil
Tel/Fax: +55 (11) 3812 7509
info.br@tharpa.com
www.tharpa.com.br

Oficina en Canadá
Tharpa Publications Canada
631 Crawford St,
Toronto, ON, M6G 3K1,
Canadá
Tel: +1 (416) 762-8710
Fax: +1 (416) 762-2267
Toll-free: 866-523-2672
info.ca@tharpa.com
www.tharpa.com/ca

Oficina en los Estados Unidos de América
Tharpa Publications US
47 Sweeney Road
Glen Spey, NY 12737, Estados Unidos de América
Tel: +1 845-856-5102
Toll-free: 888-741-3475
Fax: +1 845-856-2110
info.us@tharpa.com
www.tharpa.com/us

Oficina en Francia
Editions Tharpa
Château de Segrais
72220 Saint-Mars-d'Outillé, Francia
Tel : +33 (0)2 43 87 71 02
Fax : +33 (0)2 76 01 34 10
info.fr@tharpa.com
www.tharpa.com/fr

Oficina en Japón
Tharpa Japan
Dai 5 Nakamura Kosan Biru #501
Shinmachi 1-29-16, Nishi-ku
Osaka, 550-0013, Japón
Tel : (+81) 665 327632
info.jp@tharpa.com
www.tharpa.com/jp

Oficina en el Reino Unido
Tharpa Publications UK
Conishead Priory
Ulverston
Cumbria, LA12 9QQ, Inglaterra
Tel: +44 (0)1229-588599
Fax: +44 (0)1229-483919
info.uk@tharpa.com
www.tharpa.com/uk

Oficina en Sudáfrica
Mahasiddha Kadampa Buddhist Centre
2 Hollings Road, Malvern
Durban 4093, Sudáfrica
Tel : (+27) 31 464 0984
info.za@tharpa.com
www.tharpa.com/za

Oficina en Suiza
Tharpa Verlag AG
Mirabellenstrasse 1
CH-8048 Zürich, Suiza
Tel: (+41) 44 401 02 20
Fax: (+41) 44 461 36 88
info.ch@tharpa.com
www.tharpa.com/ch

Índice analítico

La letra g *indica que el término aparece en el glosario*

A

B

C

J

K

L

M

N

R

S

Y